Dr. Brian King

The Art of Taking It Easy
Glücklich leben durch weniger Stress

AF177845

Das Buch

Stress ist ein fester Bestandteil unseres Alltags, aber das muss nicht sein. Denn meist ist Stress ein überflüssiger Reflex des Gehirns, das auf eine scheinbar bedrohliche Situation reagiert. Real – oder auch nicht. Die gute Nachricht: Ihr Gehirn lässt sich trainieren und manchmal auch austricksen.

Dr. Brian King erklärt humorvoll, mit alltäglichen Beispielen und leicht umsetzbaren Tipps, wie Sie herausfordernde Situationen bewältigen, und zwar ganz ohne zu Schokolade zu greifen oder die Nerven zu verlieren. Durch effektives Stressmanagement ist es einfach, in jeder Lebenslage glücklicher und entspannter zu werden.

Der Autor

Dr. Brian King ist promovierter Neurowissenschaftler und Psychologe und reist als Comedian und Referent, begleitet von seiner Lebensgefährtin und der gemeinsamen kleinen Tochter, um die Welt. Tagsüber hält er Seminare über positive Psychologie, die gesundheitlichen Vorzüge des Lachens und über Stressmanagement ab, die jährlich von Tausenden besucht werden. Nachts lebt er das, was er andere lehrt, und tritt in Comedyshows auf.

DR. BRIAN KING

The Art of Taking It Easy

GLÜCKLICH LEBEN DURCH WENIGER STRESS

Aus dem Amerikanischen von
Marina Ignatjuk

Die amerikanische Ausgabe erschien 2019 unter dem Titel »The Art of Taking It Easy« bei Apollo Publishers, New York.

Deutsche Erstveröffentlichung bei
Topicus, Amazon Media EU S.à r.l.
38, avenue John F. Kennedy, L-1855 Luxembourg
Oktober 2020
Copyright © der Originalausgabe 2019
By Apollo Publishers LLC
All rights reserved.
Copyright © der deutschsprachigen Ausgabe 2020
By Marina Ignatjuk

Die Übersetzung dieses Buches wurde durch AmazonCrossing ermöglicht.

Umschlaggestaltung: bürosüd⁰ München, www.buerosued.de
Umschlagmotiv: © Callahan / Shutterstock
Lektorat, Korrektorat und Satz: VLG Verlag & Agentur,
Haar bei München, www.vlg.de
Gedruckt durch:
Amazon Distribution GmbH, Amazonstraße 1, 04347 Leipzig /
Canon Deutschland Business Services GmbH,
Ferdinand-Jühlke-Straße 7, 99095 Erfurt /
CPI books GmbH, Birkstraße 10, 25917 Leck

ISBN 978-2-49670-509-6

www.topicus-verlag.de

Inhalt

Für Alyssa.
Auch wenn ich dich unmöglich vor all dem Schlimmen
bewahren kann, was im Leben geschieht, so kann ich dich auf
jeden Fall mit der Fähigkeit ausstatten, gut damit umzugehen –
egal, was das Leben für dich bereithält.

Vorwort

Sind Sie glücklich & zufrieden?

Das hoffe ich, ganz ehrlich. Und das sage ich auch nicht nur, um Sie für mich einzunehmen. Das Glück anderer Menschen war mir schon immer sehr wichtig.

Als Comedian beginnt man einen Witz oft mit den Worten: »Lassen Sie mich Ihnen ein wenig über mich erzählen«, also lassen Sie mich anfangen, indem ich Ihnen ein wenig über mich erzähle. Wie der Buchumschlag bereits verrät, bin ich Dr. Brian King, obwohl ich meinen Doktortitel eigentlich nur im Künstlernamen verwende. Ich mag es gern ungezwungen, also stelle ich mich gewöhnlich einfach als Brian vor. Davon abgesehen war es mir immer unangenehm, mich selbst als »Dr. King« zu betiteln – dieser Name ist schließlich bereits besetzt.[1]

---

[1] Wenn Ihnen nicht klar ist, wen ich meine, haben Sie vielleicht alljährlich im Februar die Schule geschwänzt. (In den USA wird im Februar besonderes Augenmerk auf die Geschichte und die Errungenschaften der afroamerikanischen Bevölkerung gerichtet, daher auch die Bezeichnung als »Black History Month«. Dr. Martin Luther King ist ein besonders prominenter Vertreter.)

Mit einem Doktortitel in Psychologie im Gepäck reiste ich fast ein Jahrzehnt lang durchs Land, hielt Vorträge und brachte dem Publikum etwas bei über das Glücklichsein, die Auswirkungen von Humor und darüber, wie man mit Stress umgeht. Diese Themen sind eng miteinander verflochten, denn ein guter Umgang mit Stress ist der Schlüssel zum Glücklichsein, und Humor kommt beiden zugute. Ich habe einen beträchtlichen Teil meines Lebens dem Ziel gewidmet, anderen zu vermitteln, wie man Stress überwindet und ein glücklicheres Leben führen kann. Außerdem trete ich als Stand-up-Comedian auf, also als Vertreter einer Kunstform, deren einziger Sinn darin besteht, andere zum Lachen zu bringen. Bei Comedians geht andauernd etwas schief, aber das ist ja quasi Sinn der Sache.

Anscheinend habe ich ein Talent dafür, Erkenntnisse aus der Forschung in einem humorvollen Kontext zu präsentieren, was der Schlüssel für den Erfolg meiner Vorträge und Seminare und inzwischen auch meines Buches sein dürfte. »The Laughing Cure« wurde 2016 veröffentlicht und beschäftigt sich mit Humor und Lachen sowie deren positiven Auswirkungen auf Körper und Geist. Es erhielt gute Rezensionen und – so wurde mir zugetragen – half zumindest ein paar Menschen, glücklicher zu werden.

Natürlich erkenne ich rückblickend auch Dinge, die ich in meinem Leben anders hätte machen können, aber dass andere Menschen ein glücklicheres Leben führen, war mir schon immer wichtig. In der Highschool gehörte ich einem Schülerberatungsprogramm an, dessen Grundidee war, dass Schüler lieber mit einem anderen Schüler über ihre Probleme reden wollen als mit einem Erwachsenen, der sich ihnen gegenüber in einer Machtposition befindet.[2] An der Universität arbeitete ich freiwillig bei einer Initiative mit, die dabei half, eine neue Generation dieser

---

[2] Hilfe und Führung durch Peers ist eine großartige Sache. Mehr Informationen unter: http://palusa.org.

Mentorenschüler zu rekrutieren und auszubilden. Außerdem widmete ich mehreren wohltätigen Organisationen meine Zeit und arbeitete in einem Heim für Kinder mit psychischen Problemen. Als ich begann, Vorträge zu halten, war das eine weitere Gelegenheit für mich, etwas zu verfolgen, was mir bereits mein ganzes Leben lang am Herzen gelegen hatte.

Also ja, es interessiert mich wirklich, ob Sie glücklich sind.

Wenn Sie dieses Buch zur Hand genommen haben, sind Glück und Zufriedenheit eventuell etwas, wonach Sie noch auf der Suche sind, das ist mir bewusst. Vielleicht befinden Sie sich gerade in einer sehr schwierigen Lebensphase oder ringen mit Ängsten und Depressionen. Immerhin sind dies die am häufigsten auftretenden seelischen Störungen.[3] Möglicherweise suchen Sie nach Antworten und hoffen, auf diesen Seiten irgendeinen magischen Schlüssel zu finden, der Ihnen unmittelbar hilft, das zu überwinden, was Sie in Beschlag hält. In diesem Fall möchte ich Ihnen natürlich nicht davon abraten weiterzulesen, allerdings glaube ich generell nicht, dass es dieses *eine* Buch gibt, das alle Antworten parathält. (Es sei denn, Sie suchen eine Telefonnummer. Dann kann ich Ihnen ein hervorragendes Buch empfehlen. Und in welchem Jahr leben Sie gleich noch? 1997?)

Ein Buch zu lesen, ist mit Sicherheit kein Ersatz für professionellen Beistand, doch vielleicht finden Sie etwas von Nutzen in dem, was ich hier mit Ihnen teilen möchte.

---

[3] Angststörungen sind die am weitesten verbreiteten psychischen Erkrankungen in den USA. 40 Millionen Erwachsene, also 18 % der Bevölkerung, sind davon betroffen (Quelle: National Institute of Mental Health, http://www.nimh.nih.gov/health/statistics/prevalence/any-anxiety-disorder-among-adults.shtml.) In Deutschland liegt die Zahl der Betroffenen bei ca. 15 % der Bevölkerung, also etwa 12 Millionen Menschen (Quelle: Jacobi, F., Höfler, M., Strehle, J., et al. [2014], Psychische Störungen in der Allgemeinbevölkerung. Studie zur Gesundheit Erwachsener in Deutschland und ihr Zusatzmodul Psychische Gesundheit [DEGS1-MH]. Nervenarzt 85[1]: 77–87).

Eins muss ich klar und deutlich sagen: Niemand ist rund um die Uhr glücklich. Ununterbrochene Fröhlichkeit ist vielmehr ein Anzeichen für eine Störung.[4] Gesunde Menschen erleben normalerweise wechselnde Gefühlslagen. Wir haben Hochs, wir haben Tiefs, und wir nehmen eine mittlere Gemütsebene ein, die unseren gewöhnlichen emotionalen Zustand beschreibt. Würden wir den Durchschnitt aus all unseren Hochs und Tiefs bilden, ergäbe das einen emotionalen Mittelwert.[5] Wie bei jeder anderen menschlichen Eigenschaft könnte man erwarten, dass nicht bei allen derselbe Wert herauskommt, und so ist es auch. Einige von uns sind eher Frohnaturen, haben einen insgesamt hohen Grad an positiven Gefühlen. Andere erleben leider mehr Tiefs. Doch die meisten finden sich irgendwo in der Mitte des Spektrums wieder, ein Maß an Zufriedenheit, welches mein Vater mit den Worten: »Kann mich nicht beschweren« umschreiben würde.

Wenn ich mich den Teilnehmern zu Beginn eines Seminars vorstelle, erwähne ich oft, dass ich sehr glücklich und zufrieden bin, und das stimmt auch. Zwar bin ich garantiert nicht der glücklichste Mensch, den ich kenne, aber insgesamt liege ich definitiv über dem Durchschnitt. Ich weiß, wie man die Dinge gelassen angeht. Zum Klappentext meines letzten Buches trug mein Bruder Jon folgendes Zitat bei: »Ich kenne Brian, seit er fünf Jahre alt war, und Stress hat ihm noch nie etwas anhaben können. Ich glaube, er hat sehr früh erkannt, wie man mit Belastungen umgeht und nach seinen eigenen Regeln lebt.« Grundsätzlich führe ich ein recht stressfreies Leben, und als Folge davon erlebe ich mehr emotionale Hochs als Tiefs. Was nicht heißen

---

4 Angelman-Syndrom.
5 Einen großartigen Überblick zur modernen Glücksforschung und -theorie finden Sie bei Sonja Lyubomirsky: »Glücklich sein: Warum Sie es in der Hand haben, zufrieden zu leben«, Frankfurt, Campus Verlag 2018.

soll, dass ich nicht auch meinen Anteil an widrigen Ereignissen überstehen musste, das habe ich auf jeden Fall getan. Schlimme Dinge ereignen sich ständig. Doch wie wir mit diesen Situationen umgehen, macht letztlich den Unterschied im Leben aus.

Im Bereich der Positiven Psychologie, der über die letzten Jahrzehnte sehr an Bedeutung gewonnen hat, wurde viel zu der Frage geforscht, was Menschen glücklich macht und weshalb einige von uns besser in der Lage sind, mit Stress umzugehen, als andere. Es wurden bestimmte Eigenschaften und Verhaltensweisen identifiziert, und irgendwie habe ich es geschafft, mit einem hilfreichen Repertoire an glücklich machenden Fähigkeiten erwachsen zu werden. Anders formuliert: Ich lebe, was ich lehre. Aus diesem Grund neige ich dazu, wo immer möglich, persönliche Beispiele zu verwenden (manchmal schüttele ich sie mir auch direkt aus dem Ärmel, schließlich bin ich Comedian). Der Doktortitel in Psychologie kommt dabei natürlich auch nicht ungelegen, aber ich weihe Sie jetzt in ein nicht sehr geheimes Geheimnis ein: Nicht jeder Psychologe ist positiv drauf. Viele leiden ebenfalls unter Depressionen.

Jetzt fragen Sie sich vielleicht, weshalb ich so viele Absätze damit verbracht habe, von mir selbst zu erzählen. In diesem Buch werde ich Ihnen Empfehlungen geben, die auf meinem Verständnis als ausgebildeter Psychologe basieren. Aber ebenso werde ich aus meiner persönlichen Erfahrung sprechen. Um eine Botschaft bewerten zu können, ist es meiner Ansicht nach wichtig, zu wissen, von wem diese Botschaft kommt. Man prüfe stets die Quelle, wie man so schön sagt. Würde man diese einfache Regel doch bloß bei Facebook befolgen, bevor man politische Aussagen einfach so teilt … Nun ja, die menschliche Natur ist eben, wie sie ist.

Noch einen Punkt zu meiner Person, und dann geht's gleich weiter. Nach einem Seminar zum Thema Glücklichsein kam ein Teilnehmer zu mir und meinte: »Sie sind also glücklich und zufrieden ... Sind Sie verheiratet?« Woraufhin ich erwiderte: »Natürlich nicht, ich sagte, ich sei *glücklich*.«

Des Öfteren wurde versucht, mein Glücklichsein und den scheinbaren Mangel an Stress auf meinen partner- und kinderlosen Status zurückzuführen. Obwohl es stimmt, dass ich sehr gern ungebunden und auch froh darüber war, für niemanden außer mir selbst Verantwortung zu tragen, existiert ein Berg an Forschungsarbeiten, der nahelegt, dass verheiratete Menschen glücklicher sind als Singles[6] und Menschen mit Kindern glücklicher als jene ohne[7] (nochmals: nicht vergessen, dass dies Verallgemeinerungen sind). Die Forschung legt außerdem nahe, dass einer der Hauptfaktoren fürs Glücklichsein das Verfolgen eines Lebenssinns ist.[8] So könnte beispielsweise ein Mann durchaus mit einer gesunden Dosis Erfüllung und Sinn im Leben versorgt werden, indem er das Land bereist und Menschen hilft – und so ist es auch. Aber wissen Sie, was ebenso gut funktioniert? Jemandem ein guter Partner zu sein. Oder eine gute Mutter beziehungsweise ein guter Vater.

Mein Leben hat sich seit der Veröffentlichung meines letzten Buches drastisch verändert. Während ich das Manuskript dafür schrieb, lernte ich meine Lebenspartnerin Sarah kennen. Sie arbeitete den Sommer über in Colorado, und ich blieb in Los Angeles mit dem Plan, berühmt zu werden. Trotz der Entfernung fühlten wir eine derart tiefe Verbundenheit, dass wir beschlossen, den logischen nächsten Schritt in unserer Beziehung

---

6   Linda Waite und Maggie Gallagher: »The Case for Marriage: Why Married People are Happier, Healthier and Better Off Financially«, New York, Broadway Books 2002.

7   Zumindest verheiratete Paare, laut Luis Angeles: »Children and Life Satisfaction«, in: Journal of Happiness Studies 11, Nr. 4, 2010, S. 523–538.

8   R. W. Robak und P. W. Griffin: »Purpose in life: What is its relationship to happiness, depression, and grieving?«, in: North American Journal of Psychology 2, Nr. 1, 2000, S. 113–119.

zu gehen: Wir verkauften den Großteil unserer Habseligkeiten und wurden unsere Häuser los, um gemeinsam wie Nomaden die Welt zu bereisen. Sie wissen schon, wie man das eben so macht, wenn man verliebt ist. Anderthalb Jahre später kam unsere wundervolle Tochter Alyssa zur Welt. Wir reisten noch eine Zeit lang weiter, beschlossen dann jedoch, nach Colorado zurückzukehren, damit ich an diesem Buch arbeiten konnte. Mit einer Partnerin und einem Kind (ach, du heilige Scheiße, das ist ja eine Familie!) ist mein Leben im Vergleich zum vorherigen Zustand kaum noch wiederzuerkennen.

Ich wurde im Alter von 45 Jahren Vater. Ich weiß, was Sie jetzt denken: »Kinder bekommen Kinder! Der Mann ist viel zu jung für ein Baby!« Doch, doch, es ist wahr. Ich bin Vater geworden. Aber ganz ehrlich, den Großteil der Arbeit hat Sarah erledigt. Mit 45 Jahren war es meine erste Schwangerschaft. Das heißt, es war natürlich ihre Schwangerschaft, ich gab quasi nur den Anstoß dazu.

Gut, ich bin schon älter, aber so alt nun auch wieder nicht. Letztens hielt ich gemeinsam mit Sarah einen Vortrag in Texas. Als ich danach mit Alyssa im Arm einige Gäste aus dem Publikum verabschiedete, merkte ich gegenüber einer Frau an, wie glücklich ich mich schätzte, dass ich meine Tochter auf solche Vortragsreisen mitnehmen könne. Sarah stand nicht weit weg von uns, und die Frau erwiderte milde: »Ja, und Sie freuen sich sicher auch, Ihr Enkelchen dabeizuhaben.« Leute, Elternsein ist ein echter Kampf.

Und ich verstehe auch, wieso. Mein Leben war noch nie so stressig wie jetzt als Vater. Meine Tochter hasste mich in den ersten sechs Monaten ihres Lebens, denn ich konnte einfach keine Milch geben, egal, wie sehr ich mich bemühte. In ihren Augen war ich eine anhaltende Quelle der Enttäuschung, sobald ihre Mutter aus dem Haus ging. Gelegentlich musste ich also mit einem brüllenden Säugling umgehen – tagtäglich allerdings mit den Gedanken, die ich mir um ihre Zukunft machte, so wie hoffentlich alle Eltern bei ihren Kindern. Regelmäßig plagen mich Befürchtungen, ob ich gut genug für sie sorgen kann, und Zweifel, ob ich alles richtig mache. Inzwischen ist sie achtzehn Monate alt und versucht just in diesem Augenblick, mich vom Computer fortzuziehen. Elternschaft bedeutet normalerweise immer ein gewisses Maß an Stress, aber haben Sie schon mal probiert, ein paar Hundert Seiten für ein Buch zu schreiben und gleichzeitig ein forderndes Kleinkind zu versorgen?

Im Ernst, sie zieht an mir, damit wir spazieren gehen. Alyssa, mein Schatz, Papa muss schreiben. Ich bin gerade so gut in Fahrt und ... also, lass mich nur kurz diesen Teil beenden ... *okay,* ich denke, wir gehen jetzt sofort nach draußen.

Sie hat mich eben tatsächlich vom Computer fortgezogen. Wir gingen ein paar Straßenecken weiter in den Park, und zur Abwechslung war ich einmal nicht der älteste Vater auf dem Spielplatz, dafür der am wenigsten tätowierte. (Denver ist eine interessante Stadt.) Nach unserer Rückkehr machte ich uns Mittagessen. Übrigens habe ich soeben mein erstes Erdnussbutterbrot mit Gelee als Vater geschmiert. Da mein Kind allerdings erst anderthalb ist, musste ich es selbst aufessen.

Ich hätte Ihnen nichts von diesem kurzen Abstecher zu erzählen brauchen. Ich hätte einfach mein Notebook abstellen, spazieren gehen und später dort weiterschreiben können, wo ich aufgehört hatte. Aber ich habe darüber berichtet, weil es zu einem weiteren Punkt überleitet. Denn außer eine neue Ursache für Stress stellt meine Tochter zugleich eine Quelle unglaublichen Glücks für Sarah und mich dar. Mein ganzes Leben lang wurde mir gesagt, alles würde komplett anders werden, sobald ein Kind da sei. »Na klar«, erwiderte ich dann immer, »ich weiß. Ich hatte einen Hund.«

Ich hatte nur eins: nicht die geringste Ahnung. Man kann unmöglich im Voraus wissen, welch ungeheures Glück es bedeutet, sich fortzupflanzen. Jedes Mal, wenn ich meiner Tochter in die Augen blicke, geht mir das Herz über. Abgesehen vom Weinen erfüllt mich alles, was sie tut, mit Freude. Gerade eben hat sie mich an der Hand gezogen, mich dazu gebracht, aufzustehen, meine Schuhe anzuziehen und zur Tür hinauszugehen. Sarah und mich an der Hand irgendwo hinzuziehen, ist ein relativ neues Verhalten bei Alyssa. Und auf dem Spielplatz probierte sie ein paar neue Dinge aus, spielte mit einer Gruppe von Kindern, die etwas älter waren als sie, und fand einen neuen Freund. Nachdem sie ein paar Bissen vom Erdnussbutterbrot zu Mittag gegessen hatte, schlief sie in meinen Armen ein, und ich tippe diese Zeilen hier um sie herum. Ich liebe es, ihr dabei zuzusehen, wie sie lernt, wächst und sich entwickelt. Oh, und wenn sie doch einmal weint, möchte ich alles tun, was in meiner Macht steht, um sie zu trösten. Und weil ich weiß, dass sie dies hier vielleicht eines Tages lesen wird, und nur für den Fall, dass ich in Zukunft etwas anderes behaupte: Jede einzelne Windel, die ich wechseln durfte, war mir eine absolute Ehre (denk daran, falls du jemals meine wechseln musst, mein Kind). Ich hätte mir niemals vorstellen können, wie sehr sich mein Leben verändern würde. Ohne eigenes Kind wäre mir nicht einmal im Traum eingefallen, mir einen Lutscher mit einem anderen menschlichen Wesen zu teilen.

Sarah und ich kennen mehr als genug Eltern, die unter Dauerstress stehen. Von Eltern mit älteren Kindern hören wir andauernd, wie schwierig die Kleinkindphase für sie gewesen sei. Wissen Sie was? Von vereinzelten Vorfällen abgesehen, haben wir es nie als sonderlich schlimm empfunden, ganz im Gegenteil, alles in allem war es einfach nur großartig. Elternschaft ist genau genommen ein Lebensereignis wie jedes andere auch: Die Art, wie wir damit umgehen, bestimmt, welche Auswirkungen es auf uns hat. Bevor wir Alyssa bekamen, waren wir beide generell positiv eingestellte, widerstandsfähige Menschen, also schien es logisch, dass wir diese Etappe unseres Lebens ebenfalls mit diesen Charakterzügen angehen würden. Eines ist jedenfalls sicher: Ich bezweifle, dass künftige Seminarteilnehmer ein weiteres Mal andeuten werden, ich sei vermutlich nur deshalb so glücklich und stressfrei, weil ich keine Kinder habe.

Wenn Sie »The Laughing Cure« gelesen haben (und wenn nicht, darf ich vorschlagen, dass Sie es im Anschluss an dieses Buch Ihrer Leseliste hinzufügen? Alle Einnahmen kommen einzig und allein dem Zweck zugute, ein süßes kleines Mädchen am Leben zu erhalten), erinnern Sie sich vielleicht, dass Lachen und ein Sinn für Humor unter anderem den Vorteil haben, zu einem glücklicheren Grundgefühl im Leben beizutragen. Um es mit einem Zitat, das dem Vater der amerikanischen Psychologie William James zugeschrieben wird, auszudrücken: »Wir lachen nicht, weil wir glücklich sind, sondern wir sind glücklich, weil wir lachen.« Glücklich zu sein ist ein großartiges Gefühl und allen anderen Alternativen wirklich vorzuziehen, doch aufgrund von Stress fällt es vielen Menschen schwer, dieses Gefühl wirklich zu erleben. Könnten wir nur den Stress in den Griff bekommen, würde sich das Potenzial für glückliche Momente deutlich vergrößern. Erfreulicherweise tragen Lachen und Humor ebenfalls zum Abbau von Stress bei, was wiederum hilft, uns glücklicher zu machen.[9] Als Comedian und als jemand, der es zu schätzen weiß, wenn herzlich gelacht wird, bespreche ich diesen Nutzen bei meinen Seminaren besonders gern.

---

[9] Diesen Aspekt habe ich zwar in »The Laughing Cure« ein wenig beleuchtet, aber hier sind einige Fachbeiträge zur Referenz: Mary Payne Bennett und Cecile Lengacher: »Humor and Laughter May Influence Health: II. Complementary Therapies and Humor in a Clinical Population«, in: Evidence-Based Complementary and Alternative Medicine 3, Nr. 2 (Juni 2006), S. 187–190; Lee S. Berk, Stanley A. Tan und Dottie Berk: »Cortisol and Catecholamine Stress Hormone Decrease is Associated with the Behavior of Perceptual Anticipation of Mirthful Laughter«, in: The FASEB Journal 22, Nr. 1, Beilage (März 2008), S. 946.11.

Ich beschloss, mich bei diesem Buch stärker auf das Stressmanagement und die Widerstandsfähigkeit zu konzentrieren. Ich liebe es, Menschen zum Glücklichsein zu inspirieren, und das ist auch wichtig. Doch gutes Stressmanagement birgt viel mehr Vorteile in sich, als uns einfach nur glücklicher zu machen. Stress ist eine der Hauptursachen für eine unglaublich breite Palette an geistigem und körperlichem Leid[10] und damit etwas, was man unbedingt angehen muss. Wenn wir die Menschen dazu befähigen könnten, effektiver mit Stress umzugehen, könnten wir Schmerzen und Leid in beträchtlichem Umfang reduzieren oder gar beseitigen. Ich sehe dieses Buch nicht als eine simple Anleitung zur Selbsthilfe an, sondern eher als eine Ansammlung praktischer und hoffentlich unterhaltsam dargebotener Empfehlungen zum Umgang mit Stress. Damit Sie einen umfassenden Einblick gewinnen, weshalb Stress unser Leben so sehr beeinflusst, werde ich ihn in diesem Buch recht detailliert besprechen. Darüber hinaus werde ich auch viele der Fragen beantworten, die mir gewöhnlich bei Vorträgen gestellt werden, und die Tipps zum Stressmanagement ausbauen, die ich im vorherigen Buch schon angerissen habe. Wie bereits erwähnt, stellen weder dieses noch irgendein anderes Buch einen geeigneten Ersatz für eine professionelle Therapie dar, also denken Sie bitte daran und suchen Sie sich weitergehende Hilfe, wenn Sie an ernsthaften psychischen Problemen leiden. Stress ist ein zentraler Faktor bei vielen seelischen Störungen und Erkrankungen, wie zum Beispiel Depressionen, Ängsten, Zwangsstörungen, Substanzmissbrauchsstörungen und natürlich bei

---

[10] Einschließlich, jedoch nicht begrenzt auf: Ängste, chronische Schmerzen, Depressionen, Diabetes, Fibromyalgie, Bluthochdruck, Störungen des Immunsystems, Fettleibigkeit, Osteoporose und so viele mehr!

posttraumatischer Belastungsstörung (PTBS)[11], und wenn Sie mit diesen beziehungsweise anderen Problemen zu kämpfen haben, *suchen Sie bitte einen Therapeuten auf.* Nichtsdestotrotz kann Ihnen die Lektüre der folgenden Seiten dabei helfen, sich zusätzliche Methoden zum Stressmanagement anzueignen, und ein wenig Hilfe können wir alle hin und wieder gebrauchen. Sogar diejenigen unter uns, die sich bereits glücklich und zufrieden fühlen, können davon profitieren, denn wer hätte schon etwas dagegen, noch glücklicher zu sein? Es ist ja nicht so, dass es nur ein beschränktes Glückskontingent für jeden von uns gibt.

Zur Erinnerung:

• Dieses Buch ist KEIN Ersatz für eine Therapie.

• Dieses Buch dient AUSSCHLIESSLICH der Unterhaltung, der Information und als Empfehlung für den Umgang mit bestimmten Lebenssituationen.

Ich schreibe dieses Buch für ein breites Publikum und biete Referenzen für diejenigen, die weiterführende Informationen suchen. Auch wenn Sie mit meinem Schreibstil nicht vertraut sind, wird Ihnen, wenn Sie bis hierhin gelesen haben, klar sein, dass dies kein akademisch oder fachlich orientiertes Buch ist. Ich gebe einige Quellen an, allerdings nicht im Sinne eines ordnungsgemäßen Überblicks zum Stand der wissenschaftlichen

---

[11] Genau genommen ist Stress bis auf wenige Ausnahmen ein Faktor bei nahezu allen gelisteten Störungen. Und zwar gelistet von der Psychiatrischen Vereinigung der USA: »Diagnostisches und Statistisches Handbuch geistiger Erkrankungen (DSM-5)«, American Psychiatric Association Publishing, Washington, D.C., 2013.

Literatur zu dieser Thematik. Die Quellenangaben füge ich gewissermaßen als Sprungbretter für den wissbegierigen Leser ein – und weil ich zum wissenschaftlichen Schreiben ausgebildet wurde (alte Gewohnheiten sind schwer abzulegen). Nur für den Fall, dass ich mal irgendwann Gast bei der Oprah Winfrey Show sein werde[12] (vielleicht kommt sie ja zurück – drücken wir mal fest die Daumen … man weiß schließlich nie, was das Leben noch an Überraschungen bereithält!), sollten Sie nicht vergessen, dass ich meine Geschichten manchmal ein wenig überspitzt erzähle, um meine Botschaft deutlicher zum Ausdruck zu bringen. Mag sein, dass ich einen schicken Doktortitel in Psychologie trage, aber ich bin eben auch Comedian. Doch ich präsentiere alle Informationen nach bestem Wissen und Gewissen, und sie entsprechen der Wahrheit. Und das Wichtigste zum Schluss: Wer sich pausenlos stresst, weil er glücklich sein will, *der geht die Sache falsch an*!

---

[12] Ich beziehe mich auf die Kontroverse um den Autor James Frey und sein Buch »Tausend kleine Scherben«. Falls Sie die Anspielung nicht verstehen, keine Sorge, Sarah hat sie auch nicht verstanden.

KAPITEL 1

Von Bären im Stau

Okay, da ich mich nun ordentlich vorgestellt und Ihnen einen ersten Eindruck davon vermittelt habe, wohin uns dieses Buch führen wird, lassen Sie uns ganz am Anfang beginnen, bei den Grundlagen. Im vorherigen Abschnitt habe ich das Wort »Stress« sehr häufig benutzt, aber was genau ist das eigentlich? Wir alle kennen Stress – wir alle verstehen ihn aus der Perspektive des eigenen Erlebens, und einige von uns empfinden ihn womöglich genau in diesem Moment –, aber über unsere persönliche Erfahrung hinaus halte ich es für wichtig, Stress in seinen grundlegenden Bestandteilen zu begreifen. Die einfachste Beschreibung, die mir je begegnet ist, lautet: Stress ist die Reaktion unseres Gehirns auf etwas als bedrohlich Wahrgenommenes. Das stimmt – und ist quasi auch schon alles.

Besonderes Augenmerk liegt auf dem Wort »bedrohlich« – das ist der Schlüssel zum Verständnis der Reaktion. Jeglicher Stress ist die Reaktion auf etwas Bedrohliches, egal, ob Sie einen Abgabetermin einhalten, eine Rechnung bezahlen, dichten Straßenverkehr bewältigen oder die Invasion von Außerirdischen verhindern wollen. Allerdings heißt das nicht, dass wir jedes Mal, wenn wir Stress erleben, auch bewusst denken, wir seien in Gefahr, und vielleicht liegt nicht einmal eine reale Bedrohung vor. Doch unser Gehirn reagiert, als würden wir bedroht oder als befänden wir uns in irgendeiner Gefahr. Es kennt hier keinen Unterschied.

Ich verwende gern dichten Straßenverkehr als Beispiel, weil es hilft, die Ursache von Stress zu verstehen. Jeder von uns war schon einmal zu Stoßzeiten unterwegs, und wahrscheinlich fühlten sich alle davon gestresst. Es ist also eine recht gängige Erfahrung. Früher lebte ich in Los Angeles, einer Stadt, die für absolut gar nichts außer für ihr chronisches Verkehrschaos berühmt ist. Denken Sie an einen Moment, in dem Sie wirklich gestresst vom Verkehr waren. Vielleicht war das bei Ihrer morgendlichen Fahrt ins Büro. Was auch immer Sie sich ins Gedächtnis rufen, in jenem Augenblick dachten Sie wahrscheinlich, was für ein unglaublicher Stress dieser Verkehr sei, doch wenn Sie nicht gerade in einer postapokalyptischen, von »Mad Max« inspirierten Welt der Todesrennen leben, lagen Sie höchstwahrscheinlich falsch damit.

Realistisch gesehen, stellte der Verkehr keine Bedrohung für Sie dar. Die Autos auf der Straße hatten es weder auf Sie abgesehen, noch wollten sie Sie angreifen. Zu keinem Zeitpunkt hatten sich die zahlreichen zufällig anwesenden Fremden irgendwie abgestimmt und beschlossen: »Okay, heute sorgen wir dafür, dass Judy zu spät zur Arbeit kommt, und obendrein machen wir sie noch total irre! Das ist der Plan: Die eine Hälfte setzt sich vor sie und fährt so richtig langsam. Die andere Hälfte fährt dicht hinter ihr und hupt ständig. Also, los geht's!« Sosehr es mich gefreut hätte, wenn man Judy mal einen Dämpfer verpasst hätte – so hat sich das nicht abgespielt. Und außerdem gibt es Judy gar nicht.

Warum also schien der Straßenverkehr derart stressig zu sein? Nun, unser Gehirn erschafft etwas namens Glaubenssätze,

Werte und Erwartungen, und all diese beeinflussen, wie wir die Welt erleben. Vielleicht glauben Sie, Sie müssten zu einer bestimmten Uhrzeit irgendwo sein, sagen wir, um neun Uhr morgens. Vielleicht wird Ihr Glaube bestärkt durch die Erwartung anderer, denn wir wissen alle, dass du bereits verwarnt wurdest, weil du zu spät zur Arbeit gekommen bist, Judy. Aber erst die Überzeugung, dass Sie zu spät kommen werden, veranlasst Ihr Gehirn dazu, den Verkehr als Bedrohung für Ihren zukünftigen Lebensunterhalt zu werten. Oder vielleicht legen Sie (im Unterschied zu Judy) viel Wert auf Pünktlichkeit und glauben, wenn Sie zu einem Treffen zu spät erscheinen, wirft das ein schlechtes Licht auf Ihren Charakter. Vielleicht haben Sie auch einfach die Erwartung, dass Sie mit einer gewissen Geschwindigkeit fahren sollten, wenn Sie sich auf einem Highway befinden, und der dichte Verkehr, dem Sie sich an jenem Morgen gegenübersahen, widersprach dieser Vorstellung. Vielleicht bist du einfach unverbesserlich, Judy. Egal, aus welchem Anlass – ich möchte deutlich machen, dass die wahrgenommene Bedrohung in allen genannten Szenarien ein Produkt Ihrer Gedanken war. Der Verkehr war real, aber es waren Ihre eigenen Glaubenssätze, Werte und Erwartungen, die aus der Situation etwas gemacht haben, was Sie als stressig empfanden.

Andererseits finden wir uns manchmal in Situationen wieder, die tatsächlich bedrohlich sind. Denken wir nur einmal an den Angriff eines Bären. Das ist ein gutes Beispiel für eine echte Ursache für Stress. Nur um das klarzustellen, ich wurde noch nie von einem Bären angegriffen, also ist sogar mein reales Beispiel nur erfunden. Wie dem auch sei, ich kann mir ohne Weiteres vorstellen, wie ein wütender oder aufgeschreckter Bär auf mich zukommt – mit gefletschten Zähnen und ausgefahrenen Krallen –, er rennt los, ist bereit, gleich über mich herzufallen. Sollten wir uns je in dieser Lage wiederfinden, wäre der Bär eine echte und sehr ernst zu nehmende Gefahr.

Ich glaube, wenn ich mich auf eine Rauferei mit einem Bären einließe, würde ich mit ziemlicher Sicherheit verlieren. Ich denke mal, dass ich von einem angreifenden Bären in Stücke gerissen würde. Allerdings lege ich durchaus Wert darauf, nicht in Stücke gerissen zu werden. Mein Gehirn würde in dieser Situation ganz fraglos eine große Gefahr wahrnehmen – und das mit gutem Grund.

Mir ist klar, dass sich unter Ihnen jemand befinden könnte, der tatsächlich schon einmal von einem Bären angegriffen wurde, und falls dieses Beispiel furchtbare Erinnerungen bei Ihnen weckt, tut mir das leid. Aber damit hätten Sie bereits vor der Lektüre dieses Buches abschließen sollen. Bei meinen Vorträgen und Seminaren wird der Unterschied zwischen einer realen und einer nur als solche wahrgenommenen Bedrohung standardmäßig mit Bären verdeutlicht. Ich habe andere Tiere ausprobiert, nur funktionieren die einfach nicht so gut. Um auf der sicheren Seite zu sein, schlug ich anfangs vor, sich einen angreifenden Tiger vorzustellen. Da ich in Nordamerika zu Hause bin, dachte ich mir, sehr hoch könne die Wahrscheinlichkeit ja nicht sein, dass einer der Teilnehmer schon einmal von einem Tiger angegriffen worden ist, nicht wahr? Zumal hier gar keine Tiger leben[13]. Doch eines Tages in Louisville (ausgerechnet

---

[13] Vor Kurzem fand ich heraus, dass es in Nordamerika zwar keine wild lebenden Tiger gibt, allerdings eine alarmierend große Zahl an Tigern in Privatbesitz. Anscheinend ist es wirklich leicht, sich einen zu kaufen: Harmon Leon: »America Has a Tiger Problem«, in: The Observer, 11.9.2018 (https://observer.com/2018/09/america-tiger - problem-buying-big-cats-legal/). Und noch verrückter ist, dass jemand an einer Highschool in Miami dachte, es sei eine gute Idee, bei einem Abschlussball einen Käfig samt Tiger aufzustellen: Kalhan Rosenblatt: »Tiger at Prom? Miami School Faces Backlash for Bringing Exotic Animal to Dance«, in: NBC News, 14.5.2018 (https://www.nbcnews.com/news/us-news/Miami-school-faces-backlash-bringing-live-tiger-promn873846).

in Kentucky, wer hätte das gedacht?) sprach mich so ein Typ nach meinem Vortrag an und sagte: »Sie werden mir nicht glauben, aber als ich einmal im Zoo war, ist tatsächlich ein Tiger ausgebrochen!«[14]

Daraufhin wechselte ich zu jedermanns liebstem Fabelwesen, dem Einhorn. Hier lag das Problem allerdings darin, dass es den Leuten schwerfiel, sich in dem Beispiel wiederzufinden. Gewöhnlich stellt man sich ein Einhorn als liebe, wohlwollende, magische Kreatur mit glitzerndem Fell vor, und aus dem Hintern schießen ihm Regenbögen. Sogar bei Judy steht zu Hause eine Einhornsammlung. Nichtsdestotrotz könnte man von einem echten Einhorn getötet werden! Es hat doch ein riesiges Horn am Kopf! Was meinen Sie denn, wozu das gut ist? Das ist eine Stichwaffe! Dieses Ding hat es sich bestimmt nicht wachsen lassen, damit kleine Mädchen Ringewerfen spielen können! Das Einhorn wird Sie aufspießen, über Sie hinwegtrampeln und dann zur Krönung des Ganzen einen Regenbogen aus seinem Hintern abfeuern.

Nun verstehen Sie, weshalb ich dann doch zu den Bären zurückkehrte.

Stress zu überwinden und mit seinen Auswirkungen auf unser Leben umzugehen, hängt letztlich von dieser grundlegenden Einsicht ab: Der meiste Stress entsteht durch die Wahrnehmung von Bedrohungen, nicht durch klar sichtbare und tatsächlich reale Bedrohungen. Wenn Sie bei dichtem Straßenverkehr richtig in Stress geraten, egal, ob bewusst oder unbewusst, und sich Ihre gesamte Welt nur noch darum dreht, was

---

[14] Dank unseren Freunden Craig und Nancy wohnen wir kaum fünfzehn Minuten zu Fuß vom Zoo in Denver entfernt. Kaum dass wir angekommen waren, kauften wir uns eine Jahreskarte und waren schon mehrmals dort. Bis heute gab es keine Ausbrüche, die mein Bärenbeispiel weniger hypothetisch gemacht hätten.

passieren könnte, statt um das, was tatsächlich gerade geschieht, können Sie genauso gut nach Einhörnern Ausschau halten.

Einer meiner ersten Ratschläge lautet wie folgt: Lernen Sie, Ihren Stressauslöser einzuordnen. Lernen Sie zu erkennen, was den Bären vom Straßenverkehr unterscheidet. Sobald wir uns aufregen oder gestresst fühlen, sollten wir uns fragen: »Ist das wirklich eine gefährliche Situation?« Wenn ja, dann bedeutet das, Houston, wir haben ein Probl… – ähm, ich meine, einen Bären!

Eigentlich ist das doch eine ganz einfache Frage. Allerdings erfordert die Antwort darauf eine Klarheit über den eigenen Geisteszustand, die uns oft abhandenkommt, wenn wir verärgert oder verängstigt sind. Aber wenn wir uns einen Augenblick Zeit nehmen, um unseren Stressauslöser zu beurteilen, wird uns das helfen, wieder gelassener zu werden. Stellen Sie sich abermals vor, Sie säßen im Verkehr fest und spürten, wie Ihnen so langsam das Blut überkocht. Bevor Sie sich eine Reaktion gestatten, fragen Sie sich, ob diese Situation wirklich eine echte Gefahr für Sie darstellt. Die Wahrscheinlichkeit dafür ist recht gering, und Sie werden sich wieder beruhigen.

Aber was, wenn die Lage tatsächlich gefährlich ist? Was, wenn Sie wirklich von einem Bären angegriffen werden? In diesem Fall wird eine Folgefrage nötig: »Kann ich irgendetwas tun?«

Die erste Frage hilft Ihrem Verstand ganz wunderbar dabei, die Kontrolle über Ihre Stressreaktion zu übernehmen (mehr dazu später, versprochen). Die zweite Frage schließt den Kreis und hilft, unser Verhalten zu verändern. Übertragen wir die Fragen auf das Beispiel im Straßenverkehr.

Hier bin ich also und tue so, als steckte ich im Verkehr fest:

Oh, Mann, der Verkehr macht mich wahnsinnig! Das ist so frustrierend! Aber Moment mal, ist der Verkehr tatsächlich bedrohlich für mich? Tja, ich schätze, nein. Alle fahren gut, und niemand ist sonderlich aggressiv, es geht einfach nur langsam voran. Vielleicht sollte ich mich entspannen und nicht weiter damit beschäftigen, bis alles wieder fließt.

Oder:

Ja, das ist wirklich bedrohlich! Ich möchte meinen Flug erreichen. Wenn ich mich verspäte, verpasse ich ihn vielleicht!

Im letzten Fall stehe ich verständlicherweise zu Recht unter Stress. Also folgt die zweite Frage: Kann ich irgendetwas tun? Realistisch gesehen lautet die Antwort Nein. Ich bin nicht fähig, die Automenge vor mir wie das Rote Meer auf magische Weise zu teilen – ich bin nicht Moses. Auch werde ich niemanden davon überzeugen können, den Weg für mich freizumachen, und eine alternative Route kann ich ebenfalls nicht nehmen. Ich werde einfach abwarten müssen. Meist muss man einen Stau eben einfach aussitzen.

Sehen Sie sich einer bedrohlichen Situation gegenüber, und es gibt etwas, was Sie tun können, dann sollten Sie es auch tun. Aber wenn Sie nichts an der Lage ändern können, gibt es dann überhaupt noch einen guten Grund, sich davon stressen zu lassen? Dann werden Sie nämlich nicht nur verspätet eintreffen, sondern auch ohne jeglichen Handlungsplan, dafür aber nervlich richtig schön aufgerieben. Sie sitzen einfach nur da und schmoren hilflos in Ihrem eigenen Stress. Hoffentlich bleiben keine Flecke auf den Autositzen.

Okay, und jetzt lassen wir uns von einem Bären angreifen:

O je, da rast ein verdammter Bär auf mich zu!

Ja, aber ist die Situation tatsächlich bedrohlich?

Hä, spinnst du? Das ist ein Bär! Der wird mir höchstwahrscheinlich ein paar richtig schlimme Dinge antun!

Kann ich irgendetwas unternehmen? Na ja … Das hängt von verschiedenen Aspekten ab, zum Beispiel davon, was ich über Bären weiß, welche Art Bär es ist, was ich bei mir trage, wie meine Umgebung aussieht und in welchem Zustand sich mein Körper befindet. Sagen wir der Einfachheit halber, die Antwort lautet Ja. Ja, ich glaube, dass ich etwas tun kann, damit ich den Angriff des Bären vielleicht überlebe. Das wäre dann auch ein guter Zeitpunkt, um in Stress auszubrechen.

Überrascht Sie das? Wenn wir uns einer echten Gefahr gegenübersehen *und* etwas dagegen tun können, ist Stress dafür gedacht, uns zu helfen, und daher eine völlig normale körperliche Reaktion. Unter Stress setzen unser Gehirn und unser Körper einige physiologische Veränderungen in Gang, die uns dabei unterstützen, gegen die drohende Gefahr vorzugehen. Funktioniert das System einwandfrei, erhöht Stress unsere Überlebenswahrscheinlichkeit oder die Chance, den Flug zu erreichen oder einen Buchabgabetermin einzuhalten. Wir erleben Stress, damit wir uns mit seiner Hilfe der Herausforderung stellen können – egal, um welche Art von »Bedrohung« es sich handelt.

Der große Haken daran ist, dass es in den meisten Fällen keinen Bären gibt. Nicht vergessen, Stress ist nicht unsere Reaktion auf eine Gefahr selbst, sondern auf die Wahrnehmung einer Gefahr. Würden wir ausschließlich bei echten Bedrohungen mit Stress reagieren, wären Erkrankungen, die mit Stress in Zusammenhang stehen, weit weniger verbreitet, als sie es momentan sind, und ich hätte keinen Grund, dieses Buch zu schreiben.

Dank all den Generationen von Menschen, die vor uns gelebt, harte Zeiten ertragen und die moderne Welt erschaffen haben, führen wir ein wirklich bequemes und komfortables Leben. Wenn wir das Haus verlassen, müssen wir nicht befürchten, plötzlich von unseren Feinden attackiert zu werden, wir müssen nicht mit anderen Raubtieren um unsere Nahrung konkurrieren und werden selten, wenn überhaupt, von Bären angegriffen – oder von sonst irgendwas, wenn wir schon dabei sind. Nichtsdestotrotz stöhnen und jammern wir über Unannehmlichkeiten wie dichten Verkehr und setzen selbst bei

Nichtigkeiten ein körperliches System ein, das eigentlich dafür gedacht ist, uns bei Bärenangriffen zu helfen.

Und das ist für die Querleser:

- Wer sich gestresst fühlt, sollte sich zuerst fragen, ob es sich beim Auslöser um eine echte Bedrohung handelt.

- Handelt es sich wirklich um eine echte Bedrohung, dann stellt sich die Frage: Kann ich irgendetwas daran ändern?

Ich glaube, wir haben bereits etwas sehr Wertvolles besprochen: die Notwendigkeit, unsere Stressauslöser genauer unter die Lupe zu nehmen. Einen kurzen inneren Dialog zu führen, mag sich nicht nach einem großen Unterfangen anhören, kann sich allerdings als extrem hilfreich erweisen. Lassen Sie mich das an einem Beispiel verdeutlichen, bei dem ich es persönlich miterleben durfte.

Ich hielt ein Seminar über Stress ab, und bevor es in die Pause ging, gab ich den Teilnehmern denselben Rat, den ich Ihnen eben ans Herz gelegt habe. Meine Vorträge und Seminare finden gewöhnlich in Konferenzhotels statt, und zumeist wird dort während der Pausen Kaffee zur Verfügung gestellt. Normalerweise nutze ich die Pausen dazu, meine Tasse wiederaufzufüllen.

Also stellte ich mich in die Schlange, mit zwei oder drei Frauen vor mir. Alles lief wie geschmiert, und es ging zügig voran, bis die Frau vor mir am Kaffeeautomaten ankam. Nachdem sie geduldig gewartet hatte, bis alle vor ihr Kaffee bekommen hatten, nahm sie eine leere Tasse, hielt sie unter den Ausguss und drückte den Knopf, doch es kam kein Kaffee heraus. Kein einziger Tropfen. Die Frau davor musste den letzten Rest bekommen haben.

Ich beobachtete, wie sie darauf reagierte: Ihr Gesicht lief rot an, sie fing an zu zittern und wirkte sichtlich verärgert. Dann sagte sie mit weicher Stimme laut vor sich hin: »Das ist keine Bedrohung für mich«, und beruhigte sich wieder. Witzigerweise hatte sie nicht mitbekommen, dass ich hinter ihr stand, und so beschloss ich spontan, ihr auf die Schulter zu tippen, damit sie es merkte.

»Endlich hat es jemand begriffen!«, scherzte ich, und wir warteten gemeinsam, bis man den Kaffee nachgefüllt hatte.

Was unter Stress in unserem Kopf geschieht

Eben habe ich Stress mit einfachen Worten und wie gewöhnlich anhand meines hypothetischen Beispiels mit dem Bären und dem Straßenverkehr erklärt. Jetzt verrate ich Ihnen ein kleines Geheimnis: Eine ganze Weile zog ich »Bären und Straßenverkehr« tatsächlich als Titel für dieses Buch in Betracht (übertrifft mit Sicherheit den Vorschlag: »Witziges titelloses Buch darüber, wie man mit Stress umgeht«), doch ich entschied mich dagegen. Ich dachte mir, das könnte all die Leser da draußen in die Irre führen, die gern mehr erfahren möchten über die Vehikel, die sie fahren, und über Tiere.

Wie bereits erwähnt, sollen diese Beispiele bedrohliche Situationen illustrieren, und zwar diejenigen, bei denen wir wahrscheinlich in gewissem Maß in echter Gefahr schweben (also Bärenbegegnungen), und andere, in denen wir wahrscheinlich eher aufgrund von Vorgängen in unserem Kopf eine Gefahr verspüren – oder aufgrund der Tatsache, dass der Blödmann vor uns eindeutig mit dem Handy am Ohr telefoniert und viel zu langsam ist, um auf der linken Spur zu fahren, aber trotzdem nach links dauerblinkt. *Was hat der denn bitte vor, in den Gegenverkehr zu fahren? Der hat wohl seinen Führerschein im Lotto gewonnen! Super, jetzt komme ich zu spät zu meiner Aggressionstherapie. Idiot!*

Egal, wie echt oder unecht die Gefahr in Wahrheit ist, wenn unser Gehirn die Situation als bedrohlich einstuft, setzt es stets den gleichen Prozess in Gang. Genau wie der Flughafensicherheitsdienst muss unser Gehirn jeden einzelnen Vorfall gleichermaßen ernst nehmen, denn versagt es auch nur ein einziges Mal dabei, eine Gefahr zu identifizieren, kann das katastrophale Folgen haben. Deshalb muss unser Gehirn bei einem auftretenden Stimulus – sei es nun ein Bär, ein Highway voller langsam fahrender Autos oder ein Fluggast, der aus irgendwelchen Gründen meint, er müsse Schuhe tragen – als Erstes festlegen, ob dieser Stimulus uns umbringen könnte. Das ist eine Entscheidung von höchster Priorität, und das Gehirn muss sie treffen, bevor wir irgendetwas anderes tun. Ich bin mir sicher, dass ich nicht zu erklären brauche, weshalb es so wichtig ist, dass unser Gehirn dies tut.

Legen wir eine kurze Pause ein, um Sie auf die folgenden Abschnitte vorzubereiten. Wie im Vorwort erwähnt, handelt es sich hier nicht um ein Fachbuch, und ich habe keinerlei Absicht, tief ins Detail zu gehen. Nichtsdestotrotz werde ich gleich ein paar Informationen zur Anatomie des Gehirns und des Nervensystems sowie über die damit verbundenen Systeme des Körpers darlegen. Ich fürchte, dass dadurch eventuell einige von Ihnen darüber nachdenken, ins Lager der Querleser zu wechseln, aber ich verspreche Ihnen: Es wird nicht kompliziert und bleibt auf dem Punkt. Davon abgesehen hat ein wenig neurowissenschaftliches Wissen noch keinem geschadet. Wir sind alle Besitzer eines menschlichen Gehirns, und deshalb denke ich, dass jeder zumindest grob darüber Bescheid wissen sollte, wie es funktioniert. Dazu kommt, dass ich mich während des Psychologiestudiums auf Neurowissenschaft spezialisiert habe, und wenn man sich bei meinem Vornamen Brian verschreibt, steht ungemein häufig »Brain« – »Gehirn« auf Englisch – auf dem Papier (noch cooler ist es sogar, wenn noch mein Nachname dazukommt und aus mir dann »Brain King«, der König des Gehirns, wird). Also fühle ich mich geradezu verpflichtet, das Gehirn zu thematisieren. Machen Sie sich aber bitte keine Sorgen (später mehr dazu, weshalb), das ist kein Lehrbuch, und am Freitag gibt es keine Prüfung.

Kehren wir zum eigentlichen Thema zurück: Nimmt das Gehirn einen Stimulus wahr, muss es erst einmal bestimmen, ob er eine Gefahr darstellt. Diesen Prozess nennt man Bewertung, und ausgeführt wird er von einem Teil des Gehirns namens Amygdala. Die Amygdala ist eine zweilappige, mandelförmige Struktur, die sich tief im Inneren des Gehirns befindet. Sie gehört zu einer Gruppe von Nervenzellenverbänden, die als das limbische System bezeichnet werden und unser Gefühlserleben, das Lernen, das Formen von Erinnerungen (insbesondere jener, die an Gefühle geknüpft sind) und das Treffen grundlegender Entscheidungen beeinflussen. Ich sollte betonen, dass die Amygdala und der größte Teil unseres Gehirns außerhalb unserer bewussten Wahrnehmung agieren. Das heißt also, diese zentrale Struktur spielt eine extrem wichtige Rolle in unserem Leben, wir sind jedoch vollkommen ahnungslos, dass sie in uns aktiv ist.

Informationen darüber, was im Augenblick geschieht, werden über die Sinnesorgane an das Gehirn und somit auch an die Amygdala übermittelt, wo sie auf potenzielle Gefahren hin untersucht werden. Details zum Kontext der Situation, Erinnerungen an frühere Erlebnisse sowie der eine oder andere Instinkt fließen mit ein, um zügig zu einer Entscheidung zu kommen, ob dieser Stimulus eine schlechte Nachricht darstellt. Nehmen wir beispielsweise an, wir begegnen einem Bären (ja, schon wieder), dann könnte der Bär durchaus für schlechte Nachrichten stehen. Der Kontext der Situation könnte einerseits sein, dass wir ganz allein auf einem Pfad tief in den Wäldern der Sierra Nevada wandern, als uns plötzlich aufgeht, dass es vielleicht nicht die beste Idee war, sich geräucherten Wildlachs fürs Mittagessen einzupacken.

Andererseits könnten wir uns auch im Zoo von Denver befinden und besagten Bären mit Blicken niederstarren. Ganz offensichtlich werden sich der Kontext beziehungsweise die Umstände der Situation auf unsere Einschätzung der Bedrohung auswirken. Erinnerungen an eigene Erlebnisse rufen möglicherweise direkte Erfahrungen mit Bären ins Gedächtnis, doch bei den meisten von uns ist es viel wahrscheinlicher, dass wir auf indirektem Wege zu Wissen über Bären gelangt sind, wie zum Beispiel gehörte oder gelesene Geschichten über Bärenangriffe.

Anders als Erinnerungen werden Instinkte nicht erworben, sondern als Teil unserer genetischen Struktur vererbt. Mir ist nicht bekannt, ob es bislang jemandem gelungen ist, alle Auslöser für unsere Instinkte zu identifizieren, aber ich glaube, die meisten Raubtiere haben gewisse Eigenschaften gemeinsam, auf die wir instinktiv reagieren, wie zum Beispiel ein gewölbter Rücken, ein Knurren, gefletschte Zähne. Was auch immer die Gefahrenhinweise sind, es ist vernünftig, sie als real anzusehen. Meiner Tochter bei ihrer Entwicklung über die letzten achtzehn Monate hinweg zuzusehen, hat mir das gewissermaßen bestätigt. Da sie keine Ahnung hatte, was ein Hund ist, hatte sie bei der ersten Begegnung mit dem Hund meines Bruders Jon (ein sehr liebes Tier, doppelt so groß wie sie) verständlicherweise Angst vor ihm.[15] Ich vermute, dass die Amygdala bei mangelndem Erfahrungswissen lieber Vorsicht walten lässt, statt auf Korrektheit Wert zu legen, und das macht sie auch verdammt richtig so. Die anfänglich ängstliche Reaktion überwand Alyssa später durch wiederholte Begegnungen und Lernen, und wie die meisten Kinder ihres Alters liebt sie jetzt Hunde (allerdings scheint sie sich mit Katzen besser zu verstehen). Wahrscheinlich

---

[15] Sie wusste auch noch nichts von Bären, und als sie im Film »Super Troopers 2« zum ersten Mal einen im Fernsehen sah, brachte sie deutlich ihr Unbehagen zum Ausdruck und drängte mich, den Sender zu wechseln.

würden die meisten, die sich in unserer hypothetischen Situation mit einem Bären konfrontiert sähen, von ihren Instinkten gesteuert reagieren. Vermutlich deshalb, weil wir null Wissen über und keinerlei Vorerfahrung mit aggressiven Bären haben – abgesehen vielleicht von Bärentrainern, Yellowstone-Nationalpark-Picknickern und kernigen Waldschraten.

Bemerkenswert an der Amygdala ist, wie extrem schnell die relevanten Informationen analysiert werden, vor allem im Vergleich zu anderen Teilen des Gehirns. Wie erwähnt, ist die Amygdala an vielen unbewussten Entscheidungsprozessen im Gehirn beteiligt. Das heißt, wir verfügen auch über bewusste Teile des Gehirns, die wir oft nutzen, um Entscheidungen zu treffen; genau genommen nutzen Sie diese exakt in diesem Moment, um diesen Satz zu lesen. Im präfrontalen Cortex oder Stirnlappen, dem Teil unseres Gehirns, der direkt hinter der Stirn sitzt, findet der Großteil der Aktivitäten statt, die wir als »Denken« bezeichnen. In den meisten Fällen ist es absolut angebracht, diesen Teil zur Entscheidungsfindung einzusetzen, aber er arbeitet etwas langsamer als die Amygdala. Unser bewusster Denkprozess wägt die Vor- und Nachteile von Alternativen ab, zieht frühere Erfahrungen in Betracht und stellt sich zukünftige Resultate vor. Er bezieht zudem soziale Normen und Erwartungen ein und erledigt daneben noch eine Menge anderer Dinge, die ich hier lieber weglasse, weil der Absatz jetzt schon droht, zu lang zu geraten. Aber Sie verstehen, was ich meine. Der bewusste Entscheidungsprozess ist vergleichsweise langsam, sehr langsam. Stellen Sie sich vor, wir würden diese Vorgehensweise verwenden, um zu entscheiden, ob wir in Gefahr sind. *Ist das ein Bär? Welche Art das wohl ist … Ich weiß, dass Bären gefährlich sein können, aber das können Hunde auch sein, und der meines Bruders ist wirklich lieb. Hm, der Bär wirkt, als wollte er angreifen, aber vielleicht ist er nur neugierig …* und zack! werde ich zerfleischt. Hier geht es darum, eine potenzielle Gefahr für Leib und Leben zu identifizieren, das heißt, je schneller wir das richtige Urteil fällen können, desto wahrscheinlicher werden wir überleben.

Urteilt die Amygdala, dass der Stimulus eine potenzielle Gefahr anzeigt, sendet sie ein Signal in einen Bereich namens Hypothalamus, einen weiteren Teil des limbischen Systems. Der Hypothalamus wiederum aktiviert das sympathische Nervensystem, das für eine ganze Reihe von physiologischen Veränderungen verantwortlich ist, die ich in einem späteren Abschnitt konkreter beschreiben werde. Aber so viel schon einmal im Voraus: Diese Veränderungen machen unseren Körper für jegliche jetzt notwendigen Aktionen bereit. Das gesamte System funktioniert blitzschnell, und unser Körper durchläuft diese Prozesse, noch bevor der bewusste Teil des Gehirns merkt, dass überhaupt etwas los ist. Mit anderen Worten: Wir begegnen einem Reiz beziehungsweise Stimulus, urteilen unbewusst, dass er eine Bedrohung darstellt, und reagieren körperlich darauf, noch bevor wir bewusst registrieren, wem oder was wir überhaupt begegnet sind.[16] Das ist großartig, wenn wir tatsächlich in Gefahr schweben. Zum Beispiel werden Sie höchstwahrscheinlich bereits auf den Bären reagieren, bevor Ihnen überhaupt klar wird, dass da ein Bär ist. Wenn die Situation allerdings keine Stressreaktion rechtfertigt, kann das dazu führen, dass wir handeln, bevor wir die Gelegenheit haben, darüber nachzudenken. Während Sie Auto fahren, könnte der Verkehr plötzlich dichter werden. Bevor es Ihnen richtig bewusst wird, verfallen Sie in Aufregung, und das wird sehr wahrscheinlich Ihr weiteres Verhalten beeinflussen.

Apropos Verhalten: Unsere Amygdala sendet ihre Informationen ebenfalls in einen Bereich namens Nucleus accumbens, fast genau im Zentrum des Gehirns. Ich weise gern sofort darauf

---

[16] Das ist ebenfalls der Ablauf, wenn wir eine Panikattacke erleiden.

hin, wo er sich befindet, denn auch wenn Sie sonst nichts darüber wüssten, würden Sie jetzt wahrscheinlich allein aufgrund seiner Lage vermuten, dass er ziemlich wichtig ist. Im Allgemeinen wird ja etwas umso besser geschützt, je wichtiger es ist – abgesehen von wenigen Ausnahmen, wie zum Beispiel die Sternenzerstörer in »Star Wars«. Anders als die hochrangigen Offiziere des Imperiums (deren Kommandobrücke sich am unsichersten Ort des gesamten Raumschiffes befindet), wird der Nucleus accumbens nicht nur durch den Schädelknochen geschützt, sondern darüber hinaus mit einer dicken Schicht Gehirnmasse isoliert. Alle Bereiche, die im Kern des Gehirns untergebracht sind, werden zum Lebenserhalt benötigt. Man kann also auch leben, ohne zu denken, und hier fallen mir auch gleich ein paar Zeitgenossen ein, die das anscheinend nur zu gern beweisen wollen. Fakt ist: Ohne die zentralen Bereiche wird ein Überleben kaum gelingen.

Der Nucleus accumbens bestimmt zwar nicht unser Verhalten, aber er ist wichtig als dessen Impulsgeber. Vielleicht haben Sie schon einmal gehört, dass er unter anderem beeinflusst, wie wir Belohnung wahrnehmen beziehungsweise durch Wiederholung lernen. Das ist richtig, aber um es mit einfachen Worten auszudrücken (so wie ich es am liebsten mag): Der Accumbens bestimmt den relativen Wert unserer Alternativen. Der Wert einer Alternative kann entweder positiv oder negativ sein. Ist er positiv, heißt das, sie wird unser Leben verbessern, indem sie für gewöhnlich etwas Angenehmes dazu beiträgt (wir nennen das »positive Verstärkung« oder »Belohnung«). Ist er negativ, heißt das, die Option wird unsere Situation verbessern, indem sie etwas Unangenehmes oder Schmerzhaftes daraus entfernt (genannt »negative Verstärkung« oder »Erleichterung«). Auf den Punkt gebracht: Ich kann mein Leben verbessern, indem ich Schokoladentorte esse oder einer Gefahr entkomme. Interessant beim Accumbens ist, dass es ihm völlig egal ist, ob die Verbesserung das Resultat von Belohnung oder Erleichterung ist; was zählt, ist der relative Wert im Vergleich. Wenn mir das Stück Torte jetzt auf der Stelle mehr Nutzen bringt, als zwanzig Liegestütze zu machen, dann raten Sie mal, für welche Alternative sich mein Gehirn entscheiden wird. Dazu später mehr.

Sagen wir hypothetisch, wir stehen einer Art Bedrohung gegenüber. Welcher? Hm, keine Ahnung ... wie wär's damit: Wir werden von einem Bären angegriffen. Ja, das ist es! Unsere Amygdala kam soeben zu dem Urteil, dass diese Situation Gefahr bedeutet und hat unser sympathisches Nervensystem alarmiert. Gleichzeitig hat sie unserem Accumbens Bescheid gegeben, der sich nun quasi fragt: »Was soll ich tun?« Vielleicht legt er sich ein paar Alternativen zurecht. Eine könnte sein, sich auf unsere Verteidigung vorzubereiten. Fortzulaufen könnte auch eine Option sein, oder vielleicht legen wir uns hin, stellen uns tot und hoffen, dass der Bär nicht allzu grob ist. All diese Alternativen gehören zur Kategorie »Erleichterung«, nicht »Belohnung«. Ich weiß, es ist kaum zu glauben, aber es gibt ein paar Probleme im Leben, die nicht mit Schokoladentorte zu lösen sind.

Wegrennen, sich für den Kampf bereitmachen und tot stellen sind keine komplexen Verhaltensformen, weshalb sie auch sofort in Betracht gezogen werden. Der Nucleus accumbens fasst diese Alternativen ins Auge, weil wir sie im Laufe des Lebens derart gut eingeübt haben (Sie wissen schon, immer wenn Sie weggerannt sind, gekämpft oder sich totgestellt haben), dass unser Gehirn diese Aufgaben, ohne nachzudenken, erledigen kann. Vergessen Sie nicht, dass uns bewusstes Überlegen in diesem Kontext gefährlich verlangsamen würde; daher sind diese Optionen einfache, gut eingeübte Verhaltensweisen. Vielleicht sind Ihnen die drei Möglichkeiten als Kampf, Flucht und Erstarren bekannt. Jede besitzt einen speziellen Wert, der auf früheren Erfahrungen beruht, und Ihr Nucleus accumbens wird die Option mit dem größten relativen Wert wählen. Sind Sie ein ausgezeichneter Kämpfer? Dann schnappen Sie sich einen Stein oder einen Stock und machen Sie sich bereit für die Schlacht! Sind Sie ein hervorragender Läufer? Dann nehmen Sie die Beine in die Hand! Sind Sie (wie ich) weder in dem einen noch dem anderen wirklich gut? Ich kann mich nicht einmal daran erinnern, wann ich zum letzten Mal in eine Schlägerei verwickelt war, und das letzte Mal, als ich gerannt bin, war das mit ziemlicher Sicherheit, um den Wagen des Eisverkäufers nicht zu verpassen. In diesem Fall legen Sie sich also lieber zusammengerollt auf den Boden und hoffen darauf, nicht allzu appetitlich zu riechen. Einige werden vielleicht sogar dafür sorgen, dass sie nicht gut riechen, wenn Sie wissen, was ich meine, und dem Bären auf diese Weise das Festmahl verderben.[17]

Inzwischen sollten Sie mit meiner Verwendung von vereinfachten theoretischen Beispielen vertraut sein. Nur für den Fall, dass dem nicht so ist: Nehmen Sie sie bitte *nicht* wörtlich. Man kann mich vieles nennen, aber »Experte für Bären« gehört nicht dazu. Bevor Sie losziehen und mit bärenartigen Biestern in den Boxring steigen beziehungsweise versuchen, ein Tier abzuhängen, das über sechzig Kilometer pro Stunde schnell rennen kann[18], recherchieren Sie ein wenig. Da draußen gibt's genügend Quellen, die darüber informieren, was bei einer Begegnung mit einem Bären zu tun ist, mein liebes Goldlöckchen, also schieb mir nicht die Schuld zu, wenn du gefressen wirst!

Nehmen wir noch ein anderes Beispiel. Stellen Sie sich vor, Sie fahren auf dem Highway und finden sich plötzlich in einem Stau wieder. Sobald Ihr Gehirn die sich anbahnende Verlangsamung registriert, wird diese von Ihrer Amygdala als Bedrohung eingeordnet, und sie gibt Ihrem Nucleus accumbens Bescheid. Daraufhin wägt Ihr Accumbens die verfügbaren Alternativen ab.

---

[17] Ganz richtig, ich meine genau das, was Sie denken. Die Kontrolle über die Blase zu verlieren, ist bei extremem Stress ebenfalls üblich.

[18] Angenommen, Sie fliehen vor einem Grizzly.

Zur Wahl stehen Kämpfen, Fliehen oder Erstarren. Natürlich sind das nur Oberkategorien für differenziertere Verhaltensweisen, also wie könnte man sie auf die Situation im drohenden Stau übertragen? Die Oberkategorie Kampf könnte sich im Straßenverkehr in einer Vielzahl verschiedener Verhaltensweisen manifestieren, wie zum Beispiel übertrieben häufiges Hupen, Anbrüllen der anderen Fahrer, ihnen den Stinke- oder Mittelfinger zeigen, je nachdem, wie man es bei Ihnen regional nennt, oder aber aggressiv fahren. Andererseits ist es schwer, vor dem Stau zu fliehen. Eventuell können Sie die nächstmögliche Ausfahrt nehmen oder, falls erlaubt, weiter rechts auf dem Standstreifen fahren. Nehmen wir mal an, dass ihrem Gehirn aus welchem Grund auch immer die Option »Kampf« als die wertvollere Reaktion erscheint im Vergleich zur »Flucht«, also bearbeiten Sie Ihre Hupe und nerven die rücksichtslosen Fahrer, die es gewagt haben, im Stau vor Ihnen stecken zu bleiben. An dieser Stelle möchte ich Sie daran erinnern, dass all das ohne jeglichen bewussten Gedanken vonstattenging – angefangen mit der Einstufung des Staus als »Gefahr« bis hin zu Ihrem unausstehlichen Gehupe und dem emporgereckten Mittelfinger.

Zumindest möchte ich gern glauben, dass dieses Verhalten unbewusst motiviert ist. Denn wenn nicht, hätte ich eine wirklich schlechte Meinung von unserer Spezies. Ich kann mir keinen rationalen Denkprozess vorstellen, an dessen Ende die Schlussfolgerung steht, dass solch ein Verhalten eine potenziell nützliche Strategie im Umgang mit dichtem Verkehr ist. Als würden wir alle plötzlich beim Geräusch der Hupe zu der Einsicht gelangen: *Hey, den Typen lasse ich lieber mal vorbei. Es klingt, als wäre er ein bisschen spät dran zur Arbeit!* Empörtes Hupen ist eine Reaktion aus der Kategorie Kampf und mag dem unbewussten Gehirn angesichts der Umstände absolut normal vorkommen.

Abschließend gilt es noch den präfrontalen Cortex zu erwähnen. Nicht, dass damit die gesamte Erklärung der bei Stress beteiligten Gehirnbereiche abgearbeitet wäre, aber diese Struktur ist die letzte, auf die ich hier eingehen werde – was ich auch bereits getan habe (Sie erinnern sich, oder?). Wie gesagt, der präfrontale Cortex ist der Teil Ihres Gehirns, der hinter der Stirn und den Augen sitzt. Er hat Anteil an Planungs- und Entscheidungsprozessen, hilft bei der Lösung von Problemen, steuert Aufmerksamkeit und Kurzzeitgedächtnis – ist quasi an allen Aktivitäten beteiligt, die wir als »Denken« bezeichnen. Er ist der einzige Bereich des Gehirns, dessen wir uns bewusst sind, deshalb nenne ich ihn gern das Zuhause des bewussten Verstandes. Er ist außerdem der einzige Teil des Gehirns, über den wir willentlich Kontrolle ausüben können. Sie können selbst entscheiden, welche Art von Gedanken Sie dort hegen möchten.

Der präfrontale Cortex ist in der Lage, sich über die oben beschriebenen rein reaktiven Verhaltensmuster hinwegzusetzen. Wenn Sie sich beispielsweise in einem Verkehrsstau wiederfinden und feststellen, dass Sie dank Ihres Nucleus accumbens gerade alle vor Ihnen sinnlos anhupen, könnten Sie sich denken: *Warum mache ich das eigentlich? Ganz offensichtlich hat das nicht den gewünschten Effekt. Ich glaube, ich lasse das besser mal sein* – und dann hören Sie auf zu hupen. Sie könnten sich sogar fragen: *Befinde ich mich tatsächlich in Gefahr? Und kann ich etwas daran ändern?*, wie ich es im letzten Abschnitt empfohlen habe, was Ihnen helfen wird, sich zu beruhigen. Sie bräuchten diesen inneren Dialog nicht einmal zu führen, ich will Ihnen damit nur etwas verdeutlichen: Ihr präfrontaler Cortex kann Entscheidungen, die von anderen Bereichen des Gehirns getroffen wurden, abändern oder komplett aufheben, und dafür brauchen Sie nichts weiter als Ihre eigenen Gedanken. Wenn Sie bereits mit der richtigen Art von Aktivität in Ihrem präfrontalen Cortex losfahren, können Sie sogar Ihre Amygdala davon abhalten, den Verkehr überhaupt erst als Bedrohung einzuordnen.

Hier wieder für die Leser, die einfach nur durchblättern:

- Wir reagieren bereits auf Stress, bevor wir die Chance haben, darüber nachzudenken.

- Allerdings sind wir fähig, diese erste Reaktion zu überwinden.

Unglücklicherweise nutzen nur wenige Menschen ihren bewussten Verstand auf die Art, wie ich es eben beschrieben habe, und einige nutzen ihn, nun ja … überhaupt nicht. Anstatt unser Denken einzusetzen und unser Verhalten zu ändern, verlieren wir uns im Moment, wodurch der Stress seinerseits unsere Gedanken beeinflusst. Wir denken, wie sehr wir es hassen, im Stau zu stecken, und registrieren voller Groll, dass die Person vor uns doch jede Menge Platz hat und eigentlich weiterfahren könnte, *und warum geht's nicht endlich mal voran?* Wissen die Leute denn nicht, dass Judy zur Arbeit muss und spät dran ist? Judy hat Besseres zu tun, als im Stau zu stehen!

Zu lernen, wie man die richtige Art präfrontaler Aktivität oder Gedanken verstärkt und wie man bewusst die in den anderen Bereichen des Gehirns getroffenen Entscheidungen revidiert, ist der Schlüssel zu einer weniger stressbeladenen Existenz.

Wie ich oft sage: Wenn Ihnen nicht gefällt, wie Sie sich fühlen, dann ändern Sie Ihre Meinung … ähm, Ihre Gedanken.

Das Allerschlimmste:
das Sorgenmachen

Jetzt, da Sie verstehen, dass Stress schlichtweg eine Reaktion auf eine wahrgenommene Bedrohung ist, möchte ich Ihnen ein wenig von einem interessanten Phänomen erzählen, mit dem wir es alle zu tun bekommen, sobald sich das Gehirn seinen Stress selbst erzeugt. Ich würde sogar behaupten, dass der überwiegende Teil des Stresses, den wir erleben, hausgemacht ist. Das bedeutet, wir empfinden Stress, obwohl es keine äußere Gefahr gibt, die uns bedroht, sondern nur eine Situation, in der einer unserer Glaubenssätze, unsere Werte oder gewisse Erwartungen infrage gestellt werden. Mit anderen Worten: ein bedrohlicher Gedanke. Ganz richtig, der Großteil unserer Stressauslöser entspringt der Fantasie. Einhörner! Diese nichtsnutzigen Widerlinge.

Sich Sorgen zu machen ist ein Prozess, der in diese Kategorie fällt, und er ist einfach der *allerschlimmste*. Sorgen sind nichts weiter als innerlich erzeugter Stress – Stress, den wir uns aufgrund einiger besonders beunruhigender Gedanken selbst aufbürden. Sich zu sorgen ist eine Verhaltensweise, wenngleich eine geistige, und oft machen wir uns über die Stressfaktoren des Lebens Sorgen, doch das Sorgenmachen an sich kann ebenfalls der Grund für zusätzlichen Stress sein.

Nehmen wir erneut den dichten Verkehr als Beispiel. Stellen Sie sich vor, Sie kommen morgens ein wenig später als gewohnt aus dem Bett und springen für die Fahrt zur Arbeit ins Auto. Auf dem Weg zum Highway kommen Ihnen Gedanken zu der Tatsache, dass Sie später als sonst aufgestanden sind und deshalb auf dichteren Berufsverkehr stoßen könnten. Sie denken bei sich: *O Mann, wetten, dass es voll ist auf dem Highway? Ich werde garantiert gefeuert.* Sehen wir uns an, was soeben passiert ist: Sie fahren ganz normal vor sich hin und haben ohne äußeren Anlass selbst zur Erhöhung Ihres Stresses beigetragen, weil Sie etwas vorausahnen, was noch gar nicht eingetreten ist und vielleicht überhaupt nicht eintreten wird. Mit Ihren eigenen Gedanken haben Sie unnötigen Stress erzeugt. Und davon mal abgesehen, Judy, solltest du dein Leben wirklich endlich auf die Reihe kriegen.

Ich spreche mich sehr oft gegen das Sorgenmachen aus, und zwar deshalb, weil es eine wirklich schlechte Angewohnheit ist und dazu noch eine, die wir vielleicht gar nicht als solche erkennen. Da es eine geistige Verhaltensweise ist, kann ein Übermaß an Sorgenmachen im Laufe des Lebens zum Hauptgrund für die Ausbildung einer emotionalen Störung wie Angst oder gar Depression werden. Es ist jedoch ein Verhalten, das wir ändern können, und das auch zu tun, liegt in unserem ureigensten Interesse.

Dennoch machen wir uns alle Sorgen. Möglicherweise nicht immer und überall, aber jeder erlebt Momente, in denen er von negativen Vorahnungen überwältigt wird und sich selbst unter Stress setzt. Wie eingangs erwähnt, bin ich ein wirklich glücklicher Typ, und trotzdem mache ich mir gelegentlich Sorgen. Meist drehen sie sich um meine Tochter, um die Frage, ob ich in der Zukunft gut für sie sorgen und ihr helfen kann, zu einer glücklichen und gesunden Frau heranzuwachsen, und ob sie wohl mal von einem Bären angegriffen wird. Vor allem die Sache mit dem Bären, hundertprozentig. Sich Sorgen zu machen, ist ein ganz natürliches Verhalten, weshalb es wahrscheinlich niemandem so richtig auffällt, wenn es problematisch wird. Aber es gibt Menschen, die sich bei Weitem zu viele Sorgen machen, über alles und jeden. Sorgenmachen ist praktisch ihr Hobby geworden.

Einer meiner ehemaligen Zimmergenossen an der Universität gehörte zu dieser Sorte. Er war ein extremer Sorgenmacher. Auch wenn ich letztlich einen Doktor gemacht habe, war ich doch nie ein konventioneller Student. Aus Gründen, an die ich mich nicht erinnern kann, habe ich die Highschool im letzten Jahr abgebrochen, und so etwas macht es generell schwer, direkt zur Uni weiterzugehen (und die meisten Abbrecher … tja, tun das nicht). In meiner Familie hatte noch keiner studiert, und ich hing auch nicht gerade mit den Kids ab, die die Uni anpeilten, also hatte ich anfangs keinen Schimmer, was ich tat.

Meinen Freund James lernte ich in der Highschool kennen, und wir holten zur gleichen Zeit unseren Abschluss nach. Wir meinten, die Uni sei bestimmt leichter zu schaffen, wenn wir es gemeinsam angingen, und schrieben uns im ersten Jahr für viele Kurse zusammen ein. Einer davon fand montags, mittwochs und freitags statt. Das Thema weiß ich nicht mehr, aber ich erinnere mich, dass jeden Freitag eine Klausur anstand.

James und ich gehörten nicht zu den besten Studenten (wenig überraschend; die schlechten Angewohnheiten, deretwegen wir die Highschool abgebrochen hatten, hatten wir auch an der Universität nicht abgelegt), aber wir waren motiviert. Einer der gravierenden Unterschiede zwischen uns beiden war der Umgang mit der wöchentlichen Prüfung. Während ich meine Klausur abgab, sobald ich fertig war, und geduckt aus dem Raum schlich, um früh ins Wochenende zu starten, gehörte James zu den Studenten, die mit jeder einzelnen Frage rangen, sich oft selbst anzweifelten und die einstündige Klausurzeit bis zur letzten Sekunde ausreizten, bevor sie die Arbeit abgaben. Manchmal trafen wir uns später in der Eckkneipe unweit unserer Wohnung. Besonders gut kann ich mich an ein bestimmtes

Mal erinnern, weil er etwas verstört aussah. »Geht's dir gut?«, fragte ich.

»Mann, ich mache mir echt Gedanken, dass ich die Klausur versemmelt habe«, antwortete er.

»Tja, dann hast du's wahrscheinlich auch«, erwiderte ich. »Aber wenn du dir jetzt Sorgen machst, wird das nichts daran ändern, du kannst dich also genauso gut entspannen und den Freitagabend genießen.«

Ich fand es seltsam, aber das brachte er nicht fertig. Den ganzen Abend über kam er immer wieder auf das Fach und die Klausurfragen zurück, die er seiner Meinung nach falsch beantwortet hatte. Schließlich ging er früh nach Hause. Als ich am nächsten Morgen aufstand, war er bereits wach, hockte im Wohnzimmer über seinen ausgebreiteten Büchern und Mitschriften und ging alles fieberhaft noch einmal durch. »Mann, weißt du noch, diese eine Frage? Ich glaube, meine Antwort ist falsch.« Ganz im Ernst, wenn er diesen Eifer vor der Klausur an den Tag gelegt hätte, hätte er sein Wochenende nicht voller Sorgen zu verbringen brauchen.

Aber er machte sich Sorgen, das ganze Wochenende lang. Unsere Noten erfuhren wir immer montags, und dann würde er entweder freudig überrascht oder in seinen Ängsten bestätigt sein. Ob nun das eine oder das andere, sich das gesamte Wochenende über Sorgen zu machen, würde garantiert nichts am Ergebnis der Klausur ändern. Er machte an diesem Wochenende die Schotten dicht, obwohl er doch selbst hätte dicht sein können. Letzten Endes entschied er irgendwann, dass die Uni nichts für ihn sei – nicht, weil er derart schlechte Noten gehabt hätte, sondern weil er mit dem Stress nicht klarkam.

Und das ist das große Problem mit dem Sorgenmachen: Es trägt nichts dazu bei, Schlechtes zu verhindern. Sorgenmachen wirkt sich nicht auf das Ergebnis eines Ablaufs aus, es mindert nicht die Wahrscheinlichkeit dafür, dass widrige Ereignisse eintreten. Es macht einfach nur unser Leben weniger großartig.

Lassen Sie mich dem Rat, den ich Ihnen im letzten Abschnitt gegeben habe, eine weitere Empfehlung hinzufügen. Wenn wir anfangen, uns so sehr Sorgen zu machen, dass wir Stress empfinden, müssen wir einen Augenblick innehalten und uns fragen: »Kann ich irgendetwas daran ändern?« Lautet die Antwort Ja, dann tun Sie es sofort, oder machen Sie sich einen Plan, wie Sie vorgehen werden – je nach Situation. Können wir etwas an einer stressigen Situation ändern und entscheiden uns dafür, es aus irgendeinem Grund nicht zu tun, dann sind wir letztendlich selbst an unserem Stress schuld. Einmal sprach mich eine Frau an und erzählte mir, dass sie stark unter Stress stehe, weil ihre beste Freundin Gerüchte über sie verbreite und hinter ihrem Rücken tratsche. Ich sagte: »Wow ... und diese Person nennen Sie Ihre *beste Freundin*?« Ich persönlich würde so jemanden nicht einmal als *Freundin* bezeichnen, geschweige denn, ihr den Rang der *besten* einzuräumen. Aber jeder nach seiner Fasson. Sie erklärte mir, dass sie sich bereits sehr lange kannten, weshalb ich das Ganze dann doch wieder verstehen konnte. Ich fragte sie, wie lange, und sie antwortete: »Etwa zehn Jahre.« Dann wollte ich wissen, seit wann ihre Freundin denn dieses Verhalten zeige, und sie sagte wiederum: »Seit etwa zehn Jahren.« Mir war ziemlich klar, dass es sich hier um ein Problem handelte, das man bereits vor etwa zehn Jahren hätte lösen können.

Die Frau hätte die Freundschaft beenden können, aber was ist, wenn es nichts gibt, was man in einer gegebenen Situation tun kann? In diesem Fall ist es hilfreich, wenn wir uns fragen: »Wenn ich nichts an der Lage ändern kann, warum mache ich mir dann Sorgen darüber?« Eigentlich ist das eine rhetorische Frage, aber indem wir darüber nachdenken, sinkt die Wahrscheinlichkeit, dass wir weiter über das grübeln, was uns den Stress bereitet.

Mein Mitbewohner von der Uni war nicht fähig zu erkennen, wie zwecklos es ist, sich um eine Klausur zu sorgen, die man bereits abgegeben hat.

Ich bin erst vor Kurzem Vater geworden, deshalb ist das Sorgenmachen um Kinder neu für mich. Gelegentlich mache ich mir, wie erwähnt, Gedanken um die Zukunft meiner Tochter, aber ich versuche, das einzudämmen. Ihr Wohlergehen beschäftigt mich allerdings immerzu. Sich mit etwas zu beschäftigen, ist allerdings, zumindest in dem Sinne, wie ich das Wort gebrauche, nicht das Gleiche wie sich Sorgen zu machen. Beides impliziert eine Form der Fürsorge, allerdings kann Sorgenmachen unnötig und beängstigend sein: Das Leben meiner Tochter beschäftigt mich, aber ich mache mir keine Sorgen, dass ein Bär sie zerfleischen wird.

Ich weiß noch, wie ich die oben erwähnten »bewussten« Fragen einem Freund stellte, der wegen seiner Kinder gestresst war. Zuerst erkundigte ich mich, worüber genau er sich Sorgen mache. Er antwortete: »Meine Kinder studieren in einer anderen Stadt, und ich befürchte, dass sie zu viel Party machen, anstatt zu lernen. Ich mache mir Sorgen, dass sie von der Uni fliegen.«

Das ist eine durchaus schwerwiegende Befürchtung. Ich fragte ihn, wie er darauf käme. »Na ja, ich sehe andauernd diese Fotos auf Facebook, sie gehen nur noch zu Partys und trinken.« Drücken wir bei dieser ernsten Unterhaltung mal kurz auf Pause, denn … ähm … dafür ist Facebook da. Man postet Bilder von sich auf Partys und wenn man mit Freunden Spaß hat. Niemand postet ein Selfie mit einem Buch in der Hand beim Lesen. Eins werden Sie dort garantiert nie zu sehen bekommen: einen Post von Ihren Kindern mit zerzausten Haaren und im Schlafanzug im Wohnheim, mit dem Status: »Hey, Leute, hier bin ich und lerne für die Prüfung!« Social Media sind zum Posten von Partybildern da – und von Fotos süßer Kätzchen.

»Ja, ich weiß, aber ich kann einfach nicht anders, als mir Sorgen um sie zu machen. Es sind meine Kinder, man muss sich doch um die eigenen Kinder Sorgen machen«, erwiderte er.

Okay, dachte ich und fragte: »Kannst du denn an der Situation irgendetwas ändern?«

»Tja, eigentlich nicht. Sie leben in einer anderen Stadt.«

Okay, dachte ich wieder und fragte: »Wenn du nichts daran ändern kannst, was hast du dann davon, dir deswegen Sorgen zu machen?«

»Na ja, sie sind meine Kinder, man muss sich doch um die eigenen Kinder Sorgen machen.«

»Okay, und kannst du etwas daran ändern?«

»Nein.«

»Okay, wenn du nichts daran ändern kannst, was hast du dann davon, dich zu sorgen?«

»Na, sie sind meine Kinder …«

Die Unterhaltung drehte sich im Kreis, bis er schließlich meinte: »Weißt du was? Mir scheint, auf gewisse Weise mache ich mir einfach gern Sorgen.«

Meine Damen und Herren, wir haben einen Durchbruch! Diesem hohen Maß an menschlicher Selbsterkenntnis begegne ich so gut wie nie, aber es war absolut richtig, was er sagte. Manche von uns genießen es, sich Sorgen zu machen. Wenn es nicht die Kinder, die Prüfungen oder potenzielle Staus auf unserem Arbeitsweg sind, finden wir etwas anderes, worüber wir uns den Kopf zerbrechen können. Falls momentan im eigenen Leben nichts ansteht, wofür sich das Sorgenmachen lohnen würde, brauchen wir bloß die Nachrichten einzuschalten, oder wir können uns mit den Dingen herumquälen, die im Facebook-Feed auftauchen.

Ich liebe Social Media, allerdings stellen sie für jede Menge Leute eine schier unerschöpfliche Quelle an Grübelstoff dar. Ich vermute, dass sich diese Menschen auch ohne den zusätzlichen Input mehr als genug Sorgen machen würden. Aber dann müsste ich mich zumindest nicht regelmäßig durch ihre unheilverkündenden Posts scrollen, um zu den Urlaubsfotos meiner Freunde zu gelangen. Was ich interessant finde, ist, dass Social Media genau das sind, wozu wir sie machen: Wir bestimmen die Inhalte, denen wir ausgesetzt sind, selbst.[19] Dennoch höre ich oft von Leuten, die aussteigen, »weil das alles so dramatisch ist«. Das ist schade, denn es werden regelmäßig auch so viele positive Botschaften geteilt. Wir müssen nur lernen, wie man die Goldstücke aus dem Dreck herausfiltert.[20]

Apropos Goldstücke: Querleser, das ist für euch:

- Wenn man nichts tun kann, um eine Situation zu ändern, wozu soll man sich dann noch Sorgen darüber machen?

Manchmal werde ich gefragt, wann es denn gerechtfertigt ist, sich Sorgen zu machen, oder ob tatsächlich jede Art von Sorgenmachen Stress erzeugt. Ich glaube, hier gilt es semantisch zu differenzieren. Realistische Bedenken und Sorgenmachen sind nicht das Gleiche. Es gibt einen großen Unterschied zwischen dem Gedanken »Es könnte Stau geben« und »O Mann, wegen des Staus werde ich total zu spät kommen«. Eine der beiden Aussagen hilft Ihnen vielleicht, sich auf eine neue Situation einzustellen, die andere verursacht Stress. In gleicher Weise macht es einen Unterschied, ob man sich bewusst ist, dass man bei einer Wandertour durch den Yosemite-Nationalpark einem Bären begegnen könnte, oder aber sich derart wegen möglicher Bärenangriffe Sorgen macht, dass man die ganze Zeit über total angespannt ist – oder schlimmer noch: gar nicht erst zur Wanderung aufbricht. Yosemite ist einer der wundervollsten Orte der Welt. Ich kann mir nicht vorstellen, mich so sehr wegen der Bären dort zu sorgen,

---

[19] Obwohl die Algorithmen künstlicher Intelligenz ebenfalls darauf Einfluss haben, sind diese im Idealfall darauf ausgerichtet, auf unsere Präferenzen zu reagieren.

[20] Also: Bringt es den Algorithmen bei!

dass ich dieses Erlebnis deswegen verpassen würde. Übrigens, wenn Sie noch nicht dort waren und die Mittel haben, fahren Sie unbedingt hin! Die Ausblicke sind atemberaubend, und womöglich erkennen Sie sie von den Ansel-Adams-Postern wieder, die einst im Wohnheimzimmer ihres Freundes hingen. Ich versuche, wenigstens einmal im Jahr hinzufahren.[21]

Des Öfteren bitte ich andere, mir zu sagen, warum sie sich Sorgen machen, und bekomme selten die Antwort, nach der ich gefragt habe. Zum Beispiel habe ich eben vom Gespräch mit jenem besorgten Freund berichtet, der mir auf meine Frage, warum er sich sorge, antwortete, er befürchte, seine Kinder machten zu viel Party, während sie in einer anderen Stadt studierten. Wie die meisten, denen ich diese Frage stelle, erzählte er mir, was ihm Sorgen machte, und nicht, warum er sich Sorgen machte. Falls Sie sich oft Sorgen machen, warum ist das so? Zu verstehen, weshalb Sie sich immer wieder so verhalten, könnte eine große Hilfe dabei sein, diese Angewohnheit zu überwinden.

Im Interesse vollkommener Offenheit bekenne ich – was Ihnen vielleicht bereits aufgefallen ist –, dass ich nicht zu denen gehöre, die sich ständig Sorgen machen. Deshalb kann ich nicht aus persönlicher Erfahrung sprechen, wenn es um den Impuls geht, der dazu führt, dass man sich Sorgen macht. Nichtsdestotrotz ist mir natürlich klar, dass sich niemand bewusst dazu entschließt, permanent zu grübeln. Ich bezweifle, dass irgendjemand schon einmal dachte: *Hey, weißt du was? Ich habe Lust, mir jetzt mal so richtig krass Sorgen zu machen.*

---

[21] Die Landschaft dort ist so wundervoll, dass ich bereits mehrere Freunde dazu animiert habe, gemeinsam mit mir zum ersten Mal in ihrem Leben dorthin zu reisen. Als ich zum Beispiel erfuhr, dass mein Freund, der Comedian und Radiomoderator Paul Brumbaugh, noch nie dort gewesen war, obwohl er sein ganzes bisheriges Leben keine vier Stunden davon entfernt verbracht hatte, bestand ich darauf, ihn mitzunehmen.

Mal sehen, worüber könnte ich mir denn den Kopf zerbrechen? Ah, ich weiß, ich mache mir mal um die Kinder Sorgen! Anders formuliert: Dieses Verhalten scheint nicht vom bewussten Verstand oder dem präfrontalen Cortex in Gang gesetzt zu werden. Somit wird es wahrscheinlich vom Nucleus accumbens bei der elementaren Entscheidungsfindung ausgewählt.

Wie Sie wissen, sind die Entscheidungen des Accumbens das Resultat eines Vergleichs des relativen Nutzens der Optionen, die im Moment zur Verfügung stehen. Da wir wissen, dass sich das Gehirn für das Sorgenmachen entschieden hat – das ist schließlich ein beobachtbares Verhalten –, bedeutet das im Umkehrschluss, dass die Handlung »Sorgenmachen« für das Gehirn anscheinend einen Wert besitzt. Also gut: Was ist also der Nutzen von »Sorgenmachen«?

Vermutlich erinnern Sie sich, dass der Nutzen einer Handlung darin liegt, ob sie entweder eine Art Belohnung oder aber eine Erleichterung verschafft. Der Nutzen des Sorgenmachens muss demnach zu einer dieser beiden Kategorien gehören. Belohnung beziehungsweise positive Verstärkung können wir wahrscheinlich ausschließen. Ich bin mir sicher, dass es niemandem Vergnügen bereitet, sich zu sorgen. Zumindest habe ich noch keinen sagen hören: »O Mann, gestern Nacht habe ich mir so richtig schön Sorgen gemacht!«, oder: »Ich kann's kaum erwarten, bis endlich Feierabend ist, dann kann ich mir noch ein bisschen mehr Sorgen machen!«, oder gar: »Dieses Wochenende habe ich so viele Dinge, um die ich mir Sorgen machen kann, das wird einfach herrlich! Komm doch vorbei und mach mit!« Nein, man hat mich noch nie zu einer Sorgenmacherparty eingeladen (dabei würde ich absolut hingehen, einfach aus … wissenschaftlichem Interesse), deshalb bin ich mir ziemlich sicher, dass Sorgenmachen keine angenehme Beschäftigung ist. Aber wenn Sorgen dem Gehirn keine Belohnung verschaffen, dann muss es sich um ein Gefühl der Erleichterung handeln. Aber Erleichterung wovon?

Diese Frage ist für die meisten schwer zu beantworten, jedoch erweist sich hier der Doktortitel in Psychologie als recht nützlich. Wie es scheint, befreit Sorgenmachen das Gehirn von einem sehr unangenehmen Zustand, den es manchmal erlebt, genannt »Inaktivität«. Das Gehirn ist ein riesiger elektrischer Schaltkreis aus einzelnen Zellen, die man Neuronen nennt und die miteinander in Verbindung treten. Neuronen sind spezialisierte Zellen, die Elektrizität leiten und einander regelmäßig elektrische Impulse senden. Netzwerke aus verbundenen, sich gegenseitig stimulierenden Zellen können quasi alles in Ihrem Kopf repräsentieren – und tun dies auch, angefangen bei der Definition des Wortes »twerken« bis hin zur Erinnerung daran, wie Sie zum ersten Mal getwerkt haben, die Anleitung dafür, wie man das Hinterteil richtig twerkt, und alles andere, was mit Twerken zu tun hat oder was Sie da oben sonst noch im Zusammenhang damit gespeichert haben.

Die Stimulierung dieser Neuronen gibt dem Gehirn ein Zeichen, dass diese spezielle Verbindung immer noch relevant für Ihr Leben ist. Dagegen sind wenig stimulierte Verbindungen wahrscheinlich nicht länger relevant, und wenn sie lange genug nicht oder nur wenig stimuliert werden, können sie verloren gehen. Deshalb kann es sein, dass eine inaktive Verbindung in der Zukunft mit einem Mal nicht mehr existiert, und ein inaktives Netzwerk droht ebenfalls zu verschwinden. Ohne regelmäßige Aktivität sind also Teile unseres Gehirns in Gefahr. Wahrscheinlich kennen Sie den Ausspruch: »Wer rastet, der rostet« – tja, es gibt einen Grund, weshalb Sie inzwischen das meiste von dem, was Sie im Studium gelernt haben, nicht mehr wissen (in Wahrheit war das Ansel-Adams-Poster an der Wand nämlich Ihr eigenes). Das Gehirn kann es nicht leiden, wenn es inaktiv ist.

Jetzt können Sie also nachvollziehen, warum Inaktivität für das Gehirn ein unangenehmer Zustand ist. Sie mögen diesen Zustand gar nicht als unangenehmen erleben, vielleicht bezeichnen Sie ihn einfach als Langeweile. Gewöhnlich versorgt die Außenwelt das Gehirn mit mehr als genug Stimulation, aber manchmal eben nicht, und dann muss sich das Gehirn selbst stimulieren. Sorgenmachen ist eine Möglichkeit, mit der das Gehirn eine eigene Aktivität anstoßen kann. Ja, sich Sorgen zu machen, befreit von Langeweile. Und ich glaube, das ist die Ursache, die einem Großteil des Sorgenmachens zugrunde liegt.

Überlegen Sie einmal: Wenn Sie sich Sorgen machen, wann genau findet das statt? Wahrscheinlich kommen die sorgenvollen Gedanken nicht, während Sie aktiv mit einer Aufgabe beschäftigt sind. Wahrscheinlich machen Sie sich keine Sorgen, während Sie einer Beschäftigung nachgehen und tief in Gedanken versunken sind oder wenn Sie sich gerade prächtig amüsieren. Höchstwahrscheinlich fangen Sie mit dem Sorgenkarussell an, wenn Sie freie Zeit haben und Ihr Gehirn nicht anderweitig beschäftigt ist. Sie machen sich Sorgen, um sich von Langeweile zu befreien, was an sich nicht überraschend ist, da Langeweile bereits eine ganze Palette an Verhaltensweisen auslöst, die so mancher lieber ändern würde. Einige essen, wenn ihnen langweilig ist, andere trinken. Manche rauchen, um ihrem Gehirn und ihren Händen etwas zu tun zu geben. Man provoziert Schlägereien, wird wütend oder stiftet einfach irgendwo Unruhe. Und einige Menschen machen sich eben Sorgen. Mit anderen Worten: Sie machen sich Sorgen, damit Ihr Gehirn etwas zu tun hat. Wahrscheinlich ist es egal, ob es um die Kinder, die Konjunktur oder etwas in den Nachrichten geht. Wenn Ihr Gehirn Beschäftigung braucht und Sorgenmachen Ihr Ding ist, werden Sie etwas finden, worum Sie sich Sorgen machen können.

Da Sie nun (hoffentlich) verstehen, warum Sie sich Sorgen machen, stellt sich die Frage: Wie können Sie das ändern? Ganz einfach ausgedrückt: Eine Verhaltensänderung erfordert normalerweise das Verständnis dafür, warum man etwas tut, und eine geeignete Alternative. Da Sorgenmachen das Gehirn von Inaktivität befreit, indem es ihm etwas zu tun gibt, sollten Sie etwas anderes finden, was Ihr Gehirn beschäftigt, wenn Sie sich weniger Sorgen machen wollen. Aber was könnte denn eine passende Alternative zum Sorgenmachen sein? Wie wäre es mit buchstäblich allem anderen?

Bemerken Sie das Aufkommen sorgenvoller Gedanken, wissen Sie jetzt, dass Ihr Gehirn etwas mehr süße, wonnige Aktivität braucht, und dann geben Sie ihm welche. Lesen Sie ein Buch. Machen Sie einen Spaziergang. Erledigen Sie den Abwasch. Räumen Sie das Wohnzimmer auf. Sehen Sie sich eine gute Sendung im Fernsehen an. Unterhalten Sie sich mit jemandem (reden Sie aber nicht über die Sache, die Ihnen Sorgen macht). Egal was, buchstäblich *alles* ist hilfreich! Um das Sorgenmachen zu überwinden, müssen Sie Ihren Gedankenfluss umlenken. Wechseln Sie zu einem anderen Sender im Gehirn.

In den meisten Fällen kann eine einfache Ablenkung genau das sein, was wir brauchen. Ablenkung ist sogar eine übliche Vorgehensweise in der Therapie. Sarah ist Therapeutin, und wenn sie Patienten hat, die so sehr im Grübeln versinken, dass sie sich kaum noch auf die Therapie konzentrieren können, findet sie einen Weg, ihre Gedanken umzulenken, indem sie ein positiveres Gesprächsthema wählt. Dann fragt sie sie über ihre Enkel oder ihre Lieblingsmusik aus und hilft ihnen, einen Moment lang von ihren Sorgen abzulassen. Das Gleiche macht sie mit unserer Tochter – immer, wenn Alyssa aufgebracht ist, schafft es Sarah richtig gut, ihre Aufmerksamkeit auf etwas anderes zu lenken, und hilft ihr so, sich zu beruhigen.

Den Fokus des Gehirns auf etwas anderes zu richten, mag einfach klingen und objektiv gesehen ist es das auch, aber es erfordert Achtsamkeit. Oft haben wir das Problem, dass uns die sorgenvollen Gedanken vereinnahmen, sobald wir sie zulassen, und dann schüren wir das Feuer mit negativen Gedanken immer weiter an. Aber wenn wir achtsam genug sind, um zu erkennen, dass wir uns auf dem Weg ins Sorgenland befinden, können wir den Gedankenfluss bewusst unterbrechen, indem wir eine alternative Route wählen. Wenn mein Geist zunehmend von Stress beherrscht wird, fahre ich gern eine Runde Auto. Das hilft mir, mich zu beruhigen und meine Gedanken zu sammeln. Für Sie mag etwas anderes ebenso gut funktionieren, solange Sie nur den Sender wechseln.

Und, liebe Querleser, bitte schön:

- Wenn wir lernen, unser Gehirn in einem aktiven Zustand zu halten, kann uns das helfen, übermäßiges Sorgenmachen zu vermeiden.

Es ist schwer, damit aufzuhören, sich Sorgen zu machen. Aber das Gute ist, dass Sie zumindest Alternativen haben. Sie haben jede Menge Alternativen. Die Mittel, mit denen Sie das Bedürfnis Ihres Gehirns nach Aktivität befriedigen können, sind praktisch grenzenlos. Anders als beim Sorgenmachen gibt es leider bei anderen Verhaltensweisen, die wir gern ändern möchten, oftmals überhaupt keine oder nur wenige passende Alternativen. In diesen Fällen müssen wir einfach einen Weg finden, ohne dieses Verhalten zu leben, und das ist enorm hart. Mein Gehirn liebt es zum Beispiel, wenn ich Eis esse, und versorgt mich demzufolge gern und großzügig mit dem Verlangen danach. Und jetzt frage ich Sie, was in aller Welt eine passende Alternative zum Eisessen sein könnte? Ich gebe Ihnen einen Tipp: Es gibt keine Alternative zu Eiscreme! Das Vergnügen, das mein Gehirn empfindet, wenn ich Eis esse, kann keine andere Substanz hervorrufen (versuchen Sie gar nicht erst, mich davon zu überzeugen, dass Frozen Yogurt quasi genauso schmeckt). Wenn mein Gehirn Eiscreme will, kann dieses Verlangen durch nichts außer

Eiscreme gestillt werden.[22] Was soll ich nun machen, stattdessen etwa Grünkohl essen? Selbst Eiscreme mit Grünkohlgeschmack ist widerlich. Wenn ich meine Leidenschaft für Eiscreme überwinden will, muss ich lernen, ohne sie zu leben. Und das ist keine leichte Aufgabe, denn nicht einmal Laktoseintoleranz kann mein Gehirn davon überzeugen, dass Eiscreme auch nur einen Hauch weniger großartig ist. Mag sein, dass Sorgenmachen ein Verhalten ist, das man nur schwer ablegen kann, aber zumindest haben Sie dazu jede Menge Alternativen.

Ich sollte ebenfalls anmerken, dass selbstverständlich nicht jeder aufs Sorgenmachen verfällt, sobald sein Gehirn etwas zu tun braucht. Es gibt auch positive Reaktionen auf Langeweile. Manche treiben Sport. Andere, mich eingeschlossen, hängen Tagträumen nach oder tun etwas Kreatives. Wenn mein Geist auf Wanderschaft geht, überlege ich mir manchmal Witze. Ist Sarah bei mir, probiere ich sie an ihr aus, und wenn sie lacht, schaffen sie es vielleicht in mein Comedyprogramm. Gern schreibe ich auch spontan ein paar Verse oder einen Liedtext – nicht, dass die für irgendetwas zu gebrauchen wären (Sarah kann das bestätigen), aber das sind ein paar der Alternativen, die ich meinem Gehirn anbiete, wenn es sich langweilt.

---

[22] Meine Tochter scheint hier meiner Meinung zu sein. Als wir letztens einen Ausflug zum Mittagessen gemacht haben, erwähnte ich im Auto aus Versehen Eiscreme, aber als wir beim Drive-In ankamen, sagte man mir, die Eismaschine sei leider kaputt. Ich kaufte ihr stattdessen einen Keks, den sie sogleich runterwarf.

Was unter Stress mit unserem Körper geschieht

Meiner Lebenspartnerin Sarah begegnete ich zum ersten Mal in Gainesville, Florida. Ich befand mich auf einer Vortragsreise durch den Bundesstaat und hielt Seminare über Stress, Glück und andere Themen. Sie war an diesem Abend im Publikum. Als Ergotherapeutin nahm sie an der Veranstaltung teil, um ein paar Einblicke zu gewinnen, die ihr bei der Arbeit mit ihren Patienten helfen könnten. Kaum zwei Jahre später bekamen wir ein Baby. Ich glaube, die Teilnahmekosten haben sich für sie rentiert.

Sarah ist schön, intelligent, freundlich und humorvoll. (Na klar ist sie das, wie sonst hätte sie so einen Prachtkerl wie mich an Land ziehen können?) Außerdem ist sie sehr glücklich, gesund und äußerst widerstandsfähig. Nichtsdestotrotz durchleben sogar die Besten von uns schwierige Phasen. Sie erzählt oft von einer Zeit ein paar Jahre vor unserer Begegnung. Damals ging sie zur jährlichen Vorsorgeuntersuchung zu ihrer Ärztin. Alle Testergebnisse, Blutwerte und das Körpergewicht lagen innerhalb der Norm. Auf dem Papier war sie bei strahlender Gesundheit. Doch zu dieser Zeit litt sie an diversen Schmerzen, vor allem in den Gelenken und in einer Schulter. Außerdem wurde sie häufig von Migräne geplagt.

Die Ärztin untersuchte sie umfassend und befragte Sarah zu ihrem Lebensstil, insbesondere zu ihrem Privatleben, zur Arbeit und zu den täglichen Pendelzeiten. Sie vermutete, dass Sarah irgendetwas tat, was ihre Probleme auslöste. Möglicherweise war es Stress, der ihre Beschwerden verursachte. Die Ärztin sagte: »Wenn Sie einmal genau darüber nachdenken, möchte ich wetten, dass Sie sofort wissen, was es ist.« Sarah brauchte keine zwei Sekunden, um die Quelle ihres Stresses auszumachen.

Mehrere Monate zuvor hatte Sarah einen Arbeitsvertrag abgeschlossen, im Zuge dessen sie in einer Einrichtung tätig war, die über eine Stunde entfernt von ihrem Zuhause lag. An manchen Tagen verbrachte sie auf ihrem Arbeitsweg bis zu drei Stunden im Straßenverkehr. Sie hatte einen schwierigen Chef mit genauen Vorstellungen, wie alles abzulaufen hatte, und da er Sarah ununterbrochen kontrollierte, wuchs in ihr der Eindruck, sie würde ihre Arbeit nicht richtig machen. Zudem erhielt sie selbst für herausragende Leistungen keinerlei Anerkennung und auch kein Lob, wenn es angemessen gewesen wäre. Beispielsweise hatte sie einem Patienten durch eine Herz-Lungen-Reanimation das Leben gerettet, was mehrere Krankenschwestern der Einrichtung für so anerkennenswert hielten, dass sie es ihrem Chef berichteten. Und es geschah ... nichts. Nicht einmal ein Schulterklopfen.

Als Sarah klar wurde, dass sich der permanente Stress auf ihre Gesundheit auswirkte, reichte sie sofort die Kündigung ein. Um die verbleibende Zeit zu überstehen, begann sie ihre Arbeitsschichten mit Atemübungen und Powerposen. Außerdem achtete sie darauf, das Gebäude regelmäßig zur Mittagspause zu verlassen und einen Spaziergang zu machen. Nach der Arbeit tanzte sie viel öfter Tango als zuvor. Zu Hause verbrachte sie mehr Zeit draußen auf der Veranda, wo sie schrieb, oder mit Tätigkeiten in ihrem Garten. Schließlich trat sie nach dem letzten Arbeitstag in der Einrichtung eine neue Stelle an, die viel näher an ihrem Zuhause lag – buchstäblich zwei Minuten entfernt. Außerdem gründete sie ihr eigenes Unternehmen. Ihre Beschwerden verschwanden.

Vergleichbar hiermit ist ein Zucken an meinem linken Auge. Ich weiß nicht mehr genau, wann es anfing, es tauchte einfach auf und wurde nach und nach schlimmer. Genau wie Sarahs gesundheitliche Probleme manifestierte es sich erstmals während einer besonders schwierigen Zeit meines Lebens. Ich hatte einen Job, den ich hasste, und lebte in einer Wohnung, die ich mir kaum leisten konnte. Ich beschwerte mich nie über mein Auge und suchte auch keinen fachlichen Rat, was das Zucken betraf. Nicht, weil ich etwas gegen Ärzte habe, sondern weil es Dringenderes gab, was meine Aufmerksamkeit beanspruchte. Und genau wie bei Sarah verschwand mein Symptom, als sich einige Veränderungen in meinem Leben ergaben. Anders als bei Sarah trat in meinem Fall Erleichterung ein, weil ich gekündigt wurde. Zum damaligen Zeitpunkt war es mir nicht klar, aber gefeuert zu werden, war genau das, was der Arzt verschrieben hätte.

Ist man anhaltendem Stress ausgesetzt, kann das negative Folgen für die Gesundheit und das Wohlbefinden haben. Dabei kann sich Stress individuell unterschiedlich auswirken. Sarah litt unter körperlichen Schmerzen und Migräne; bei mir zeigten sich unwillkürliche Muskelzuckungen im Augenlid (und wahrscheinlich ein paar weitere Symptome, die ich vor lauter Stress nicht bemerkt habe). Aber warum? Wie weiter oben beschrieben, ist Stress die Reaktion unseres Gehirns auf eine wahrgenommene Bedrohung. Warum erzeugt diese Reaktion aber nun Schmerzen und andere Probleme?

Bevor ich näher darauf eingehe, möchte ich einige körperliche Auswirkungen von Stress beschreiben. Weiter oben habe ich erläutert, wie die Amygdala nach der Bewertung eines Reizes als Gefahr ein Signal unter anderem zum Hypothalamus sendet, damit das sympathische Nervensystem aktiviert wird. O Mann, das sind echt viele anatomische Ausdrücke für einen

Satz. Ich weiß nicht, wie detailliert ich werden kann, ohne das hier in ein Lehrbuch zu verwandeln. Sarah hat mich eben davon überzeugt, dass die meisten wahrscheinlich schon von diesem Zeug gehört haben, also lasse ich es drin.

Das sympathische Nervensystem ist ein Netzwerk verschiedener Nerven, die das Rückenmark mit vielen Organen verbinden. Wird es aktiviert, ist es für die meisten der eintretenden physiologischen Veränderungen verantwortlich. Unsere Pupillen erweitern sich, der Puls geht schneller. Stress kann dazu führen, dass wir zu schwitzen anfangen oder die Verdauung einstellen, und bei Männern kann er eine Erektion hemmen. Als Resultat sind wir also verschwitzt, aufgedunsen und schlaff.

Das sympathische Nervensystem veranlasst zudem die Nebennieren, Adrenalin freizusetzen, jenes süße Hormon, das bei Bungeespringern und Extremsportenthusiasten so begehrt ist – quasi bei jedem, der eine GoPro besitzt. (Sie wissen schon, diese kleinen Actionkameras, die man an Sturzhelmen und Tauchmasken befestigen kann.) Adrenalin durchflutet unseren Körper und gibt uns Energie. Es erhöht die Blutversorgung der Muskeln und den Zuckergehalt des Blutes sowie die Häufigkeit und Heftigkeit des Abklatschens mit unseren Kumpels. Auch bei Stress wird Adrenalin freigesetzt, doch im Allgemeinen sehen wir es nicht als Stresshormon an. Diese ehrenvolle Auszeichnung geht ans Cortisol.

Erhält der Hypothalamus das Stresssignal aus der Amygdala, aktiviert er also das sympathische Nervensystem und stimuliert außerdem die Ausschüttung eines Hormons namens ACTH in den Blutkreislauf.[23] Dieses Hormon gelangt über die Arterien zu den Nebennieren und sagt ihnen, sie sollen Cortisol raushauen,

---

[23] Adrenocorticotropes Hormon (ACTH). Natürlich vereinfache ich hier. Genau genommen produziert der Hypothalamus ein Hormon namens Corticotropin-Releasing-Faktor (CRF), das wiederum die Ausschüttung von ACTH durch die Hirnanhangdrüse stimuliert.

weil gleich etwas Fieses am Dampfen ist. Genau wie Adrenalin erhöht Cortisol den Blutzuckerspiegel und bewirkt eine Menge weiterer Dinge im Körper. Dank des beschleunigten Herzschlags (erhöhter Puls) gelangen sowohl Adrenalin als auch Cortisol, die beide den Körper durchfluten, schneller zu unseren Organen.

Ob nun durch das sympathische Nervensystem oder durch zirkulierende Hormone ausgelöst, all diese Veränderungen, die in unserem Körper stattfinden, sollen uns einen Vorteil verschaffen. Sie bewirken einen Zuwachs an Energie und machen unseren Körper effizienter, zwei Umstände, die sich als äußerst nützlich erweisen können, wenn man beispielsweise von einem Bären angegriffen wird. Wir werden für eine rasche Reaktion mobilisiert, und diese wird eine Form von Kampf, Flucht oder Erstarren sein. Wir werden uns entweder verteidigen (beziehungsweise auf irgendeine Art angreifen) oder fliehen (beziehungsweise versuchen, zu entkommen), und in einigen Situationen werden wir nichts tun.

Den meisten ist die standardmäßige Zweiteilung in »Kampf oder Flucht« bekannt, und viel mehr brauchen wir wahrscheinlich gar nicht, um das Ganze zu verstehen, aber ich möchte auch das Erstarren nicht unerwähnt lassen, weil dieses Verhalten häufig als instinktive Reaktion auftritt. Überlegen Sie einmal, wie oft Sie dermaßen überwältigt von Stress waren, dass Sie vollkommen inaktiv wurden. Vielleicht saßen Sie an Ihrem Schreibtisch im Büro, vor sich eine unglaublich einschüchternde Aufgabe mit einem völlig unrealistischen Abgabetermin. Doch anstatt sie sofort in Angriff zu nehmen und sich diesem Bösewicht zu stellen (Kampf) oder Ihren Chef um eine Verlängerung oder um Hilfe zu bitten (Flucht), saßen Sie einfach nur da und waren unfähig, auch nur mit der Wimper zu zucken (Erstarren). Ich kenne das. Erinnern Sie sich an den Job, der mein Augenlid zum Zucken brachte?

Im Szenario mit dem Bärenangriff ist dieser Effekt sehr leicht zu verstehen. Viele Menschen erstarren, wenn sie von ihrer Angst überwältigt werden – sogar Black Panther (und seine Schwester machte sich deswegen über ihn lustig), trotz der Tatsache, dass er über Superkräfte *und* fortgeschrittene Technologie verfügte[24]. Von Marvel-Filmen mal abgesehen, ereignete sich meine Lieblingsgeschichte zum Thema Erstarren während meiner Promotion.

Eine Freundin hatte von ihrer Familie ein Auto geschenkt bekommen. Und jetzt kommt der Haken: Es verfügte über ein Standardgetriebe, und sie wusste nicht, wie man mit einer Gangschaltung umgeht. Was für ein großartiges Geschenk! »Hier, bitte schön: ein Auto, das du nicht fahren kannst!« Da ich einer ihrer wenigen Freunde war, der wusste, wie man mit Schaltgetriebe fährt, bot ich an, es ihr beizubringen. Wir begannen auf einem Parkplatz, und ich erklärte ihr, wie das Kupplungspedal funktionierte, wann sie es treten musste und wie man den Gang wechselte. Dann übte sie das ein wenig. Natürlich würgte sie den Motor anfangs ein paarmal ab, aber bald hatte sie den Dreh raus und schaltete bis in den dritten Gang hinauf. Ich fragte, ob sie bereit sei, auf die Straße rauszufahren, und sie sagte Ja. Wir verließen den Campus, fuhren ein paar Straßenzüge weit, und alles schien bestens. Dann schaltete eine Ampel auf Rot, sie bremste und kam ohne Zwischenfall zum Stehen. Sie war zwar ein wenig gestresst, erhöhter Puls und so weiter, aber nichts schien außer Kontrolle.

An dieser Straßenkreuzung standen wir als erstes Auto an der Ampel. Sobald es Grün wurde, trat sie aufs Gaspedal, und wir fuhren los, aber dann ging etwas schief, und der Motor starb plötzlich ab. Mit einem Mal standen wir mitten auf der Kreuzung, Autos kamen uns entgegen und hinter uns welche heran – und sie erstarrte. In diesem Fall bedeutete das: Lenkrad loslassen,

---

[24] Wie sein Bodyguard Okoye sagt, erstarrt er »wie eine Antilope im Scheinwerferlicht«, in: »Black Panther«, Atlanta, GA, Marvel Studios 2018.

Füße von den Pedalen nehmen und *die Augen zumachen*! Sie rief: »Ich kann das nicht!«, und schlug sich den Arm vors Gesicht.

Plötzlich kam auch bei mir Stress auf. Ich ging in den Kampfmodus über, schnappte mir vom Beifahrersitz aus das Lenkrad, streckte meine Beine über die Mittelkonsole hinweg zu den Pedalen aus und lenkte uns aus dem Kreuzungsbereich. Niemand wurde verletzt, und nachdem wir uns beruhigt hatten, lachten wir beide herzlich über die ganze Sache. Sie wissen schon, die Sache, bei der wir im Grunde ernsthaft verletzt hätten werden können.

Erst viel später wurde mir klar, dass ihr Verhalten, das ich zu dem Zeitpunkt nicht hatte nachvollziehen können, eine verbreitete Reaktion auf Stress ist. Erinnern Sie sich, dass sich das Gehirn Reaktionen aussucht, basierend auf der Frage, welche den größten potenziellen Wert vor dem Hintergrund unserer bisherigen Erfahrungen bietet? Ich glaube, wenn keine der beiden aktiven Optionen ansprechend wirkt, entscheidet sich das Gehirn dafür, zu erstarren, also nichts zu tun. Im Fall eines Bärenangriffs ist es zum Beispiel für die meisten Menschen extrem unwahrscheinlich, dass sie diesen erfolgreich abwehren oder ihm per Flucht zu Fuß entkommen können. Mangels einer guten Alternative werden also viele die Alternative Erstarren wählen. Analog musste sich meine Freundin in jenem Moment – in ihrem Auto mitten auf einer Kreuzung sitzend – entscheiden. In ihrem Fall erforderte sowohl die Reaktion »Kampf« als auch »Flucht« die Fähigkeit, das Auto fahren zu können. Doch für ein Gehirn, dem es an Selbstvertrauen in seine noch ganz neuen Fahrkünste mangelt, wird wahrscheinlich keine der Optionen sonderlich viel Wert bieten … also erstarrte sie. Hatten Sie jemals so viel Arbeit, dass Sie es kaum aus dem Bett schafften? Ich kenne das.

Ich gebe zu, dass das Erstarren wahrscheinlich keine Erhöhung der Energie erfordert, also sind wir gewöhnlich auf der sicheren Seite, wenn wir uns prinzipiell auf Angriff oder Flucht einstellen, aber es ist interessant.

Kehren wir nun zu der Frage zurück, warum unsere Reaktion auf Stress bei Sarah körperliche Schmerzen und bei mir ein zuckendes Augenlid hervorrief. Eine charakteristische Eigenschaft unserer Kampf- oder Fluchtreaktion ist, dass sie eine temporäre Lösung für ein temporäres Problem darstellt. In der Natur ist man gewöhnlich nur kurzzeitig in Gefahr, und diese sollte rasch verschwinden, wenn wir erfolgreich darauf reagieren. Wissen Sie, was das Schöne an einem Bärenangriff ist? Er dauert nicht sehr lange. Glücklich überstanden oder nicht, der Bärenangriff wird schnell vorbei sein.

Den Blutzuckerspiegel und den Puls kurzzeitig zu erhöhen, damit sich unsere Überlebenschancen verbessern, ist keine schlechte Sache. Genau genommen arbeitet der Stress in diesen Momenten zu unserem Vorteil. Allerdings können Sie sich vorstellen, dass sich ein dauerhaft hoher Blutzuckerwert eher negativ auf unsere Gesundheit auswirkt. Ebenso verhält es sich mit einem über längere Zeit erhöhten Puls: Das kann zu Komplikationen führen. Leider wird der Großteil unseres Stresses nicht durch echte Gefahrensituationen ausgelöst, sondern durch als Gefahr interpretierte Umstände, die tendenziell länger anhalten. Ich weiß nicht, wie lange Sarah in ihrem schwierigen Job gefangen war, aber auch wenn es nur für sechs Monate war, waren das sechs Monate, in denen sie sich ständig wie an einem Abgrund fühlte. Sechs Monate lang saß sie täglich im Berufsverkehr fest. Sechs Monate mit unnötigerweise erhöhtem Adrenalin- und Cortisolspiegel. Ist man Stress über einen längeren Zeitraum hinweg ausgesetzt, kann und wird man dafür irgendwann die Quittung bekommen. Meinen Augenzwinkerjob hielt ich etwa ein Jahr lang durch.

Und es gibt noch weitere negative Folgen von lang anhaltenden Stresssituationen, weil sie nicht nur bestimmte körperliche Prozesse intensivieren, sondern auch andere unterdrücken. Nach zahllosen Generationen, die sich über die gesamte Spannweite der menschlichen Evolution hinweg erstrecken, liegt unserer Reaktion auf Stress eine gewisse Weisheit zugrunde. Unserem Körper steht ein beschränktes Kontingent an Ressourcen zur Verfügung, seien das Wasser, Zucker für Energie oder auch verschiedene Proteine, Neurotransmitter und Hormone. Endliche Ressourcen zu haben, bedeutet für unseren Körper, dass er genau abwägen muss, wie er sie verteilt – ähnlich wie im Zweiten Weltkrieg, als die Staaten Lebensmittel, Treibstoff und Materialien wie Gummi und Stahl rationierten, um die eigenen Armeen an den Fronten versorgen zu können. Wird unser Körper angegriffen, braucht er alle verfügbaren Ressourcen, um die Attacke zu überleben. Das heißt im Gegenzug, dass alle unwichtigen Systeme heruntergefahren werden.

Was genau wird unwichtig, wenn wir unter Stress stehen? Tja, wenn wir uns das im Kontext eines Bärenangriffs ansehen, können wir da sofort ein paar Dinge ausmachen. Unser Immunsystem ist zum Beispiel nicht notwendig. Welchen Unterschied macht es schon, ob wir uns eine Erkältung einfangen, während wir angegriffen werden? *Na klar, der Bär scheint gefährlich zu sein, aber wahrscheinlich sollte ich mich lieber um den Husten kümmern.* Auch unser Verdauungssystem kann definitiv geopfert werden. Falls wir noch Essen im Magen haben, können wir mit der Verdauung wahrscheinlich noch warten (oder es einfach gleich komplett loswerden), und wenn wir von einem Bären angegriffen werden, werden wir wohl eher nicht kurz innehalten, um uns ein Sandwich zu schmieren. Wunden oder Verletzungen zu heilen und Körperzellen zu reparieren, gehören ebenfalls nicht zu den Prioritäten. Natürlich ist das für unsere Gesundheit langfristig gesehen wichtig, aber wenn wir die aktuelle Situation nicht überleben, *gibt* es kein »langfristig«. In diesem Sinne sind dann auch das Wachstum und die Entwicklung unseres Körpers belanglos. Und der Geschlechtstrieb ist definitiv unwichtig. Wozu soll Vermehrung gut sein, wenn man gerade einen Bären auf sich zugaloppieren sieht? Falls einem während eines Bärenangriffs tatsächlich nach Fortpflanzung zumute ist … o Mann, das ist ein echt unglückseliger Fetisch.[25]

Das Problem ist unter anderem, dass die Reaktion unseres Körpers auf Stress sehr simpel und wenig differenziert ist. Es gibt jede Menge unterschiedliche Stressauslöser, aber nur ein einziges Reaktionssystem. Aus Sicht Ihres Körpers ist es völlig egal, ob Sie von einem riesigen Bären angegriffen werden oder einfach nur einen nervigen Chef haben, die Reaktion bleibt die gleiche. Eine dieser Situationen ist akut lebensbedrohlich, und um sie zu überstehen, muss Ihr Körper eine gewaltige Kraftanstrengung unternehmen, bei der anderen … eher nicht. Wahrscheinlich ist es unnötig, das Immunsystem auszuschalten oder den Geschlechtstrieb zu unterdrücken, nur weil Ihr Chef ein Arsch ist. Diese Reaktion ist zu viel des Guten, dennoch haben wir häufig genau damit zu tun.

Und für die Querleser:

- Ist man längere Zeit Stress ausgesetzt, kann das zu einer breiten Palette körperlicher Erkrankungen beitragen.

Stress zieht zahlreiche körperliche Beschwerden nach sich, nicht nur Bluthochdruck und Diabetes. Das ist der Grund, weshalb es bei Menschen, die über längere Zeit Stress ausgesetzt sind, länger dauern kann, bis Wunden heilen oder Krankheiten auskuriert sind. Das ist der Grund, weshalb wir manchmal bei psychischer Belastung Magenkrämpfe bekommen oder uns schlecht wird. Und das ist der Grund, weshalb viele von uns unter Migräne, anderen Schmerzen oder auch zuckenden Augenlidern leiden.

---

[25] Außer man findet einen Partner mit einem guten Kostüm.

Negative Emotionen und der Stress, der sie hervorruft

Wie bereits erwähnt, schreibe ich dieses Buch in Colorado. Es ist Anfang Oktober, und gestern hat das Wetter ohne jede Vorwarnung von recht mild zu mitten im Winter gewechselt. Meine Freunde sagen, das sei hier einfach so, aber wir wurden davon kalt erwischt – im wahrsten Sinne des Wortes. Natürlich wussten wir, dass der Winter im Anmarsch war, aber wir dachten, wir hätten noch ein paar Wochen, bevor wir uns im Zwiebellook einmummeln würden. Also fuhren Sarah und ich heute am späten Nachmittag los, um einige Dinge in einem Einkaufscenter in Denver zu besorgen. Da bald Halloween ist, gab es zusätzlich zu den vernünftigen Dingen, die wir brauchten, noch jede Menge witziger Sachen zu kaufen. An den Süßigkeiten gingen wir allerdings schnell vorbei. Wir verteilen lieber Bitcoins an die kleinen Zuckermonster. Mal sehen, ob dieser Witz immer noch zieht, wenn dieses Buch veröffentlicht wird.[26]

Ich liebe Halloween. Ich liebe es, mich zu verkleiden, ich liebe Geisterhäuser, Strohballenlabyrinthe, abgedrehte Halloweenpartys – das ist wirklich eine der schönsten Zeiten des

---

[26] Wem will ich hier etwas vormachen? Der Witz zieht bereits heute kaum noch. Den Facebook-Post zieren gerade mal mickrige dreizehn Likes.

Jahres. Alle Feiertage sind toll, aber die mit den Partys mag ich am meisten: Halloween, Silvester, Mardi Gras, Tag des Baumes … (o Mann, die Bäume wissen echt, wie man aus sich herausgeht!). Dieses Jahr wird es ein wenig anders ablaufen, denn es wird das erste Mal sein, dass meine Tochter Süßigkeiten sammeln geht, und Sie können sich sicher vorstellen, dass ich deswegen leicht aufgeregt bin. Wie auch immer, beim Einkaufen entdeckte ich ein paar Halloweenkostüme, die an unserem kleinen Mädchen einfach zum Knutschen ausgesehen hätten, doch Sarah, die Vernünftigere von uns beiden, hielt den Fokus auf unsere eigentliche Absicht gerichtet und legte ihr Veto gegen meinen Kostümkauf ein. Ich weiß nicht mehr genau, was ich gesagt habe, aber ich war ein wenig gereizt. »Du hast schlechte Hungerlaune«, erwiderte sie. Und sie hatte recht, ich hatte das Mittagessen ausgelassen, und als wir den Laden betraten, verspürte ich ein dezentes Magenknurren.

Hatten Sie schon einmal schlechte Hungerlaune? Ich denke, das ist eine Erfahrung, die wir alle teilen und die so verbreitet ist, dass die Korrekturleser nicht über die Wortkombination gestolpert sind. Wenn wir nicht oder nicht ausreichend gegessen haben, werden wir manchmal reizbar. Hunger ist ein körperlicher Zustand, der unsere Emotionen beeinflussen kann. Hunger und Stress sind sehr eng miteinander verwandt. Ich würde sogar vorschlagen, dass wir uns den Hunger als eine Art von Stress vorstellen können. Aus Sicht Ihres Körpers bedroht Hunger ganz fraglos seine weitere Existenz. Und was die schlechte Hungerlaune angeht: Einer der Gründe, weshalb Stress einen derart großen Einfluss auf unser Leben hat, liegt darin, dass er sich direkt auf unseren emotionalen Zustand auswirkt. Vielleicht erinnern Sie sich an das Zitat von William James im Vorwort dieses Buches. James wird als der Vater der amerikanischen Psychologie bezeichnet und hat ein umfangreiches Werk geschaffen. Bis zum heutigen Tag werden seine Theorien gelehrt, und es wird Bezug darauf genommen – das heißt, zumindest ich tue das. Ich rede andauernd über ihn, genau genommen habe ich weiter oben über ihn gesprochen und werde es gleich wieder tun. Eine Theorie, die ich besonders hilfreich finde, ist die James-Lange-Theorie der Körperreaktionen.[27]

Einfach formuliert, haben wir Emotionen, weil unser Gehirn unseren physiologischen Zustand interpretiert. Sobald wir einem Stimulus begegnen, wie zum Beispiel einem Bären, oder wenn wir plötzlich in dichtem Verkehr festsitzen, reagiert unser Körper darauf, indem er ein paar inzwischen bekannte physiologische Veränderungen in Gang setzt. Wenn Sie nicht einer der Leser sind, die ich verdächtigt habe, dass sie die Ausführungen zum Gehirn überspringen, wissen Sie bereits, welche Strukturen das steuern: die Amygdala und das sympathische Nervensystem. Unser Puls erhöht sich, und vielleicht fangen wir an zu schwitzen. James vermutet nun, dass unser Körper dem Gehirn daraufhin Feedback gibt und dieses dann unter Einbeziehung dessen, was in diesem Augenblick vorgeht, eine Interpretation des körperlichen Zustands in Form einer Emotion erstellt. In gewisser Weise fügt das Gehirn also die Informationen, dass erstens ein Bär auf mich zurast und zweitens (unter anderem) mein Puls erhöht ist, zu einem Bild zusammen. Es schlussfolgert, dass ich mich fürchten muss. Und wie aus dem Nichts überrollt mich das Gefühl der Angst.

Überlegen wir einmal, weshalb wir überhaupt Emotionen haben. Emotionen beeinflussen das Verhalten, insbesondere, indem sie uns helfen, auf eine Art und Weise zu reagieren, die der Situation entspricht. Denken Sie nur an all die verschiedenen Verhaltensweisen, die das menschliche Gehirn veranlassen

---

27 Walter B. Cannon: »The James-Lange Theory of Emotions: A Critical Examination and an Alternative Theory«, in: American Journal of Psychology, Nr. 39, Januar 1927, S. 106–124.

kann. Angefangen beim Klavierspielen und dem Dribbeln mit einem Basketball bis hin zu mathematischen Berechnungen und dem Schreiben eines Buches – jeder von uns ist in der Lage, eine ungeheure Bandbreite an potenziellem Verhalten auszuführen (wenngleich auch nicht alles mit der gleichen Kunstfertigkeit). Nicht alle diese Verhaltensoptionen sind jeweils für die Situationen geeignet, in denen wir uns wiederfinden. Emotionen helfen uns dabei, die Optionen einzuschränken, damit es wahrscheinlicher wird, dass wir ein Verhalten wählen, das gerade passend ist. Stellen Sie sich zum Beispiel erneut vor, dass Sie von einem Bären angegriffen werden. In meiner Fantasie ist der Bär immer etwa dreißig Meter weit weg und kommt auf mich zugerannt. In diesem Augenblick möchte man nicht plötzlich dazu inspiriert sein, ein Gedicht zu verfassen (»Ach, die Zweischneidigkeit der Natur, so wundervoll und doch so wild«). Nein, das lässt man besser sein. Genauso wenig sollte man den Bären auf sich zukommen sehen und denken: *Weißt du was? Dabei fällt mir ein, dass meine Schwiegermutter dieses Wochenende zu Besuch kommt. Ich sollte dringend das Badezimmer putzen.* Mit solchen Gedanken sollte man sich in diesem Moment lieber nicht beschäftigen. Ganz besonders sollte man nicht überlegen: *Mann, das wäre jetzt ein echt tolles Selfie mit dem Bären, der auf mich zujagt.* Denn es würde mit ziemlich hoher Wahrscheinlichkeit das letzte Selfie sein, das Sie in Ihrem Leben machen. All das erscheint uns völlig logisch, aber ohne das Gefühl von Angst könnte es passieren, dass das Gehirn einfach zu unpassenden Themen wie den genannten abschweift. Es ist wichtig, dass das Gehirn voll und ganz darauf konzentriert ist, diese Begegnung mit dem Bären zu überleben.

Angst ist eine negative Emotion, und aus dieser Perspektive heraus erkennen wir, dass Angst eine emotionale Reaktion auf Stress ist. Allerdings ist es nicht die einzige mögliche Reaktion. Auch unsere eigenen Gedanken sind Teil der Situation, und in Abhängigkeit davon, was wir denken, kann unsere Reaktion unterschiedlich ausfallen. Wir könnten alles gegeneinander abwägen, wie ich es oben getan habe, und vielleicht zu dem Schluss kommen: *Ich habe Angst vor dem Bären.* Eine einfache und wahrscheinlich häufige Reaktion. Wir könnten aber auch eine andere Richtung einschlagen und uns fragen: *Wie kann dieser Bär es wagen, mich zu bedrohen? Der traut sich aber was, weiß er denn nicht, wer ich bin?* – und wütend werden. Wir könnten aber auch denken: *Ach Mann, warum werde ich andauernd von Bären attackiert? Das ist schon das dritte Mal diese Woche! Was habe ich nur an mir, dass mich ständig irgendwelche Bären angreifen wollen?* – und durch die Begegnung traurig werden. Damit will ich sagen, dass Angst, Wut und Traurigkeit allesamt negative Emotionen sind, die durch Stress hervorgerufen werden können.

Emotionen helfen, das breite Feld an möglichen Verhaltensweisen, die das Gehirn in Betracht ziehen kann, einzugrenzen. Das bewirken alle Emotionen bei uns, sogar die positiven. Nehmen wir zum Beispiel Liebe. Ich beziehe mich speziell auf die leidenschaftliche Liebe, die wir in den Anfangsstadien einer Beziehung empfinden, nicht die eher kameradschaftliche Art von Liebe, die sich mit der Zeit entwickelt und bei der das Motto lautet: »Ja, ich liebe dich, aber lass uns in getrennten Zimmern schlafen.« Denken Sie an das letzte Mal, als Sie verliebt waren, und wie die Gedanken an diesen Menschen während der ersten Zeit Ihre Motivation und Ihre Fähigkeit, andere Aufgaben zu erledigen, beeinträchtigt haben. Das letzte Mal habe ich mich so gefühlt, als Sarah und ich ein Paar wurden (wäre es nicht total verrückt, wenn ich jetzt ein anderes Beispiel wählen würde?). Ich war in Los Angeles und schrieb dort mein vorheriges Buch, sie in Colorado mit einem Arbeitsvertrag als Therapeutin. Es war eine Fernbeziehung, aber keinem von uns war das Reisen fremd, also besuchten wir uns abwechselnd jedes Wochenende.

Wenn wir nicht zusammen waren, telefonierten wir. Es wäre untertrieben, wenn ich sagte, dass das eine Auswirkung auf meine Schreibgeschwindigkeit hatte. Negative Emotionen können sich sogar noch stärker auf unser Verhalten auswirken. Hatten oder haben Sie in Ihrem Bekanntenkreis jemanden mit Depressionen? Eines der schlimmsten Symptome der Depression ist nicht das Gefühl von Traurigkeit, sondern der fehlende Antrieb. Angst hat einen ähnlichen Einfluss auf unser Verhalten.

Vielleicht erinnern Sie sich noch aus dem vorherigen Abschnitt daran, dass es drei grundlegende Kategorien von Verhaltensweisen bei Gefahr gibt: Kampf, Flucht, Erstarren. Wenn wir unseren körperlichen Zustand als Ausdruck der Emotion Angst interpretieren, erhöht sich dadurch die Wahrscheinlichkeit, dass wir zu fliehen oder zu entkommen versuchen. Interpretieren wir den körperlichen Zustand als Wut, werden wir uns möglicherweise auf einen Kampf einlassen. Und wird der körperliche Zustand als Traurigkeit erkannt, steigt die Chance, dass wir erstarren oder gar nichts tun.

Mit anderen Worten:

- Stress beeinflusst unsere Emotionen, und umgekehrt beeinflussen unsere Gefühle, wie wir auf Stress reagieren.

Genau wie Hunger manchmal zu Reizbarkeit führt (ein positives Verständnis des Wortes »Hungerlaune« ist mir jedenfalls bislang nicht untergekommen), kann Stress negative Emotionen hervorrufen.

Es gibt Fachleute, die Stress gern in verschiedene Arten unterteilen und anführen, dass sogenannter »guter« Stress uns ansporne, eine Aufgabe zu erledigen, eine Herausforderung zu meistern oder ein Hindernis zu überwinden. Andererseits erzeuge

»schlechter« Stress Schmerz und ein Gefühl des Unglücklichseins. Wie dem auch sei, vergessen Sie nicht, dass der Zweck *jeglicher* Art von Stress – ob gut oder schlecht – der ist, uns zu helfen, eine Gefahr zu überwinden oder ihr zu entkommen. Soweit mir bekannt ist, hat jede Form von Stress die gleichen Auswirkungen auf den Körper. Er bewirkt die Ausschüttung der Hormone Adrenalin und Cortisol, beschleunigt den Puls und erhöht damit unser Energieniveau. Wenn ich in dichtem Straßenverkehr in Stress gerate, nützen jedoch all die körperlichen Veränderungen gar nichts, da sie mir herzlich wenig weiterhelfen. Solange ich im Verkehr feststecke, kann ich an meiner Situation nichts ändern, es sei denn, ich kann eine andere Route wählen. Also sitze ich jetzt mit erhöhtem Puls da und schmore in meinem eigenen Cortisol. Das ergibt keinen leckeren Braten. Wir stellen also fest, dass Stress unter diesen Umständen nicht besonders zweckmäßig ist. Werde ich allerdings von einem unwirschen Meister Petz angegriffen, dann könnten die erhöhte Energie und der Puls exakt das sein, was meine Überlebenschancen verbessert. In diesem Fall wäre die Stressreaktion äußerst zweckmäßig.

Bedenken Sie, dass wir jedes Mal, wenn wir unsere Stressreaktion aktivieren – ob nun zweckmäßigerweise oder nicht –, zugleich unser Immunsystem hemmen und unserem Körper die Fähigkeit nehmen, sich selbst zu heilen.

Meiner Meinung nach ist Stress, der einen Zweck erfüllt – sei es nun, die Bärenattacke zu überleben oder einen Abgabetermin einzuhalten –, ein guter *Einsatz* von Stress. Es sollte jedoch klar sein, dass sowohl guter als auch schlechter Stress dieselben Auswirkungen auf den Körper hat, egal, aus welchem Anlass er eingesetzt wird. Wenn Stress dazu führt, dass das Herz schneller schlägt und somit das Risiko erhöht wird, stressbedingte Gesundheitsprobleme zu bekommen, dann ist jedes einzelne Mal von Bedeutung. Brechen Sie also nicht wegen all der mickrigen und unwichtigen Begebenheiten, die uns tagtäglich plagen, in Stress aus. Anders gesagt: Heben Sie sich den Stress für die Momente auf, in denen Sie es wirklich mit einem »Bären« zu tun haben.

Querleser, aufgepasst:

- Unsere Stressreaktion sollte nur dann eingesetzt werden, wenn sie uns tatsächlich helfen kann.

Niemand kann Ihnen sagen, was Ihre persönlichen »Bären« sind. Nur Sie können entscheiden, was es wirklich wert ist, sich Stress zu machen. Wenn Sie meinen, dichter Verkehr sei ein guter Grund, dann bitte schön. Fühlen Sie sich frei, in Stress auszubrechen – tagtäglich, zweimal. Sie wissen selbst, was Sie glücklich macht. Ich persönlich finde, Straßenverkehr ist es nicht wert, sich zu stressen – wenn ich spät dran bin, bin ich eben spät dran. Was ich als Bären ansehe, schließt konkrete Gefahren für meine Sicherheit und Gesundheit sowie die Sicherheit und Gesundheit meiner Lieben ein, außerdem Gefahr für meinen Lebensunterhalt und wiederum den meiner Lieben sowie vielleicht Bedrohung von geschätztem Hab und Gut. Darüber hinaus auch alles, was meine Tochter unglücklich macht, denn ja, die Elternschaft bringt neuen Stress in mein Leben.

Egal, was Sie persönlich als stresswürdig ansehen, eines ist klar: Nicht alles ist wirklich bedrohlich. Wenn Sie mit Stress zu kämpfen haben und daran interessiert sind, ihn zu reduzieren, dann lesen Sie weiter.

KAPITEL 2

Entscheidungen treffen unter Beschuss

Wenn es Ihnen nichts ausmacht, möchte ich mich Ihnen kurz anvertrauen. Es geht um etwas, was ich mein ganzes Leben lang für mich behalten habe, aber jetzt, mit der Veröffentlichung dieses Buches, möchte ich es gern ein für alle Mal klarstellen: Ich liebe Schokolade. Wow, es fühlt sich unglaublich gut an, endlich so ehrlich sein zu können. Ich weiß, die meisten von uns lieben Schokolade, aber ich glaube, in meinem Fall geht es über das normale Maß hinaus. Nicht, dass ich die ganze Zeit welche esse, aber wenn ich sie sehe oder rieche, muss ich welche haben. Und das gelingt mir auch. Sogar, wenn sie mir nicht gehört. O Mann, nur daran zu denken, macht mir schon Appetit.

Haben Sie schon mal diese übergroßen »King Size«-Schokoriegel gesehen? Mag ja sein, dass *Sie* denen widerstehen können, aber mein Nachname lautet King. Die wurden nur für mich gemacht. Öffnet man die Verpackung, stellt man fest, dass darin kein einzelner großer Riegel enthalten ist, sondern zwei kleinere. Auf der Verpackung steht etwas im Sinne von: »Eine Hälfte sofort genießen, die andere für später aufheben.« Ich habe *noch nie* die andere Hälfte für später aufgehoben. Ich kann mir das nicht einmal vorstellen. Wie kann man einen angebrochenen Schokoriegel liegen lassen? Das Gleiche ist mir bei m&m's-Tüten aufgefallen – nicht bei den riesigen Beuteln, mit denen man ganze Schüsseln füllen kann, sondern bei den überdurchschnittlich großen Tüten, die als Aktionsware in den Läden hängen. Die Tüten sind wiederverschließbar, Sie wissen schon, falls man nicht die ganze Tüte aufisst. In meinen Augen ist das einfach nur ein verschwendeter Verschlussmechanismus.

Einige verpassen ihrer übermäßigen Liebe zu Schokolade eine Bezeichnung und nennen sich »schokoholic«, aber diesen Ausdruck mag ich überhaupt nicht. Erstens ist »-holic« keine Nachsilbe, und zweitens gibt es so etwas wie »Schokohol« nicht. Man kann nicht einfach »holic« oder »süchtig« an irgendein Wort hängen und so tun, als käme eine sinnvolle Aussage dabei heraus. »Aber Brian, was ist mit mir? Ich bin kaufsüchtig, also shopaholic!« Nein, du gehst einfach nur sehr gern einkaufen. »Aber ich bin ein Workaholic!« Nein, du hasst einfach nur deine Familie.

Das ist ein wenig Haarspalterei, aber Comedians machen das nun einmal so. Eigentlich ist es mir egal, ob Sie sich als schokosüchtig, kaufsüchtig, arbeitssüchtig oder sonst wie süchtig beschreiben. Ich weiß, was Sie damit meinen. Ich mag es nicht, diese Ausdrücke zu verwenden, weil ich denke, dass es Alkoholikern gegenüber unfair ist. Was sie durchleben, ist einfach nicht damit zu vergleichen. Mein Ringen mit der Versuchung durch Schokolade ist nicht annähernd so ernst wie der Kampf, in dem ein Alkoholiker sich befindet. Ich bin noch nie im Bett einer fremden Person aufgewacht, nur weil sie Hershey's Schokolade hatte … Okay, na ja, da war dieses eine Mal …

Noch etwas über mich: Ich trinke eine ganze Menge Kaffee. Ich bin mir nicht sicher, wie ich im Vergleich zu anderen Kaffeetrinkern dastehe, aber verglichen mit Nichttrinkern saufe ich wie ein Loch. Ein »Kaffeeholiker« also, wenn man so will. Wenn ich im Land unterwegs bin, kehre ich häufig bei Starbucks ein. Ich mag unabhängige Cafés und bevorzuge sie manchmal auch, aber die Tatsache, dass Starbucks überall Standorte hat, ist einfach unheimlich praktisch. Davon abgesehen sammeln Sarah und ich fleißig Punkte auf der Kundenkarte für Gratisgetränke. Keine andere Kaffeekette bedient das Reiseleben so gut wie Starbucks.

Bei Starbucks gibt's unglaublich gute Cookies mit Schokostücken. Ganz ehrlich, ich glaube, die gehören zu den besten Cookies, die ich je gegessen habe. Das Verhältnis von Teig zu Schokolade ist perfekt, sie sind immer leicht zäh und schön dick, sodass man etwas zum Hineinbeißen und Kauen hat. Außerdem liegen sie immer in der Auslage direkt neben der Kasse und locken mit dem Versprechen eines wunderbaren Genusses. Aber sosehr ich diese Cookies auch liebe, ich achte auf meine Linie und versuche, auf sie zu verzichten, wenn ich mir meine Dosis Koffein hole. Mein Nucleus accumbens muss den Cookies eine Menge Wert zuschreiben, denn fast immer, wenn ich meine Bestellung abgegeben habe und man mich fragt: »Darf es noch etwas anderes sein?«, muss ich ganz bewusst die Worte: »Ich nehme noch einen von den Schokoladencookies dort«, zurückhalten. Wenn ich nicht aufpasse, bestelle ich automatisch ein Cookie, bevor ich es überhaupt mitbekomme. So läuft das unter normalen, entspannten Umständen. Stehe ich jedoch unter Stress, dann können Sie darauf wetten, dass ich den Laden mit einem Cookie verlasse.

Aber warum? Davon abgesehen, dass ich mich dadurch vorübergehend besser fühle, weil es mir Vergnügen bereitet, das Cookie zu essen, trägt diese Aktion absolut gar nichts dazu bei, meinen Stress zu beenden. Außer in dem äußerst unwahrscheinlichen Fall, dass der hervorgerufene Stress tatsächlich auf einem Mangel an köstlichen Cookies mit Schokoladenstücken in meinem Bauch beruht, hat der Genuss von Gebäck nicht das Geringste mit dem zu tun, was mich in Aufruhr versetzt hat. Sagen wir – rein hypothetisch –, ich versuche, ein Buch zu schreiben, und kümmere mich tagsüber um meine anderthalbjährige Tochter. Nehmen wir weiterhin an – natürlich wieder rein hypothetisch –, dass es mir besagte Tochter, die ich so sehr liebe, in den vergangenen Tagen unmöglich gemacht hat, etwas zu schreiben. Stellen Sie sich nun in dieser – rein hypothetischen – Situation vor, ich hätte beschlossen, mit meiner Tochter einen Spaziergang entlang der Colfax Avenue zu machen, und sei dabei in einen Starbucks gestolpert. Und jetzt sitze ich mit einem großen Bissen Cookie im Mund da und habe nach wie vor keine Fortschritte mit meinem Buch gemacht. Rein hypothetisch.

Ist Ihnen schon einmal aufgefallen, dass Stress tendenziell unsere sogenannten »schlechten Angewohnheiten« ans Tageslicht bringt? Egal, welches Verhalten Sie aktiv zu unterdrücken oder zu ändern versuchen, in stressigen Zeiten scheint Ihr Hang dazu sofort wieder stärker zu werden. Stehen sie unter Stress, dann rauchen die Leute, trinken Alkohol, nehmen Drogen, essen zu viel oder machen sich Sorgen und hegen allerlei negative Gedanken. Stress hat etwas an sich, was genau die Verhaltensweisen hervorbringt, die wir gern vermeiden möchten. Als weit verbreitetes, nachvollziehbares Beispiel benutze ich gern den Konsum von Schokolade, aber es ist wichtig, zu verstehen, dass es alles Mögliche sein kann. Das Verhalten, welches der Nucleus accumbens als die beste Wahl in einer bestimmten Situation ansieht, wird unter Stress höchstwahrscheinlich auch zutage treten, egal, was es ist. Ich kann nichts dafür, dass ich meine Diät wieder nicht eingehalten habe, mein Nucleus accumbens findet Schokolade eben großartig (und unglücklicherweise geht es meinem präfrontalen Cortex ebenso).

Wie Sie sich vielleicht erinnern, legt der Nucleus accumbens unter Stress den relativen Wert der aktuell möglichen Verhaltensalternativen fest und wählt dann die beste aus. Ich sollte hinzufügen, dass der Nucleus accumbens das eigentlich unentwegt tut, nicht nur, wenn wir unter Stress stehen. In jedem Augenblick unseres Lebens analysiert und entscheidet unser Gehirn, welche Verhaltensweisen unseren Interessen am besten dienen. Diese Aktivität ist uns nicht bewusst, denn sie findet außerhalb unseres präfrontalen Cortex statt; allerdings motiviert sie unser Verhalten und beeinflusst auch unsere bewusst gewählten Verhaltensweisen.

Stellen Sie sich eine Situation vor, bei der der Accumbens feststellt, dass zwei mögliche Handlungen in etwa den gleichen potenziellen Wert haben. Wie zum Beispiel beim Coke-oder-Pepsi-Dilemma. Für die meisten sind diese Optionen beinahe identisch und quasi austauschbar (anders als beim linken und rechten Twix, denn da ist einer ganz eindeutig besser als der andere). Einige mögen Coke oder Pepsi bevorzugen, aber den meisten ist es wirklich egal, welches sie trinken, da beide ein grundlegendes Bedürfnis stillen. Okay, was wäre nun, wenn unser Überleben in einer gefährlichen Situation davon abhinge, dass wir die richtige Wahl treffen? Unser Gehirn bräuchte eine Methode, um eine Entscheidung zu erzwingen, und die hat es auch.

Ich werde hier nicht zu tief in die Details eintauchen (etwas mehr dazu in den Fußnoten[28]). Stehen wir unter Stress und müssen unter mehreren Alternativen wählen, wird jeder noch so kleine Vorteil, den die eine gegenüber der anderen bietet, durch bestimmte Mechanismen verstärkt, um dem Accumbens bei der Entscheidung zu helfen. Nehmen wir also an, dass es uns generell egal ist, ob nun Coke oder Pepsi, aber in der Vergangenheit hatten wir irgendwann minimal bessere Erfahrungen

---

[28] Wenn der Hypothalamus CRF produziert, aktiviert dieses Hormon einen Bereich namens dorsaler Raphe-Kern. Diese Struktur hat ein weites Netz aus Verbindungen im Gehirn und im Accumbens und hilft diesem, die Zahl der Unterschiede zwischen den Alternativen zu erhöhen bzw. die Unterschiede deutlicher zu machen.

im Zusammenhang mit Coke. Dieser klitzekleine Vorsprung wird verstärkt, wenn wir unter Stress stehen, und damit steigt die Wahrscheinlichkeit, dass wir Coke favorisieren. Dieser Anpassungsmechanismus hilft dem Gehirn, unter Druck schwere Entscheidungen zu treffen. Weisen Flucht und Kampf relativ gleiche potenzielle Werte auf, aber eins scheint einen leichten Vorteil gegenüber dem anderen zu bieten, stellt der Mechanismus sicher, dass wir die bestmögliche Option für uns wählen, sogar dann, wenn unser bewusster Teil »Ach, ist mir egal« sagen würde.

Im Umkehrschluss heißt das: Unser Gehirn wirft bei jeder sich bietenden Gelegenheit das Verhalten in den Ring, das es bevorzugt, und wenn wir in einem gestressten Zustand durch die Welt gehen, steigt die Wahrscheinlichkeit, dass wir es unreflektiert ausführen. Wahrscheinlich trägt es absolut gar nichts dazu bei, unseren Stress zu reduzieren, aber das weiß das Gehirn nicht. Es weiß nur, dass wir gestresst sind und dass jetzt Cookies mit Schokostücken verdammt gut schmecken würden.

Bringen wir mal die Querleser auf den neuesten Stand:

- Stress kann sich nicht nur negativ auf unsere Gesundheit auswirken, er kann auch selbst zu ungesunden Verhaltensweisen führen.

Beachten Sie allerdings, dass Stress nicht ausschließlich ungesunde Verhaltensweisen begünstigt. Hätte ich anders gelebt und mein Gehirn darauf trainiert, beim Joggen echten Genuss zu empfinden, dann würde ich unter Stress wahrscheinlich eher eine Runde Laufen gehen. Echt schade, dass ich am Joggen nie Geschmack finden konnte.

Am Morgen, nachdem ich diesen letzten Abschnitt geschrieben hatte, fuhr ich zu einer Signierstunde bei Barnes & Noble in Colorado Springs. Ich versuche, so viele Signierstunden wie möglich in meinem Terminplan unterzubringen, und da wir nun schon ein paar Monate in Denver leben, gibt es wieder ein paar Lücken in meinem Kalender. Seit der Veröffentlichung meines letzten Buches habe ich gelernt, dass es viel Arbeit bedeutet, wenn man ein erfolgreicher Autor – oder auch Comedian – sein möchte. Die Bücher berühmter Menschen verkaufen sich von allein, aber für meine nächste Veröffentlichung steht derzeit niemand Schlange (noch nicht). Damit Sie eine Vorstellung davon bekommen, was ich meine: Am Tag der Signierstunde kam eine Frau zu mir an den Tisch und sagte: »Ich habe noch nie etwas von Ihnen gehört.« Also erwiderte ich: »Deshalb bin ich hier. Haben Sie schon mal von J. K. Rowling gehört?« »O ja!«, antwortete sie, worauf ich entgegnete: »Und deshalb ist sie nicht hier.« Vielleicht wäre ich berühmter, wenn ich über Teenagerzauberer und Vampire in der Highschool schreiben oder in einer Hit-TV-Show auftreten würde. Doch bis es so weit ist, freue ich mich, die Welt zu bereisen und meine Arbeit so viel wie möglich zu bewerben.

Bei Signierstunden wie dieser erhalte ich weder vom Buchladen noch von meinem Verlag oder überhaupt jemandem eine Vergütung. Das ist einfach Standard in der Branche und keinerlei Aussage über Barnes & Noble oder meinen Verlag. Damit Sie eine Vorstellung davon bekommen, womit sich ein Autor auseinandersetzen muss: Ich fragte einen Mann, ob er sich mein Buch mal ansehen wolle. Er antwortete: »Ich lese nicht.« (Dann hat er sich also ganz sicher den richtigen Ort ausgesucht, um seinen Samstagnachmittag zu verbringen.) Ich wünschte, das wären vereinzelte Begebenheiten, aber so etwas passiert fast täglich. Es ist wirklich ein Kampf, Leute. Nein, ich erwarte keine Vergütung. Ich mache diese Signierstunden ausschließlich deshalb, weil ich möchte, dass die Leute meine Bücher lesen, und bin dankbar für diese Möglichkeit.

Wie dem auch sei, in vielen Barnes-&-Noble-Filialen befindet sich auch ein Starbucks, und oft wird mir ein Gratiskaffee angeboten, so auch in Colorado Springs. Ich bedankte mich und ging zur Theke, um etwas zu bestellen. Als ich fertig war, kam die Frage, ob ich sonst noch etwas haben wolle, und heraus sprudelten die nur allzu vertrauten Worte: »Ja, ein Schokocookie, bitte.« Während ich auf meinen Kaffee wartete, fragte ich mich, weshalb ich es diesmal nicht im Griff gehabt hatte.

Manchmal ahmt das Leben die Kunst nach.

Eigentlich war ich nicht hungrig gewesen. Im Gegenteil, auf der Fahrt hierher hatten wir zum Mittagessen angehalten. Die unbewusste Neigung, ein Cookie zu bestellen, kam mir gerade heute besonders merkwürdig vor, weil ich am Abend zuvor über ebendieses Thema geschrieben hatte – und hier stand ich nun, und alles spielte sich genauso ab, wie ich es beschrieben hatte. Stand ich unter Stress? Ich empfand keinen – aber manchmal, vor allem in länger anhaltenden Situationen, passen wir uns schlichtweg an, und der gestresste Zustand fängt an, sich normal anzufühlen. Ich habe hart an diesem Buch gearbeitet, mich tagsüber zu Hause mit Alyssa abgeschottet und abends redigiert. Es ist schwer, viel zu schaffen, solange sie wach ist, aber zum Glück fallen ihr gewöhnlich gegen neun die Augen zu (manche vertragen eben nicht viel). Zu schreiben ist eine freiwillige Arbeit, allerdings habe ich einen Abgabetermin und eine Mindestmenge an Wörtern abzuliefern. Kann es sein, dass ich gestresst davon bin, ein Buch darüber zu schreiben, wie man mit Stress umgeht?

Und in diesem Moment fiel mir wieder ein, was mich noch glücklicher macht als Schokolade: etwas umsonst zu bekommen.

An einem Gratiscookie kann nichts falsch sein.

Es ist nie zu spät, sich zu ändern

Sarah und ich sind seit über drei Jahren regelmäßig zusammen auf Reisen, und abhängig von den Umständen steigen wir in einer breiten Palette an Unterkünften ab. Sind wir für Vorträge unterwegs oder einen Comedyauftritt, wohnen wir normalerweise in dem vom Veranstalter gebuchten Hotelzimmer. Das bedeutet, dass wir gelegentlich in ein paar großartigen Resorts unterkommen, die wir uns sonst nicht leisten könnten. Sind wir selbst für unsere Ausgaben verantwortlich, versuchen wir, uns an ein bescheidenes Budget zu halten. Wir sind beide richtige Experten darin geworden, günstige Reiseangebote zu finden. Wann immer möglich, wohnen wir bei Freunden oder der Familie, und das nicht nur, um Geld zu sparen, sondern weil wir dadurch Zeit mit den Menschen verbringen können, die uns wichtig sind. Bei längeren Aufenthalten sind möblierte Apartments ideal, wie sie auf Webseiten wie Airbnb angeboten werden.[29]

Vor Kurzem verbrachten wir ein paar Monate in Montreal in Quebec und fanden ein tolles Apartment bei Airbnb.

---

[29] Wie bei jedem anderen Service sollten Sie vor der Buchung bei Airbnb genau hinsehen, worauf Sie sich einlassen. Obwohl unsere Erfahrungen insgesamt super waren, hatten wir auch ein paar schlechte.

Es gehörte einem Paar, das zur gleichen Zeit, in der wir in Kanada waren, einen Urlaub in Europa geplant hatte, also passte alles ganz wunderbar. Sie müssen Musikliebhaber gewesen sein, denn unter den Möbeln befand sich auch ein Klavier. Sarah hatte schon immer spielen lernen wollen und nutzte die Gelegenheit, um sich einen Lehrer zu suchen und ein paar Stunden Unterricht zu nehmen. Sie übte jede Woche, die wir in der Stadt waren, was nicht ganz einfach war, denn Alyssa wollte bei jeder Unterrichtsstunde ebenfalls in die Tasten hauen. Sarah wurde in kurzer Zeit ziemlich gut und übt auch heute noch fleißig weiter, wann immer sich ihr die Möglichkeit dazu bietet. Mit einem kleinen Kind im Schlepptau ist das allerdings recht schwer.

Bis Sarah ihre eigenen Sonaten komponiert, wird es noch eine Weile dauern, aber ich kann es trotzdem kaum erwarten, bis die süßen, wonnigen Sonatenrubel endlich zu rollen beginnen! Sarah und ich gehören zu den Menschen, die stets neue Interessen verfolgen und sich neuen Dingen zuwenden. Während sie das Klavierspielen erlernte, lernte ich zu tolerieren, wie sie wieder und wieder die Tonleitern rauf- und runterspielte, ohne mir dabei die Ohrenstäbchen zu tief hineinzustecken.

Würde man Sarahs Gehirn nach mehreren Monaten Üben am Klavier durchleuchten, würde man wahrscheinlich ein paar Veränderungen erkennen, die ihre neu erlangte Fähigkeit widerspiegeln. Diese Veränderung bezeichnen wir als »Neuroplastizität«. Der Begriff bezieht sich auf die Tatsache, dass unser Gehirn in der Lage ist, seine Struktur fortwährend zu ändern, um mit den Anforderungen des Lebens Schritt zu halten. Diese wissenschaftliche Erkenntnis ist relativ neu, allerdings haben Forscher seit den Sechzigerjahren einiges darüber herausgefunden, wie sich das Gehirn verändert und welche Kapazitäten es dafür hat. Die beteiligten Mechanismen sind ziemlich kompliziert, und da ich ja verhindern will, dass sich dieses Buch wie ein Lehrbuch liest, erspare ich Ihnen die Details.

Dennoch möchte ich hervorheben, dass unser Gehirn die Fähigkeit hat, seine Struktur zu verändern. Das ist von Bedeutung, denn sehr lange dachte man, das sei unmöglich. Die ersten Studien zur Neuroplastizität sind ein paar Jahrzehnte älter als ich, und trotzdem erinnere ich mich, wie man uns an der Universität beibrachte, dass unser Gehirn sich während der Kindheit so weit entwickele, dass es den Erwachsenen, zu dem wir werden, weitgehend forme, und sobald es ausgereift sei, etwa mit Anfang zwanzig, verliere es jede Fähigkeit, sich zu ändern. Das habe ich gelernt, das habe ich geglaubt, und so brachte ich es anderen bei. Die meisten Menschen bemerken im Laufe ihres Erwachsenenlebens kaum eine nennenswerte Veränderung in ihrem Gehirn, also schien es richtig zu sein, obwohl wir falschlagen.

Stellen Sie sich das einmal vor: Sie haben Ihr Gehirn bislang ihr gesamtes Leben lang – aus welchem Grund auch immer – darauf trainiert, in widrigen Situation überzureagieren. Oder vielleicht haben Sie sich beigebracht, sich unnötig Sorgen zu machen oder stundenlang zu grübeln und negativen Gedanken nachzuhängen. Vielleicht hat Ihr Gehirn gelernt, immer erst mal ordentlich auf die Hupe zu hauen, wenn Sie sich in dichtem Verkehr wiederfinden. Das Schöne an der Forschung zur Neuroplastizität ist, dass Sie erwiesenermaßen in der Lage sind, jedes Verhalten, das Sie an sich ändern möchten, auch tatsächlich zu verändern. Aus diesem Grund kann eine Therapie funktionieren.

Verstehen Sie mich nicht falsch: Dass wir uns ändern können, heißt noch lange nicht, dass wir uns auch ändern werden. In einem vorhergehenden Abschnitt habe ich beschrieben, wie sehr mein Gehirn Schokolade liebt und dass ich deshalb manchmal ohne nachzudenken Schokocookies bestelle, und wie schade es ist, dass mein Gehirn nie gelernt hat, Jogging zu mögen. Raten Sie mal, wie oft ich Joggen war, seit ich jene Zeilen geschrieben habe. Wenn Sie auf eine Zahl größer Null getippt haben, sind Sie unglaublich optimistisch, und ich danke Ihnen, aber leider liegen Sie falsch. Jetzt raten Sie mal, wie viele Cookies ich im gleichen Zeitraum gegessen habe ... Klappe halten! Behalten Sie die Antwort für sich! Sich zu ändern, ist wirklich schwer, und ich vermute, das ist einer der Gründe, weshalb wir lange Zeit davon ausgingen, dass das erwachsene Gehirn dazu gar nicht in der Lage sei. Wenn es darum geht, unser Verhalten zu ändern, erweisen wir uns als notorisch unfähig. Unser Gehirn hat sich an die altbewährten Verhaltensweisen, die uns in der Vergangenheit gute Dienste geleistet haben, gewöhnt und widersetzt sich der Anstrengung, sich neue anzueignen. Aus diesem Grund brauchen wir Therapien.

Sarah musste sich zwingen, regelmäßig ans Klavier zu gehen und das Spielen auf den Tasten zu üben. Sie musste sich Zeit dafür nehmen, wenn Alyssa schlief, beschäftigt oder mit Daddy spazieren war. Ich bin mir sicher, dass es mehr als genug Tage gegeben hat, an denen sie lieber gemütlich auf der Couch gesessen oder irgendeine hirnlose TV-Sendung geschaut hätte. Aber sie hat es sich zur Aufgabe gemacht, regelmäßig zu üben. Die wöchentliche Unterrichtsstunde mit ihrem Lehrer gab ihr den Anreiz dazu, und jede Woche kam sie mit neuen Aufgaben nach Hause, an denen sie bis zur nächsten Stunde arbeitete. Genau wie bei einer Therapie.

Ich spiele nicht Klavier, aber es zu lernen, ist wohl leichter als so manche Verhaltensänderung, die viele von uns in Angriff nehmen wollen, wie zum Beispiel mit dem Rauchen aufzuhören, ein aufbrausendes Gemüt zu mäßigen oder Sport zu treiben. Dennoch erfordert auch Sarahs Ausbildung am Klavier nach wie vor Beharrlichkeit und Einsatz. Ja, ich kann mir vorstellen, dass es schwerer ist, mit dem Sorgenmachen aufzuhören oder damit, ständig wegen jeder Kleinigkeit wütend zu werden. Dennoch – genauso, wie man das Klavierspielen erlernen kann,

kann man lernen, mit Stress und den damit verbundenen Verhaltensweisen gut umzugehen. Die Forschung beweist, dass wir die Fähigkeit zur Veränderung besitzen, es ist einfach nur ziemlich schwer. So wie Joggen.

Ich hoffe, das bringt jetzt niemanden davon ab, an sich selbst zu arbeiten, aber die bittere Wahrheit ist, dass es schwierig ist, einen grundlegenden Wandel zu vollziehen, und die meisten von uns sind nicht erfolgreich, wenn sie es versuchen. Aber von besonderen Umständen abgesehen, wie zum Beispiel einem Gehirnschaden, ist es nicht unmöglich, unser Verhalten zu ändern. Das betone ich gern, denn wenn man das weiß, hilft es vielleicht einigen von uns, es weiterhin zu versuchen. Vielleicht bemühen wir uns, einen Aspekt unseres Verhaltens zu modifizieren, und scheitern zunächst, aber wenn wir dranbleiben und weiter üben, schaffen wir es irgendwann.

Achtung:

- Es ist nie zu spät, unseren Umgang mit Stress zu ändern.

Interessanterweise ist Stress einer der Faktoren, welche die Fähigkeit des Gehirns beeinträchtigen, sich zu ändern. Stress reduziert die Produktion eines Hormons namens hirneigener neurotropher Wachstumsfaktor oder BDNF, der für die Neuroplastizität nötig ist. Noch ein Grund mehr, zu lernen, wie man ihn in den Griff bekommt.

Eine Stufe erklimmen

Eigentlich habe ich mir nie groß Gedanken übers Kinderkriegen gemacht, da ich im Leben an anderen Dingen Freude fand. Dazu kommt, dass ich extrem unreif war (tja, daran hat sich auch nichts geändert, aber jetzt habe ich ein Kind). Ein Grund, weshalb ich froh bin, länger damit gewartet zu haben, ist, dass ich jetzt besser in der Lage bin, Alyssas Entwicklung nachzuvollziehen. Da ich so viele Jahre lang Psychologie studiert habe, fallen mir jetzt Dinge an ihr auf, die mir als junger Mann entgangen wären.

Zum Beispiel erinnere ich mich an ihre erste Begegnung mit der Stufe, die das tiefer liegende Wohnzimmer meiner Eltern mit dem Rest des Hauses verbindet. Wir waren eine Woche lang dort zu Besuch, und Alyssa erkundete noch krabbelnd ihre Welt. An einem der ersten Tage wurde ich Zeuge, wie sie die Stufe bemerkte und zu ihr hinkrabbelte. Sie wusste nichts damit anzufangen und krabbelte entmutigt davon. Am nächsten Tag krabbelte sie wieder zu ihr hin, schwang diesmal aber ihr Bein hinauf. Nach wie vor hatte sie keinen Erfolg, diese Hürde zu überwinden, doch am Tag darauf versuchte sie es aufs Neue. Nach ein paar Tagen mit weiteren Versuchen sah ich sie schließlich zielstrebig zur Stufe krabbeln, selbige wie ein Profi erklimmen und in die anderen Bereiche des Hauses weiterkrabbeln. Ein kleiner Schritt für ein Baby, ein gigantischer Schritt für einen stolzen Daddy. Nicht mehr lange, und sie wird für die Olympischen Spiele trainieren.

Alle Eltern erleben solche Augenblicke, aber was mir auffiel, war, wie hartnäckig sie nach den anfänglichen Rückschlägen an der Sache dranblieb. Anders als manch ein Erwachsener saß sie nicht herum und badete in Selbstmitleid, nachdem ihr erster Versuch misslungen war. Sie schien weder wütend noch frustriert oder traurig zu sein, und ich bin mir ziemlich sicher, dass sie sich nicht als Versagerin ansah. Stattdessen richtete sie nach der gemachten Erfahrung ihren Blick nach vorn und kehrte mit einer neuen Strategie zur Stufe zurück. Es war spannend, ihr dabei zuzusehen, wie sie sich selbst ein Ziel setzte, aus ihren gescheiterten Versuchen lernte und am Ende triumphierte.

Vorhin durfte Alyssa sich eine Süßigkeit aus ihrem Halloweenkörbchen aussuchen. Ich bin ehrlich erstaunt, dass sie noch etwas übrig hat. Sie hat es wirklich ganz toll hinbekommen, sich die Sachen einzuteilen. Ihre Wahl fiel auf ein Stück Schokotoffee, und sie hielt es in der Hand, während wir zum Auto gingen. Sobald wir alle drinnen saßen und angeschnallt waren, drehte sich Sarah um, um Alyssa beim Auspacken zu helfen, doch wir fanden sie mit dem Mund voll Schokokaramell vor – allerdings ohne Bonbonpapier. Erst waren wir besorgt, dass sie es vielleicht mit in den Mund gesteckt hatte, aber nein, da lag es, auf dem Autoboden. Kaum älter als anderthalb Jahre, hatte unsere Tochter herausgefunden, wie sie ihre Süßigkeiten allein auspacken kann! Das ist nicht gerade ein Meilenstein unter den kindlichen Fähigkeiten, aber in diesem Alter stellen alle Herausforderungen eine Chance zum Lernen dar. Und der Ausdruck von Triumph in ihrem Gesicht, während sie auf der Süßigkeit herumkaute, die sie eigenhändig vom Papier befreit hatte, war unbezahlbar. Ich bin ein stolzer Papa. Mein kleines Mädchen ist schlau.

Vor nicht allzu langer Zeit verbrachte ich ein paar Jahre damit, durchs Land zu reisen und über die Wichtigkeit von

Resilienz zu sprechen, vor allem, wenn es um Stress geht. Resilienz, also psychische Widerstandsfähigkeit, bedeutet, dass man in der Lage ist, sich von schlimmen Erlebnissen zu erholen, wieder aufzustehen und nach einem widrigen Vorfall zu einem inneren Gleichgewicht zurückzufinden. Sie ist ein bedeutender Faktor beim Umgang mit Stress und bei der Erholung nach belastenden Ereignissen. Als ich meinem kleinen Mädchen dabei zusah, wie sie jene Stufe in Angriff nahm oder herausfand, wie sie ihre Süßigkeiten selbst auspacken konnte, wurde mir klar, dass ich hier ein ausgezeichnetes Modell für Widerstandsfähigkeit direkt vor meinen Augen hatte. Kinder sind von Natur aus widerstandsfähig, das gehört zum Kindsein dazu. Leider ist Widerstandsfähigkeit aber offenbar eine Eigenschaft, die manchen von uns verlorengeht, wenn wir älter werden.

Die meisten Erwachsenen sehen sich natürlich größeren Herausforderungen gegenüber, als eine Stufe erklimmen zu müssen, doch Alyssas Hartnäckigkeit, ihre Weigerung, sich durch Misserfolge frustrieren zu lassen, und ihr Widerwillen, aufzugeben, sind charakteristisch für Resilienz.

Als Maßstab für Widerstandsfähigkeit nimmt man oft die Zeit, die vergeht, bis jemand sich von widrigen Ereignissen wieder erholt hat.[30] Es passieren ständig schlimme Dinge – uns allen. Überlegen Sie mal: Wenn etwas Schlimmes geschieht, wie schnell sind Sie im Allgemeinen wieder auf dem Damm? Kommen Sie relativ bald darüber hinweg, oder bleiben die negativen Emotionen tendenziell länger? Menschen, die sich schneller erholen, sind widerstandsfähiger, wohingegen Menschen, die

---

[30] Nicht, dass ich sonderlich viel Forschung in diesem Bereich betreibe, aber ich bevorzuge die Definition und den Maßstab für Widerstandsfähigkeit von Richard J. Davidson und Sharon Begley: »Warum regst du dich so auf?: Wie die Gehirnstruktur unsere Emotionen bestimmt«, München, Goldmann Verlag 2016.

eher etwas länger brauchen, demzufolge weniger widerstandsfähig sind. Selbstverständlich hängt die Einschätzung der Dauer einer gesunden Erholungszeit von der Natur des Vorfalls ab. Für einiges wird man länger brauchen als für anderes. Sehen wir uns das an einem aktuellen Beispiel an.

Immer wenn ich öffentlich auftrete, sei es im Rahmen eines Vortrags, einer Comedyshow oder einer Signierstunde, achte ich darauf, einen Stift für Autogramme in der Tasche zu haben. Eigentlich kaufe ich mir nie Stifte, ich »organisiere« sie mir irgendwie. Allerdings gibt es da eine bestimmte Art von Stift, die ich lieber mag als alle anderen. Die Marke kenne ich nicht, aber er liegt einfach perfekt in meiner Hand. Die Tinte fließt gleichmäßig und hinterlässt bei jedem Strich eine großartige, solide Linie. Es ist mein Lieblingsstift, und immer wenn ich einen habe, versuche ich, ihn nicht zu verlieren, und trage ihn in meiner Jackentasche bei mir. Vor Kurzem hielt ich eine Signierstunde ab, und als mich die erste Person um ein Autogramm bat, griff ich in meine Jackentasche, doch mein Stift war nicht da. Mein Lieblingsstift war verschwunden – ich war am Boden zerstört! Ich musste mich mit einem billigen Kuli abfinden und war für den Rest der Veranstaltung tieftraurig. Ich mache natürlich nur Spaß, es hat mir so gut wie gar nichts ausgemacht, weil es ja lediglich ein blöder Stift war. Klar habe ich ihn gemocht, aber er war letztendlich nur ein belangloser Gegenstand und nicht einmal eine leichte negative Reaktion wert.

Aber viele reagieren auf den Verlust solcher im Grunde bedeutungsloser Objekte regelmäßig überzogen. Offensichtlich ist der Verlust eines Stiftes ein Ereignis, von dem sich die meisten von uns schnell erholen würden, bei einem ernsteren Vorfall hingegen wird es länger dauern. Trotzdem werden einige von uns schneller darüber hinwegkommen als andere. Metaphorisch gesehen ist Resilienz unsere Fähigkeit, einen emotionalen Schlag wegstecken zu können.

Ich liebe Filme, vor allem die mit Spezialeffekten vollgepackten mit Riesenbudgets. Das sind eigentlich die einzigen, für die ich mir noch die Mühe mache, ins Kino zu gehen. Dazu kommt, dass die Filmindustrie von Filmen beherrscht wird, die auf Comics basieren, welche ich als nerdiger Teenager geliebt habe. Und jetzt, als nerdiger Erwachsener, genieße ich es, die Figuren auf der großen Leinwand zum Leben erwachen zu sehen. Falls Sie kein Superheldenfilm-Fan sind, werden Sie nicht wissen, dass es im ersten »Captain America«-Film[31] eine Szene gibt, in der der kleine, dünne Steve Rogers (der Mann, dem man später das Supersoldatenserum injiziert, um ihm den Körper des Schauspielers Chris Evan zu verpassen) in einem Kino sitzt. Als ein Zuschauer die Nachrichtenschau zum Zweiten Weltkrieg lautstark stört, fordert ihn der patriotische Steve auf, die Klappe zu halten. Nach dem Schnitt zur nächsten Szene sehen wir, wie Steve von dem Störer aus dem Kino in einer Gasse ordentlich verdroschen wird. Er bekommt Schläge direkt ins Gesicht, was ihn jedes Mal zu Boden wirft, und jedes Mal steht Steve Rogers wieder auf. Nach dem dritten Schlag meint der Mann: »Du weißt nicht, wann es Zeit ist, aufzugeben, oder?«, worauf Steve erwidert: »Kann den ganzen Tag so weitergehen.« Diese Antwort könnte ein Zeichen von Sturheit sein, aber ich sehe lieber Resilienz darin.

Man hat gezeigt, dass Widerstandsfähigkeit eine Funktion des präfrontalen Cortex ist[32], jenes Bereichs des Gehirns, den ich bereits als den Ort unseres Denkens beschrieben habe. Vereinfacht gesagt: Unsere Gedanken machen uns widerstandsfähig. Wie wir Informationen verarbeiten und was wir angesichts

---

[31] Natürlich ist hier die Rede von folgendem Film: »Captain America – The First Avenger« von 2011, Regie: Joe Johnston, Paramount Pictures 2011, USA.
[32] Davidson und Begley: »Warum regst du dich so auf?: Wie die Gehirnstruktur unsere Emotionen bestimmt«, Goldmann Verlag, 2016.

eines widrigen Ereignisses denken, hat einen großen Einfluss darauf, wie schnell wir uns davon erholen. Vergessen Sie nicht, dass der präfrontale Cortex in der Lage ist, die Aktivitäten anderer Bereiche des Gehirns zu übertrumpfen, und dass unsere Gedanken unsere emotionalen und physiologischen Reaktionen beeinflussen. Stellen Sie sich vor, ich hätte nach dem Verlust meines Stifts einen Anfall bekommen und wäre darauf herumgeritten, wie einzigartig, wie perfekt, wie unersetzbar er gewesen sei – Sie wissen schon, wenn ich das Gefühl des Verlusts so richtig ausgelebt hätte. Wahrscheinlich hätte mich dann der Vorfall zumindest ein bisschen länger beschäftigt.

Als meine Tochter jene Stufe erklomm, hatte sie noch keine sprachlichen Fähigkeiten, also kann ich mir nur vorstellen, welche Gedanken sie dabei gehabt haben könnte. Ihren Handlungen nach zu urteilen, waren sie jedoch höchstwahrscheinlich nicht entmutigend. Außerdem lächelte sie sehr viel, was typisch für sie ist. Das gibt mir einen weiteren Hinweis darauf, was in ihrem Kopf vorgegangen sein könnte, als sie sich der Herausforderung stellte.

Psychische Widerstandsfähigkeit ist eng mit Glück und Zufriedenheit verknüpft. Wenn Sie glücklich sind, gehen Sie gut mit Stress um, und fühlen Sie sich sehr gestresst, sind Sie wahrscheinlich nicht glücklich. Es ist schwer, sich einen Menschen vorzustellen, der gleichzeitig gestresst und glücklich ist. Beide Zustände hängen von den Aktivitäten im präfrontalen Cortex ab. Allerdings resultiert dieses Erleben nicht aus den Aktivitäten des gesamten präfrontalen Cortex, sondern kommt vielmehr dann zustande, wenn die linke Seite aktiver ist als die rechte. Ist die linke Seite aktiver, beschreibt man sich als glücklich und zufrieden und wirkt gelassen. Ist die rechte Seite aktiver, fühlt man sich gestresst, ängstlich und besorgt. Das heißt, dieselben Gedanken, die Ihnen helfen, mit Stress umzugehen, machen Sie auch glücklicher. Umgekehrt helfen Ihnen die glücklich machenden Gedanken wiederum dabei, den Stresszustand aufzuheben. Weiter vorne habe ich angemerkt, dass die richtige Art von Aktivität im präfrontalen Cortex unser Gehirn davon abhalten kann, sich bei dichter werdendem Verkehr überhaupt erst bedroht zu fühlen.

Es gibt Belege dafür, dass Glücklichsein und Widerstandsfähigkeit zum Teil genetisch bedingt sind.[33] Sich glücklich oder gestresst zu fühlen, sind zeitlich begrenzte Zustände, die kommen und gehen, doch jeder von uns hat einen allgemeinen Grad an Zufriedenheit und Glück. Ich bin zum Beispiel normalerweise ziemlich glücklich, aber ich glaube nicht, dass man mich jemals als »fröhlich« oder »quirlig« charakterisieren würde. Ich habe Bekannte, die so sind, und glaube, dass sie von Natur aus um einiges glücklicher sind als ich. Ebenso habe ich Bekannte, die ungeachtet der Umstände nie sonderlich glücklich wirken. Wahrscheinlich kennen Sie die alte Debatte zum Thema »angeboren oder anerzogen«, in der es um die Frage geht, welcher Faktor die Entwicklung eines Menschen stärker prägt: die Gene oder die Umwelt. Eigentlich gibt es hier nicht viel zu diskutieren, da sich die Mehrheit der Wissenschaftler einig ist, dass beide bei der Ausformung unserer Psyche wichtig sind. Was das Glücklichsein betrifft, so geht man davon aus, dass es etwa zur Hälfte genetisch bedingt ist. Fünfzig Prozent dessen, wie glücklich Sie sich im Augenblick fühlen, sind angeboren, etwa zehn Prozent den Umständen geschuldet und der Rest Ihrem Verhalten und Ihren Gedanken.[34] Glücklichsein und Resilienz mögen also teilweise genetisch bedingt sein, aber wir haben jede Menge Potenzial, unseren emotionalen Zustand zu verändern.

[33] Sonja Lyubomirsky, »Glücklich sein: Warum Sie es in der Hand haben, zufrieden zu leben«, Frankfurt, Campus Verlag 2018.
[34] Ebd.

Und jetzt für die Querleser:

- Resilienz (psychische Widerstandsfähigkeit) ist unser Vermögen, eine Herausforderung zu überwinden, nach einem widrigen Ereignis wieder auf die Beine zu kommen oder Stress abzufedern.

- Widerstandsfähigkeit steht in engem Zusammenhang mit Glücklichsein, und beide hängen davon ab, wie wir über die Ereignisse denken, die wir erleben.

- Querlesen ist die beste Methode, um ein Buch zu lesen. Na logo.

KAPITEL 3

Ziele haben – Pläne machen

So lange ich mich erinnern kann, war ich stets weniger stark von Stress betroffen als andere in meiner Umgebung. Ich weiß noch, wie ich in Autos voller schreiender Kinder gelassen blieb, mich nicht über Rückschläge aufregte und in Situationen, in denen andere den Kopf zu verlieren schienen, einfach Ruhe bewahrte. Ich erinnere mich, die Bedeutung des Wortes »gleichgültig« erstmals von einem Lehrer mitbekommen zu haben, der damit meinen scheinbaren Mangel an Sorge über etwas beschrieb, das höchstwahrscheinlich sehr, sehr wichtig war.[35] Auch scheine ich meine Sicht der Dinge wann immer möglich mit anderen geteilt zu haben.

Während meines Studiums an der University of Texas in Austin ging ich zum Beispiel einmal zum Campusladen, um mir einen neuen Computer zu kaufen. Als der studentische Techniker, der mich bediente, meinen Namen hörte, hakte er nach: »Brian King? Ich habe mal mit einem Typen namens Brian King zusammengearbeitet.« Wir fanden heraus, dass wir

---

[35] Sarkasmus. Logo!

irgendwann vor ein paar Jahren zur gleichen Zeit in derselben Taco-Bell-Filiale gearbeitet hatten. Ich konnte mich nicht an ihn erinnern, aber er wusste noch ganz genau, wer ich war.

Haben Sie schon mal in einem Fast-Food-Restaurant gearbeitet? In den ersten paar Jahren, nachdem ich von der Highschool abgegangen war, habe ich überall gejobbt, wo es nur ging. Ich habe Tacos und Burritos befüllt, Burgerfleisch über offenem Feuer gegrillt und gewendet und sogar Pizzen gebacken und geliefert. Grundsätzlich kann man sagen, dass die Arbeit im Fast-Food-Bereich extrem stressig ist. Das Tempo ist schonungslos, fast immer befindet sich eine Schlange Kunden im Geschäft und am Drive-in-Schalter, und alle erwarten schnelle Bedienung. Wenn es einmal ruhiger zuging, zwang uns das Management, beschäftigt auszusehen, auch wenn wir es nicht waren. Es war nichts Ungewöhnliches für mich, den Besen über einen absolut sauberen Boden zu schieben, weil es sonst buchstäblich nichts zu tun gab. Ganz zu schweigen davon, dass all diese Betriebsamkeit typischerweise in einer dampfend heißen Küche stattfand und wir in irgendeiner Polyesteruniform steckten. Ich verdiente 3,35 Dollar pro Stunde und war dankbar dafür. Für Highschool-Abbrecher werden die Türen nicht allzu oft weit aufgerissen. Meine Kollegen waren eine interessante Mischung aus Ruheständlern, ehemaligen Häftlingen, aktuellen Häftlingen auf Arbeitsfreigang und generell Arbeitsunfähigen. Gelegentlich gab es einen Highschool-Schüler oder Studenten. Der Computertechniker war einer der Studenten gewesen.

Während wir die Details für meinen neuen Computer durchgingen, erzählte er mir den Grund, weshalb er sich an meinen Namen erinnerte. Es sei etwas gewesen, was ich zu ihm gesagt hatte. An jenem Tag hatte er sich während einer besonders harten Schicht ein wenig erdrückt gefühlt von den hohen Anforderungen aus Arbeit und Studium. Anscheinend äußerte ich etwas in der Art von: »Mach dich nicht verrückt, das ist nur

Taco Bell«[36], und erinnerte ihn daran, das große Ganze nicht aus den Augen zu verlieren – wie etwa den tollen Job als studentischer Techniker, der in naher Zukunft auf ihn wartete. Ganz ehrlich, ich habe keine Ahnung, was ich nach »das ist nur Taco Bell« zu ihm gesagt habe, aber was auch immer es war, es blieb dem Typen so nachhaltig im Gedächtnis, dass er sich noch Jahre später für meinen Rat bedankte. Inmitten des Taco-Stresses hatte er seine langfristigen Ziele kurz aus den Augen verloren.

Etwas zu haben, worauf man sich freut, kann wirklich dabei helfen, eine Menge auszuhalten. Klar, diese Jobs waren stressig. Das Studium war stressig. Verdammt, das ganze Leben war stressig. In dieser Phase meines Lebens war ich einmal sogar quasi obdachlos. Ich schlief mit meinem besten Freund über mir auf der unteren Pritsche im Wohnmobil seiner Familie auf dem Land. Meine paar Habseligkeiten hatte ich in der Garage eines anderen Freundes untergestellt. Ich hatte mehrere gering bezahlte Jobs zugleich und besuchte die Abendschule, aber ich ließ das nie an mich heran. Ich finde es witzig, dass mich die Leute, denen ich jetzt begegne, als gebildeten Comedian und Redner mit einer liebevollen Partnerin und einem wunderbaren Kind kennenlernen. Wenn ich darüber spreche, wie man mit Stress zurechtkommt, dann, weil ich bereits mit jeder Menge Stress zurechtgekommen bin.

Es gab ein paar Dinge, die mir während jener Zeit in meinem Leben geholfen haben, die Fassung zu bewahren. Erstens hatte ich ein Ziel, auf das ich hinarbeitete. Die Universität zu besuchen, gab meinem Leben einen Sinn, und wie ich seither bei meinen Recherchen über Glück und Resilienz gelernt habe, verleiht ein Sinn im Leben jede Menge Ausdauer. Solange ich wusste, dass ich bei meiner Ausbildung Fortschritte machte, war

---

[36] Das heißt nicht, dass daran irgendetwas falsch wäre. Obwohl ich fast ein Jahr lang dort gearbeitet habe, ist es bis zum heutigen Tag mein liebstes Fast-Food-Restaurant geblieben.

mir, als könnte ich alles aushalten, was mir das Leben in den Weg stellte. Zweitens war ich findig. Als mein Auto kaputtging und ich mir keine Reparatur leisten konnte, erledigte ich die Pflichtlektüre für meine Kurse während der täglichen Busfahrt. Als ich obdachlos wurde, boten mir glücklicherweise die Eltern meines Freundes ein vorübergehendes Zuhause an, aber hätten sie das nicht getan, hatte ich den Plan parat, in den rund um die Uhr geöffneten Lesesälen zu schlafen und im Umkleidebereich der Sporthalle zu duschen. Ich dachte mir, solange ich sauber und ordentlich war, einen Rucksack trug und wie ein Student aussah, würde es ziemlich leicht sein, sich auf einem großen Universitätscampus durchzumogeln. Diesen Plan musste ich nie umsetzen, aber allein das Bewusstsein, dass ich eine Alternative hatte, half mir, klarzukommen. Drittens wusste ich, dass ich ein Sicherheitsnetz hatte, falls die Dinge wirklich unerträglich werden sollten. Meine Eltern hätten mich jederzeit wieder bei sich aufgenommen. Meine starke Zielorientierung, die Bereitschaft, die mir zur Verfügung stehenden Ressourcen zu nutzen, und mein Plan für den absoluten Notfall führten dazu, dass ich mich in einer äußerst stressigen Zeit nicht allzu gestresst fühlte. Nochmals: Jede einzelne dieser Komponenten – Zielverfolgung, Problemlösung und Planung für Notfälle – resultiert aus logischem Denken.

Widerstandsfähige Menschen nehmen ihr Leben mithilfe von Denken und Planen in Angriff. Sie verstehen ihre Probleme oder widrige Ereignisse als zeitlich begrenzt und/oder lösbar. Das war bei mir in den ersten Jahren des Studiums ganz fraglos der Fall – mir war klar, dass die Umstände nur vorübergehend so waren und ich alles unter Kontrolle hatte. Und in meinem Fall war es tatsächlich so.

Bis zum heutigen Tag reagiere ich auf die meisten stressigen Situationen so, dass ich Probleme löse und ein oder zwei Strategien dafür entwickele. Unlängst gerieten Sarah und ich in unerwartete Schwierigkeiten, während wir auf Tour waren. Wir befanden uns in Jacksonville, Florida, wo wir einen Leihwagen vom Flughafen abholen mussten, den wir nach drei Wochen auf Tour dort wieder abgeben sollten. Allerdings hatten wir auch unsere eigenen Autos dabei. Eins davon parkten wir am Flughafen, und um Geld zu sparen, ließen wir das andere bei einer Freundin von Sarah, die einen freien Stellplatz in ihrer Auffahrt hatte. Alles lief nach Plan: Wir stellten meinen Mustang vor dem Haus der Freundin ab, fuhren in Sarahs Prius zum Flughafen, nahmen den Leihwagen in Empfang und machten uns auf den Weg in den Bundesstaat Tennessee.

Wir tourten im ganzen Staat, von Memphis (berühmt wegen Elvis) nach Johnson City (berühmt wegen, keine Ahnung ... Johnson?) und dann zurück nach Florida für eine Auftrittsreihe im Panhandle, dem nordwestlichen Teil des Staates. Als wir fast zwei Wochen später nach Gainesville kamen, erhielten wir einen Anruf von Sarahs Freundin: »Ich muss eine Lieferung vereinbaren und dafür wahrscheinlich euer Auto abschleppen lassen.« Was zum Geier ...? Ganz abgesehen von dieser seltsamen Logik befanden wir uns nun in einer Situation, in der uns klar wurde, dass wir unser Auto bei jemandem abgestellt hatten, dessen erster Impuls es war, das Fahrzeug abschleppen zu lassen, sobald es Unannehmlichkeiten bereitete. Das Abschleppen und Sicherstellen eines Autos ist nicht billig, und außerdem mag ich meinen Mustang, also war das für mich eine Art Bär. Sofort begann ich, einen Plan auszuarbeiten. Wir hatten einen weiteren Vortrag in Daytona Beach, bevor wir nach New York flogen, im schlimmsten Fall konnte also einer von uns (Sarah) im Leihwagen rauf nach Jacksonville fahren, einen anderen unserer Freunde abholen, mit dessen Hilfe den Mustang auf einem anderen Parkplatz abstellen und dann vor dem Ende des Vortrags und vor unserem Abflug nach Daytona Beach zurückfahren. Das wäre ätzend, aber es war machbar. Zum Glück konnte ein einfaches Telefonat mit Sarahs Freundin das Problem dann doch klären, aber wäre das nicht möglich gewesen, hätten wir einen Plan gehabt. Erinnern Sie sich daran, was ich vorhin beschrieben habe? Negative Emotionen können unsere Denkfähigkeit behindern, indem sie die zur Auswahl stehenden Optionen einschränken. Manchmal müssen wir unseren Verstand kreativ einsetzen, um einen guten Plan zu entwickeln, und das gelingt besser, wenn wir gelassen sind und klar denken können.

Widerstandsfähigkeit ist ein geistiger Zustand, eine innere Haltung. Nur um es deutlich zu machen: Widerstandsfähige Menschen reden sich nichts ein (oder aus). Fühlt es sich an, als sei das Problem außer Kontrolle, geraten sie wie alle anderen auch in Stress. Nur dauert es eventuell etwas länger und braucht eine wesentlich größere Bedrohung, bevor sie an diesen Punkt gelangen. Mit anderen Worten, Bären verursachen bei ihnen durchaus Stress, aber im Straßenverkehr geht es ihnen wahrscheinlich ganz gut. Wenn ich versuche, weniger resilienten Menschen die widerstandsfähige Haltung zu erklären, kommen mir unweigerlich Phrasen wie »entspann dich« oder »keine Sorge« oder »bleib gelassen« über die Lippen, in etwa so: »Entspann dich, das ist keine große Sache, bleib einfach gelassen.« Genau genommen kann ich den Song der Eagles »Take It Easy« aus dem Jahr 1972 gut nachvollziehen, denn darin – oder zumindest im Refrain – geht es genau um diese Widerstandsfähigkeit.[37]

Bleib gelassen, bleib gelassen.

Lass dich nicht vom Lärm deiner eigenen Räder irremachen.
Fühl dich froh, solange du noch kannst.
Versuch gar nicht erst, es zu verstehen.
Find einfach deinen Platz, setz dich für etwas ein, und
bleib gelassen.

---

[37] Mehr als in, sagen wir mal, »Desperado«.

Ich bin kein Musikexperte, aber dieser Song wäre wahrscheinlich um einiges weniger erfolgreich gewesen, hieße er »Sei einfach resilient«. Ganz nebenbei bemerkt, wie cool wäre es gewesen, wenn die letzte Zeile gelautet hätte: »Nimm dir einfach eine Minute Zeit, mach einen Plan, und bleib dann gelassen«?

Ich wette, dass sich niemand mit einem Mal beruhigt fühlt, wenn man ihm mitten im Stresschaos sagt, er solle sich einfach entspannen oder gelassen bleiben. Jemandem, der wütend, verängstigt oder völlig hoffnungslos ist, zu sagen, er solle sich doch mal entspannen, könnte im besten Fall als herablassend und im schlimmsten als zusätzlicher Stressfaktor aufgefasst werden. Abhängig von der Situation, versuche ich normalerweise, die Gefühle anderer Personen zu achten.

Einmal fuhr ich irgendwo im australischen Outback eine Straße entlang, als ein anderes Auto mit einem wütend hupenden Fahrer an mir vorbeirauschte. Ich weiß nicht, warum er gehupt hat – vielleicht fuhr ich zu langsam, vielleicht hatte ich einen Schlenker gemacht, um einem Känguru[38] oder etwas anderem auszuweichen –, aus welchem Grund auch immer, an der nächsten Tankstelle[39] begegnete ich diesem Fahrer wieder. Ich hatte kaum die Chance, aus meinem Auto zu steigen, da wurde ich schon von einer wütenden Engländerin in der Sprache, die ihre Landsleute erfunden haben, beschimpft. Sie brüllte: »Das war unglaublich gefährlich, was Sie da vorhin gemacht haben! Mein Mann musste Ihnen ausweichen!« Nach wie vor hatte ich null Ahnung, was sie damit meinte, aber britische Wut ist die schlimmste Form von allen, also antwortete ich einfach: »Das tut mir leid; bloß gut, dass Ihr Mann dazu in der Lage war!« Da musterte sie mich leicht verwirrt und ging in den Laden.

---

[38] Ganz im Ernst, die sind dort wie Rehe bei uns.
[39] Im Outback – wie fast überall in Australien – sollte man nie an einer Tankstelle vorbeifahren.

Vielleicht war sie enttäuscht, dass ich mich nicht auf ihren Streit eingelassen habe. Die richtige Zeit, um unsere Fähigkeiten zur Stressbewältigung zu trainieren, ist nicht, wenn wir bis oben hin mit Cortisol vollgepumpt sind – das ist der Moment, in dem wir sie anwenden sollten. Wir müssen an unseren Strategien zur Problemlösung und Planung und an unseren anderen positiven kognitiven Aktivitäten arbeiten, bevor wir dem Bären gegenüberstehen. Wenn nicht, kann es gut sein, dass uns der Lärm unserer eigenen Räder irremacht und irgendwo hintreibt, wo wir gar nicht hinwollen.

Das Gefühl von Kontrolle haben,
auch wenn dem nicht so ist

Etwa ein Jahr nachdem Sarah und ich angefangen hatten, zusammen auf Tour zu gehen, verbrachten wir einen Sommerurlaub in Montreal. Eigentlich hatten wir eine längere Reise nach London geplant, aber dann irgendwie vergessen, die Flüge frühzeitig zu buchen. Als wir das dann nachholen wollten, waren die Preise unerschwinglich. Da wir nach wie vor freie Zeit hatten und gern ins Ausland reisen wollten, beschlossen wir, Richtung Norden nach Kanada zu fahren. Letztlich wurde es eine Überlandfahrt entlang des Trans-Canada Highway, doch zuerst verbrachten wir ein paar Wochen in Montreal. Ich war schon mehrere Male dort gewesen, aber für Sarah war es der erste Besuch. Wir waren begeistert. Montreal ist eine eindrucksvolle Stadt, dynamisch und lebendig, und hat dank der französischen Kultur europäisches Flair. Wir hatten dort eine derart gute Zeit, dass bei unserer Abreise jemand schwanger war. Ich lasse Sie mal raten, wer.

Im Folgejahr beschlossen wir, wieder hinzufahren, obwohl Alyssa gerade mal ein paar Monate alt war. Diesmal verbrachten wir den gesamten Sommer dort. Wir waren immer noch begeistert, obwohl dieses Mal keine Babys produziert wurden (zumindest keine, von denen ich etwas wüsste). Stattdessen beschlossen wir, uns dort eine Bleibe zu kaufen. Wir fanden einen tollen Immobilienmakler, Raymond LaRivière, und schauten uns eine Woche lang um, bevor wir ein Angebot für eine wunderschöne Eigentumswohnung abgaben. Es wurde angenommen, und zwei Wochen später gehörte uns die Wohnung. Zwei Tage nach Abschluss des Kaufvertrags verließen wir die Stadt, um unsere neue Seminarreihen-Tour in den USA anzutreten. Wir hatten keine einzige Nacht in unserem neuen Zuhause verbringen können.

Da wir in den USA arbeiteten, verließen wir Kanada und schrieben unsere Wohnung zur Vermietung aus. Wir beauftragten Raymond und seine Firma, einen Mieter für uns aufzutreiben. Der angebotene Zeitraum waren der Herbst und der Winter in Quebec, und nach dem, was man so hört, wird es dort kalt. So richtig kalt. Die Monate vergingen, und unsere Wohnung stand weiterhin leer, was bedenklich war, jedoch nicht allzu belastend. Zum Glück fand sich schließlich ein Paar aus New Brunswick, das unsere Bleibe als Wochenendausflugsziel mieten wollte. Man möchte meinen, dass uns das etwas Erleichterung verschafft hätte, aber in diesem Moment begann erst der richtige Stress.

Kaum dass unsere Mieter eingezogen waren, berichteten sie von einem fauligen Geruch in der Wohnung, der so schlimm war, dass sie die Nacht schließlich im Hotel verbringen mussten. Sarah und ich arbeiteten zu der Zeit aufgrund vertraglicher Verpflichtungen in Florida und waren sehr überrascht, als wir erfuhren, dass unsere Mieter unzufrieden waren und unsere geliebte Wohnung das Heim eines mysteriösen Gestanks. Die Inspektion unseres neuen Zuhauses hatte uns seinerzeit keinen Anlass zur Sorge gegeben, und während der gesamten Zeit, die es auf dem Markt gewesen war, hatte niemand ein Problem gemeldet. Unser Makler ließ ein paar Untersuchungen durchführen, bei denen festgestellt wurde, dass unter unserer Küche wahrscheinlich ein Abwasserrohr defekt war. Wir hatten Glück, dass unsere Mieter dort nur in Teilzeit wohnen wollten, denn unsere Küchenschränke und -geräte mussten ausgebaut und der Küchenboden komplett entfernt werden, um den Rohrbruch zu finden. Als ich diese Neuigkeiten erfuhr, die Fotos sah und wütende E-Mails auf Französisch erhielt, führte das dazu, dass mein Stresslevel so hoch stieg wie seit Jahren nicht mehr. Bilder von Tom Hanks und Shelley Long in dem Film »Geschenkt ist noch zu teuer«, jener Komödie, in der sich das Traumhaus eines jungen Paares nach und nach zum Albtraum entwickelt, stiegen vor meinem inneren Auge auf, während ich versuchte herauszufinden, wie ich meine Ersparnisse nach Kanada überweisen konnte.

Ich mache Witze darüber, erst im mittleren Alter Vater geworden zu sein, aber dies war tatsächlich auch mein erster Kauf von Wohneigentum; damit sind das schon zwei Striche auf der Liste des aufgeschobenen Erwachsenendaseins. Mit fünfundvierzig habe ich endlich etwas bewerkstelligt, was man überwiegend in Angriff nimmt, wenn man rund ein Jahrzehnt jünger ist als ich.[40] Obwohl ich mir vorstellen kann, dass die meisten ihr erstes Eigenheim nicht in einem fremden Land kaufen, in dem sie weder leben noch die offizielle Sprache sprechen, aber hey, so bin ich eben. Es brechen auch nicht allzu viele Leute die Highschool ab und bekommen später einen Doktortitel. Für jeden Hauseigentümer kann es mal stressig werden, aber bei mir machte sich langsam die Sorge breit, dass ich vielleicht einen gravierenden Fehler gemacht hatte.

Ein Problem nach dem anderen tauchte auf, und letztlich erstreckte sich die Tortur über zwei Monate, aber ich werde Ihnen die schmutzigen Details ersparen. Die gesamte Zeit über befanden Sarah und ich uns fast zweieinhalbtausend Kilometer weit

---

[40] Laut der jährlichen Erhebung durch die nationale Immobilienmakler-Vereinigung »National Association of Realtors«, denn ja, natürlich wollte ich das genauer wissen.

weg und konnten nichts tun. Ich wurde von negativen Gedanken gequält. Tagtäglich machte ich mir um die Wohnung Sorgen und stellte mir vor, wie meine Investition buchstäblich ins Montrealer Abwassersystem gespült wurde. Sarah hatte bereits einmal ein Haus besessen, weswegen die ganze Sache sie etwas weniger mitnahm, aber mein Stressreaktionssystem war komplett hochgefahren. Wie bereits erwähnt, liebe ich Social Media und nutze sie im Gegensatz zu vielen anderen selten, um Druck abzulassen. Während dieser Zeit fand ich es allerdings enorm schwer, positiv zu bleiben. Ich weiß noch, wie mein Freund Frank mir eine aufmunternde Nachricht schickte. Er schrieb: »Du schaffst das.« Aber das war genau das Problem, ich persönlich »schaffte« ja nichts. Wir mussten unser Vertrauen in die Leute in Montreal setzen und hoffen, dass sie sich um alles kümmerten. Nicht, dass wir gewusst hätten, was genau zu tun war, aber das Schlimmste an der ganzen Sache war, dass wir nicht selbst vor Ort waren, um irgendetwas bewirken zu können.

Außer der Tatsache, dass ich die Rechnungen beglich, fühlte ich mich absolut machtlos. Ich hatte keinerlei Kontrolle.

Gedulden Sie sich an dieser Stelle bitte einen Moment und lassen Sie uns kurz zu den Bären zurückkehren. Stellen Sie sich nochmals einen aggressiven Koloss vor, der auf sie zurast. Das ist eine von Natur aus stressige Situation. Stellen Sie sich jetzt vor, dass Sie nicht einfach nur dastehen, sondern ein geladenes Betäubungsgewehr bei sich haben. Plötzlich wird die beschriebene Situation um einiges weniger besorgniserregend: Sie wären in der Lage, dieses Problem zu lösen. Ähnlich sieht es aus, wenn Sie sich den Bären vorstellen, wie er auf sie zustürzt, aber anstatt ihm hilflos gegenüberzustehen, sitzen Sie in einem Jeep, und wenn das Zotteltier Ihnen für Ihren Geschmack zu nahe kommt, brauchen Sie nur aufs Gaspedal zu treten. So oder so, Sie haben das Gefühl, den Verlauf der Situation beeinflussen zu können. Sie haben das Gefühl, ein wenig Kontrolle zu haben.

Resiliente Menschen gehen ihre Probleme so an, als würden sie in einem Jeep sitzen und ein Betäubungsgewehr halten. Im Gehirn bestehen Verbindungen zwischen dem präfrontalen Cortex und den anderen Bereichen, die die Stressreaktion in Gang setzen, weshalb der bewusste Geist in der Lage ist, die Stressreaktion auszuschalten.[41] Das ist in etwa so, als würde das Gehirn nach der Beurteilung des Gefahrenpotenzials der Situation plötzlich zu sich selbst sagen: »Das schaffe ich.« Hat man das Gefühl, mit einem Problem umgehen zu können, ruft es nicht länger Stress hervor. Nochmals: Widerstandsfähigkeit ist eine Einstellung.

Erwähnenswert ist außerdem, dass alle negativen Auswirkungen von Stress reduziert oder ausgelöscht werden, wenn wir ein Gefühl von Kontrolle haben. Um es ganz einfach auszudrücken, entsteht Stress, sobald man einen Kontrollverlust empfindet. Ein stresserzeugender Umstand ist in Wahrheit nur eine Situation, in der unser Gehirn glaubt, keinerlei Kontrolle zu haben. Denken Sie einmal an den dichten Verkehr, ein Zustand, bei dem wir sehr wenig Einfluss haben. Denken Sie an die Bärenattacke – falls Sie sich jemals in einer solchen Lage wiederfinden, möchte ich wetten, dass der Bär die volle Kontrolle hat. Denken Sie an die Arbeit. Ihr Chef oder die Instanz, der Sie Rechenschaft schuldig sind, hat die Kontrolle. Menschen machen sich Sorgen wegen globaler Ereignisse, potenzieller Krankheiten, ökonomischer Kräfte oder politischer Veränderungen, und sie haben Angst davor, Opfer einer Straftat zu werden, vor berstenden Abwasserrohren unter ihrer frisch erworbenen Eigentumswohnung in Montreal sowie vor allen möglichen anderen Dingen, über die sie keine Kontrolle haben.

---

[41] Amy F. T. Arnsten: »Stress Signaling Pathways that Impair Prefrontal Cortex Structure and Function«, in: Nature Reviews Neuroscience 10, Nr. 6 (Juni 2009), S. 410–422.

Ein Gefühl von Kontrolle haben zu wollen, ist nicht das Gleiche, wie kontrollsüchtig zu sein. Kontrollsüchtige Menschen nerven fürchterlich. Es sind die schlimmsten Zeitgenossen überhaupt, und wenn Sie so veranlagt sind, dann möchte ich Ihnen im Namen Ihrer Familie, Freunde und Kollegen gern sagen: Schluss damit! Außerdem hat Kontrollsucht, wie gesagt, nichts damit zu tun, die Kontrolle zu haben.

Selbst dann, wenn auch andere Faktoren einen Einfluss auf eine Situation haben, können wir uns so fühlen, als wären wir irgendwie in der Lage, das Resultat zu beeinflussen. Je mehr wir uns imstande fühlen, etwas bewirken zu können, desto mehr Stress können wir schultern.

In den meisten Situationen empfinde ich ein starkes Gefühl von Kontrolle beziehungsweise Selbstwirksamkeit. Weil ich so sehr daran gewöhnt bin, alles im Griff zu haben, war das Problem mit der Wohnung in Montreal wirklich hart für mich, denn da hatte ich null Kontrolle. Am Ende ließen sich die Probleme zum Glück lösen, und die Ereignisse führten dazu, dass Sarah und ich jetzt eng mit Raymond befreundet sind, der wirklich weit über seine Pflichten als Makler hinausging, um uns zu helfen. Also, falls Sie sich für eine Immobilie in Montreal interessieren, ich kenne da jemanden.

In vielen Situationen haben wir alle ein Gefühl von Kontrolle, aber jeder von uns hat auch seine Grenzen. Damit meine ich den Punkt, an dem wir das Gefühl von »Ich schaffe das« verlieren und anfangen, uns leicht überfordert zu fühlen, quasi die Schwelle zum Stress. Damit lässt sich auch die Stresstoleranz erklären, denn sie ist quasi das Maß an Stress, das wir aushalten können, bevor die körperliche Reaktion darauf einsetzt. Resilienz ist kein Entweder-oder-Konstrukt, sondern variiert innerhalb eines Spektrums. Jeder von uns hat eine Obergrenze, bis zu der wir gut mit etwas umgehen können, aber bei einigen liegt diese Obergrenze höher als bei anderen.

Immer wenn ich an Menschen mit hoher Resilienz denke, fallen mir Leute ein, die als Gesetzeshüter oder beim Militär arbeiten oder als Profikiller. Nicht, dass ich je einem Profikiller begegnet wäre, aber ich wette, dass das eine Arbeit ist, die eine hohe Stresstoleranz erfordert. Außerdem habe ich viele Polizisten und Militärangehörige kennengelernt, und sie scheinen tatsächlich in der Lage zu sein, eine Menge Stress auszuhalten, sowohl im Job als auch außerhalb. Da ich selbst in einem Soldatenhaushalt aufgewachsen bin, verbrachte ich viel Zeit in der Stadt Fayetteville in North Carolina, wo sich das Fort Bragg der U.S. Army befindet. Fort Bragg ist erwähnenswert, denn es ist gemessen an der Einwohnerzahl die größte Militärbasis weltweit. Hier befindet sich das Einsatzführungskommando für Spezialeinheiten der U.S. Army (U.S.Army Special Operations Command), und es beheimatet die 82. Airborne Division, einen besonderen Schlag von knallharten Jungs.

Ich kann mir kaum einen Job vorstellen, der so stressig ist wie der eines Fallschirmjägers. Stellen Sie sich vor, in Ihrer Jobbeschreibung steht unter anderem, dass Sie routinemäßig in den Himmel fliegen und aus einem absolut einwandfrei funktionierenden Flugzeug springen müssen. Und jetzt stellen Sie sich zusätzlich vor, Ihr Chef will nicht nur, dass Sie aus dem Flugzeug springen, sondern bitte schön auch an einem Ort landen, an dem man Sie töten will. *Hey, sehen Sie das Lager da unten? Das da, randvoll mit bewaffneten stinksauren Typen? Ja, versuchen Sie, dort in der Nähe zu landen.* Das hat ein gewaltig hohes Gefahrenpotenzial, und ich glaube, ich würde in dieser Situation mal eben komplett durchdrehen. Nichtsdestotrotz gibt es mehr als genug Männer und Frauen in unserer Gesellschaft, die anscheinend in der Lage sind, diese Aufgaben problemlos zu meistern. Ich weiß, dass es Faktoren in deren Persönlichkeit geben muss, die zu ihrem Erfolg beitragen, aber ich vermute, dass eine Menge davon dem Gefühl von Selbstwirksamkeit entspringt, das während ihrer

Ausbildungszeit aufgebaut wird. Wenn man aus einem Flugzeug springt, hat man keine Kontrolle (die haben der Wind und jene unsichtbare Kraft namens Gravitation), aber aufgrund von Wissen und Erfahrung ist man sich bewusst, dass man etwas tun kann, um den Verlauf dieser Situation zu beeinflussen.

Die Arbeit beim Militär, bei der Polizei und in verwandten Berufszweigen schließt mit hohen Risiken behaftete Tätigkeiten ein, weshalb Individuen, die in diesen Bereichen erfolgreich sein wollen, eine hohe Stresstoleranz benötigen. Andererseits gibt es da auch das untere Ende des Spektrums der Resilienz. Für diesen Bereich fallen mir keine Berufsgruppen ein, aber ich kann mir vorstellen, dass die Menschen am unteren Ende des Spektrums diejenigen sind, auf die sich dichter Straßenverkehr wirklich negativ auswirkt. Natürlich haben wir alle unsere schwierigen Momente, aber für einige kann bereits der Stress des täglichen Pendelns ein gewaltiges Problem darstellen. Wir müssen nicht alle aus Flugzeugen springen, aber die meisten von uns müssen sich regelmäßig durch den Straßenverkehr schlängeln.

Vor ein paar Jahren produzierte ich zusammen mit meinem Freund, dem Comedian Dave DeLuca, eine Comedyshow in Los Angeles. In dieser Stadt aufzutreten, unterscheidet sich von Shows im Rest des Landes, denn es ist hier schwieriger, ein gutes Publikum zu bekommen. Die großen Klubs wie Comedy Store, Laugh Factory und das Improv ziehen große Mengen an Zuschauern an, aber diese drei Klubs können unmöglich tagtäglich alle Comedians von L.A. zugleich beschäftigen. Deshalb gibt es jede Menge kleinerer Shows in Restaurants, Bars, Cafés, Theaterräumen und manchmal in Privatwohnungen. Ich kenne sogar ein paar Comedians, die sich einen alten Gefängnisbus gekauft und zu einem mobilen Comedy Club umgebaut haben.[42]

---

[42] Ein großes Hallo an Dusty Trice und Mike Frankovich, Besitzer des Stand Up Bus! www.standupbus.com.

Bei derart vielen Unterhaltungsmöglichkeiten können die Angelinos unter zahlreichen Zielorten wählen. Kombiniert man das mit der Tatsache, dass es über eine Stunde dauern kann, bis man von einem Ende der Stadt zum anderen kommt, dann ist es nicht überraschend, dass einige dieser Shows von der Schließung bedroht sind. Wir gaben unsere Vorstellung in einer beliebten Bar am Santa Monica Boulevard, und trotzdem war es schwer, den Raum zu füllen. An diesen Abenden brauchten wir jeden Hintern auf den Plätzen, den wir kriegen konnten. Eine Comedyshow unter diesen Umständen zu produzieren, kann stressig sein, aber darum geht es in dieser Anekdote nicht. An einem besonders lahmen Abend setzte sich ein alter Freund aus Texas mit mir in Verbindung, weil er zu einer Show kommen wollte. Ich freute mich darauf, ihn zu sehen, aber ich freute mich auch sehr, einen weiteren Platz zu füllen. Er tauchte jedoch nicht auf.

Nach der Show schrieb er mir eine Nachricht, um sich zu entschuldigen, und um es wiedergutzumachen, bot er an, mich am folgenden Tag zum Mittagessen einzuladen. Wir trafen uns, und es war wirklich schön, meinen alten Freund wiederzusehen. Er erklärte mir, weshalb er es nicht zur Show geschafft hatte. Auf dem Weg von Orange County geriet er in den Berufsverkehr und befürchtete, er würde einen Wutanfall bekommen, wenn er weiterführe, also kehrte er um.

»Meinst du das ernst?«, fragte ich.

»Ja, in letzter Zeit ist es wirklich schlimm. Ich bin deswegen in Behandlung«, antwortete er. Daraufhin erkundigte ich mich, ob er mit mir darüber reden wolle. Er war dazu bereit.

Ich bat ihn, mir vom letzten Mal zu erzählen, als er einen Wutanfall im Straßenverkehr erlitten hatte, und er beschrieb einen Tag, an dem er in Richtung Norden auf der Interstate 35 durch Austin fuhr. Dann sagte er: »Und plötzlich schneidet mich dieser Typ, einfach so!«

Ja, ich weiß, was mit der Phrase »mich schneiden« gemeint ist, aber um etwas Bestimmtes deutlich zu machen, bat ich ihn, genau zu beschreiben, was geschehen war. Er antwortete: »Okay, also ich fuhr auf dem Mittelstreifen vor mich hin, und wie aus dem Nichts kommt plötzlich dieses Auto von rechts und setzt sich direkt vor mich.«

»Oh, er hat dich also geschnitten!«, sagte ich.

»Genau, der Typ hat mich geschnitten!«, bestätigte er, ohne meinen Sarkasmus zu bemerken.

Ich fragte: »Eins würde ich gern wissen, als er dich geschnitten hat: Führte das dazu, dass du einen Unfall hattest? Musstest du ausweichen und bist vielleicht in ein anderes Auto gefahren?«

»O nein, nichts dergleichen«, antwortete er.

»Als er dich geschnitten hat«, fuhr ich fort, »musstest du da auf die Bremse treten oder irgendwie ausweichen, um einen Unfall zu verhindern? Ich kann verstehen, dass so etwas sehr stressig sein kann.«

»O nein, nichts dergleichen«, antwortete er.

»Als er dich geschnitten hat«, fragte ich weiter, »führte das dazu, dass du deine Ausfahrt verpasst hast? Vielleicht bist du dadurch irgendwo zu spät gekommen oder musstest einen Umweg fahren?«

»Nein, nichts in der Art. Er hat mich einfach nur geschnitten«, wiederholte er.

Ich fuhr fort: »Ich möchte nur sichergehen, dass ich verstanden habe, was vorgefallen ist. Denn für mich hört es sich so an, als hätte ein Auto vor dir die Spur gewechselt und dann *passierte nichts*. Vielleicht war es kurz unangenehm für dich, aber es ist nichts passiert.«

»Doch, Mann, er hat mich geschnitten!«, beharrte er.

Die Sache ist die: Ich weiß, was er gemeint hat, und ich weiß, wie er sich in dem Moment gefühlt hat. Was ich versucht habe, war, ihm dabei zu helfen, den Vorfall in ein anderes Licht zu rücken. Denken Sie daran, dass unsere Gedanken beeinflussen, wie wir uns fühlen, und wenn wir an einen Vorfall mit Worten denken wie: »Der Typ hat mich geschnitten«, dann klingt das wie ein aggressiver Akt. Es klingt, als hätte der andere es absichtlich getan. Als wäre es eine bedrohliche Handlung, die eine Reaktion rechtfertigt. Denken wir hingegen: »Dieses Auto hat vor mir die Spur gewechselt, und es ist nichts passiert«, dann wird es um einiges weniger wahrscheinlich, dass dies eine wütende Reaktion provoziert, obwohl es dieselbe Situation ist. Das erklärte ich ihm, und er schien es zu verstehen.

Also fragte ich ihn: »Als dich dieser Typ geschnitten hat, wie hast du reagiert?«

»Ich wurde echt sauer«, antwortete er. Tja, natürlich wurdest du sauer. Man nennt es ja nicht umsonst einen *Wut*anfall. Wäre eine simple Emotion die einzige Reaktion gewesen, würden wir überhaupt nicht darüber reden.

»Was noch?«, hakte ich nach.

»Ich setzte mich an seine Stoßstange, also so richtig nah dran«, ergänzte er. Wie nah? »Vielleicht einen knappen Meter.«

»Noch etwas?«

»Ich habe gehupt, sogar ziemlich viel«, fügte er hinzu. »Ich hatte das Ding im Dauerbetrieb.«

»Noch etwas?«

»Ich habe ihm ein paarmal den Mittelfinger gezeigt«, sagte er.

»Du hast ihm den Finger gezeigt? Den Trudeau-Gruß?«

»Haha, ja.«

Ich fuhr fort: »Okay, als du ihn auf diese Weise gegrüßt hast, war das über die Armatur hinweg, hinterm Rückspiegel, oder hast du das Fenster heruntergelassen und die Hand rausgestreckt?« Nicht, dass das von Bedeutung wäre, aber ich glaube, wenn man sich die Mühe macht, das Fenster runterzukurbeln, um sicherzugehen, dass man gesehen wird, dann meint man es wirklich ernst.

»Na ja, ich war im Cabrio und das Verdeck war offen, also habe ich ihn einfach gerade hochgestreckt«, entgegnete er. Wie typisch kalifornisch von diesem Texaner.

»Du klebst also an seiner Stoßstange, hupst und streckst ihm den Mittelfinger raus. Noch etwas?«

»Ich bin ihm hinterhergefahren.«

»Du hast ihn verfolgt? Wie lange?« Das fand ich richtig verwirrend.

»Nur etwa acht Kilometer weit«, meinte er.

Ich hielt einen Moment lang inne, um darüber nachzudenken, was mein Freund soeben berichtet hatte. Wir alle wissen, dass es gefährlich ist, einem anderen Auto zu dicht aufzufahren, vor allem, wenn man immer wieder das Lenkrad loslässt, um zu hupen und den Mittelfinger in die Luft zu strecken. Ich fasste das alles für ihn zusammen: »Überleg mal, du hast *acht Kilometer* lang dein *eigenes* Leben riskiert, weil *nichts passiert* ist.«

»Na ja, wenn du es so formulierst, hört es sich irgendwie idiotisch an«, sagte er und lachte.

Es *ist* idiotisch, und genau darum geht es ja. Dieses Verhalten war keine rational vom präfrontalen Cortex erzeugte Reaktion, nachdem dieser die Vor- und Nachteile aller verfügbaren Handlungsalternativen erwogen hatte. Es war eine vollkommen irrationale Reaktion, die motiviert war von Stress und Wut, mit der Absicht, Rache zu üben. Rache dafür, dass nichts passiert war.

Das Verhalten meines Freundes hatte zwar nichts mit sicherem Fahren zu tun, war aber ein relativ harmloser Vorfall im Vergleich zu anderen Geschichten, die ich gehört habe. Er verfolgte sein Opfer nur über acht Kilometer anstatt, sagen wir mal, den ganzen Weg bis nach Hause. Ich habe Bekannte, die immer einen »Straßenwut-Kasten« im Auto dabeihaben. Darin enthalten sind ein Beutel Steine, Ziegel und weitere ausgewählte Objekte, mit denen man die Anstoß erregenden Fahrer bewirft. Einer meiner Kollegen erzählte mir von einem Patienten, der die Fahrer, die ihn verärgerten, überholte und ihnen anschließend Nägel vors Auto warf. Mich würde interessieren, ob diese Menschen auch jemanden, der vor ihnen auf dem Fußgängerweg läuft, mit einem Ziegelstein oder einer Handvoll Nägeln bewerfen würden – natürlich würden sie das nicht. Auch habe ich weit mehr Geschichten gehört, als mir lieb ist, in denen Leute im Straßenverkehr mit Feuerwaffen gedroht oder sie gar abgefeuert haben. Und wie ich in »The Laughing Cure« berichtet habe, wurde mein eigener Vater ebenfalls im Zuge eines Falls von Straßenwut angegriffen.[43] All diese Vorfälle fallen in die Kategorie »Überreaktion«, und die meisten davon waren wahrscheinlich Reaktionen darauf, dass nichts passiert ist.

Ich persönlich bin davon überzeugt, dass dieses »Nichts ist passiert« unser größter Stressauslöser ist. Denken Sie nur an all die Episoden, bei denen Sie in Stress gerieten beziehungsweise wütend oder verärgert waren, und dann stellte sich heraus, dass es dafür gar keinen Grund gab. Missverständnisse, Überreaktionen und Sorgenmachen wegen nichts. »Nichts« ist unser häufigster Stressauslöser, nicht der Straßenverkehr oder die Bären. Es ist im wahrsten Sinne des Wortes nichts.

Ich erzähle Ihnen noch ein anderes, kürzeres Beispiel. Dieses Mal hat es mit mir zu tun. Ich weiß nicht mehr genau, wo ich war oder wann es passiert ist, aber die Begebenheit werde ich niemals vergessen (ganz besonders, wenn ich immer wieder davon erzähle). Ich war in einem Supermarkt beim Einkaufen. Ich schob meinen Wagen die Gänge entlang und musterte die Regale. Als ich in den Gang mit den Frühstücksprodukten bog, stand dort eine Frau mit einem eigenen Wagen und studierte

---

[43] Soweit ich mich erinnere, saß mein Dad am Steuer und streckte erbost einem anderen Fahrer den Mittelfinger entgegen. Dieser schien das nicht sehr zu schätzen, denn an der nächsten roten Ampel stieg er aus und ging auf meinen Dad los.

den Inhalt einer Müslipackung. Sie stand mitten im Gang, so-dass ich gezwungen war, um sie herumzugehen. Wahrscheinlich hatte sie mich nicht bemerkt, als ich herankam. Aber als ich an ihr vorbeiging, fiel ihr das definitiv auf, und sie moserte laut und in völlig entrüstetem Tonfall: »Entschuldigen Sie mal!« Ich fragte, weshalb, und sie fuhr fort: »Sie hätten mich beinahe mit ihrem Wagen angefahren!« Das hätte ich nicht, aber darum geht es jetzt gar nicht. Ich antwortete lächelnd: »Wollen Sie damit sagen ... es ist nichts passiert?« Bei mir dachte ich: *Habe ich Sie angefahren? Nein. Ist Ihnen etwas passiert? Nein. Was soll ich jetzt Ihrer Meinung nach tun? Mich entschuldigen, dass ich Sie nicht angefahren habe? Nächstes Mal ziele ich besser.* Es war absolut nichts passiert, sogar noch weniger als in der Straßenwut-Ge-schichte, und sie entschied dennoch, in Stress zu geraten.

Ich weiß nichts über diese Frau, unsere Begegnung war kurz, und ich setzte meinen Einkauf fort. Wir alle haben unsere schwierigen Momente, aber stellen Sie sich nur mal vor, dass jemand dermaßen empfindlich ist, dass er oder sie wegen einer potenziellen Einkaufswagenkollision in Stress ausbricht. Und stellen Sie sich all die anderen Begegnungen im Leben vor, über die man sich aufregen könnte. Das summiert sich und führt zu einer gewaltigen Beeinträchtigung der Lebensqualität eines Menschen. Da wir in einer Gesellschaft leben, werden wir im-merzu anderen Menschen begegnen.

Empfinden wir Wut wegen eines Vorfalls, zum Beispiel im Straßenverkehr, ist es wichtig, unsere Gedanken zu verändern, indem wir das objektiv eingetretene Resultat genau analysieren, und das Ereignis in ein anderes Licht zu rücken. Wir müssen ler-nen, auf das zu reagieren, was *tatsächlich* passiert ist, und nicht auf das, was hätte passieren können oder wovon wir dachten, dass es passieren würde. Geht es um unsere Gesundheit und Si-cherheit, haben wir absolut nichts davon, wenn wir es zulassen, von etwas beeinflusst zu werden, was gar nicht passiert ist.

Und für diejenigen, die querlesen:

- Oftmals regen wir uns über Vorfälle auf, bei denen uns in Wirklichkeit überhaupt nichts Ernstes zugestoßen ist (zum Beispiel wurden wir im Straßenverkehr geschnitten, aber es gab keinen Unfall).

- Lernen Sie, auf das zu reagieren, was geschehen ist, und nicht auf das, was beinahe passiert wäre oder was hätte passieren können.

Wir müssen nicht alle aus einem Flugzeug springen, aber das absolute Minimum sollte sein, dass wir mit dem Straßenverkehr umgehen können. Und mit einem Einkauf in der Öffentlichkeit.

Lernen auf die harte Tour (durch eine unglückselige Reihe von Einbrüchen)

Ich habe bereits erwähnt, dass ich ein recht widerstandsfähiger Mensch bin. Ich glaube nicht, dass ich berufsmäßig aus Flugzeugen springen oder mich beschießen lassen könnte, aber tendenziell bleibe ich in den meisten Situationen gelassen. Davon abgesehen wäre ich gar nicht in der Lage, mir meinen Lebensunterhalt mit meiner aktuellen Arbeit zu verdienen, wenn ich nicht gut mit Stress umgehen könnte. Der Terminplan für meine Vortragsreihen ist manchmal extrem straff, jeden Tag eine neue Stadt mit einem neuen Publikum und keine echte Jobsicherheit. Ich weiß nie, ob ich in der nächsten Saison arbeiten werde, und wenn ja, wie viel. Was die Comedykarriere angeht, nun ja, ich bin kein Kevin Hart. Ich kann mir nur schwer vorstellen, Alyssa allein mit Auftrittshonoraren durchs Studium zu bringen. Die meisten könnten nicht so leben wie wir, was wahrscheinlich der Grund dafür ist, dass sie es auch nicht tun. Wie dem auch sei, obwohl ich jetzt viel über Stress schreibe, wäre ich vor meinem Aufbaustudium in Psychologie gar nicht auf die Idee gekommen, dass ich anders damit umgehe als meine Mitmenschen. Aber bevor ich näher darauf eingehe, möchte ich ein bisschen was dazu erzählen.

Mein Bachelorstudium schloss ich an der University of Texas in Austin ab und packte gleich danach so viele meiner

Sachen in mein Auto, wie ich konnte. Ich nahm sogar die Rückbank heraus, damit ich mehr Platz dafür hatte. Der Rest meiner
Habseligkeiten wurde entweder verkauft, verschenkt oder weg-
geworfen. Mein Plan war es, in New Orleans ganz neu anzufangen, aber abgesehen davon besaß ich nach Jahren als mittelloser
Student ohnehin nicht viel von Wert. Doch zuerst musste ich
im Staat New York noch einen letzten Sommer als Betreuer in
einem Ferienlager auf dem Land verbringen. Mein Bruder saß
auf dem Beifahrersitz, und hinten hatte ich den Computer untergebracht, den ich auf dem Campus gekauft hatte, dazu Kleidung, ein paar kleine Möbelstücke und Kisten mit Büchern,
Kassetten und CDs (damals, als diese Dinge noch geschätzte
Besitztümer waren). Ich bin immer noch erstaunt darüber, wie
viel Kram wir in das Auto haben stopfen können. Die gesamten
2 900 Kilometer fuhren wir in einem Rutsch durch. Wir wechselten uns am Steuer ab und machten nur selten halt. Im Nachhinein bin ich überrascht, dass das Auto die Fahrt überstanden
hat, denn kurz nachdem wir im Ferienlager eingetroffen waren,
ging der Motor in Flammen auf. Aus diesem Grund musste ich
mein Masterstudium in New Orleans ohne Auto und mit sehr
wenigen Habseligkeiten antreten. Gewöhnlich muss man so ein
Studium erst abschließen, um derart mittellos zu sein.

Das Masterstudium selbst ist wahnsinnig stressig, und bis
zum heutigen Tag kann ich das niemandem empfehlen.[44] Es
ist gewissermaßen eine Quälerei, für die man auch noch bezahlt. Bei meiner Einführungsvorlesung waren wir dreizehn
Studenten, und ich glaube, keiner von uns hatte eine Ahnung, was uns bevorstand. Ich erinnere mich, dass uns der

---

[44] Eigentlich meine ich damit Studiengänge an sich. Obwohl eher praktisch orientierte Abschlüsse wie ein Master of Business Administration oder
Beschäftigungstherapie bestimmt trotz des Stresses ihren Wert haben. Und
außerdem mache ich nur Spaß.

Fachbereichsvorsitzende vor dem warnte, was wir durchmachen würden. Er sagte, es würde schwierig und stressig werden. Was mich jedoch am meisten beeindruckte, war seine Aussage, dass wir von nun an keine reinen Konsumenten von Wissen mehr seien, sondern aktiv dazu beitragen würden, es zu vermehren. Verständlicherweise wurde von uns größeres Detailwissen erwartet als im Bachelorstudium. Wenn wir das erste Jahr überstanden, würden wir vor dem Masterarbeitskomitee eine umfassende mündliche Prüfung im Bereich Psychologie ablegen müssen. Mein Komitee eröffnete mir, ich müsse alle Ausgaben aller psychologischen Fachzeitschriften der letzten fünf Jahre studieren. Ach Quatsch, das ist überhaupt nicht stressig. Außerdem hing an einer Stelle unsere gesamte Karriere davon ab, ob wir einer Ratte einen Trick beibringen konnten, den wir dann einem unserer Professoren vorführen mussten. Einer Ratte in einer Skinner-Box[45] im Stil der Dreißigerjahre etwas beizubringen, ist hart genug, aber was, wenn der Ratte am Prüfungstag nicht nach einer Vorstellung zumute ist? Da hat man dann hoffentlich einen Plan B parat! Ein Bananenverkaufsstand wirft immer Geld ab, sagt man.

Ich kam mit all dem gut zurecht, bemerkte jedoch, wie meine zwölf Kommilitonen zunehmend in Stress und Sorge verfielen. Wir trafen uns tagtäglich in einem Raum, den wir

---

[45] Genauer gesagt, eine Kammer für operante Konditionierung. Vielleicht kennen Sie das Konzept: In der Kammer befindet sich ein Hebel, den die Ratte drücken kann. Sobald sie das tut, erhält sie ein Stück Futter. Nachdem sie gelernt hat, den Hebel für Futter zu bedienen, »kettet« man ein weiteres Verhalten daran, das die Ratte ausführen muss, bevor sie den Hebel drücken kann, und so weiter, bis sie alle Schritte des Tricks gelernt hat. Unsere Skinner-Boxen verfügten über keinerlei Automatisierung, also mussten wir mit einem Stück Futter in der Hand danebensitzen und still warten, bis die Ratte zufällig den Hebel berührte. Diese Aufgabe allein sorgte bereits für viele Albträume während des Masterstudiums.

»Arrestzelle« nannten und in dessen Nähe einige von uns ihre Arbeitszimmer hatten. Für mich war der entspannte Umgang mit dem Studienleben nicht anders zu erwarten gewesen, denn ich bin es gewohnt, der Gelassene zu sein. Dass ich über eine höhere Stresstoleranz verfüge als andere, wurde mir jedoch erst außerhalb der Uni so richtig klar.

Anders als in Austin, wo sich die Universität im Stadtzentrum befindet und ziemlich gut in die Stadtkultur eingebettet ist, liegt die Universität von New Orleans am Stadtrand. Schaut man sich New Orleans auf der Landkarte an, erkennt man, dass sich der Großteil der Stadt zwischen den Mississippi im Süden und den Lake Pontchartrain im Norden drängt. Fast alles, was an der Stadt cool ist – das French Quarter, Faubourg Marigny, die Innenstadt, die Nobelviertel oder der Lower Garden District –, liegt an der Flussseite der Stadt. Meine Uni befand sich direkt am See. Die Umgebung der Universität war quasi ein von großen Einfamilienhäusern geprägtes Wohnviertel, und auf dem Campus gab es nur sehr beschränkt Unterkünfte. Weder meine Kommilitonen noch die anderen Studenten, die ich kannte, wohnten in der Nähe des Campus, alle kamen aus anderen Vierteln angefahren. Unser Jahrgang lebte über das gesamte Gebiet der städtischen Metro verteilt. Einige wohnten im Nobelviertel, andere wählten eine Unterkunft außerhalb der Stadt. Ich hatte mich für das French Quarter entschieden, denn das war das Viertel, das mich überhaupt erst nach New Orleans gezogen hatte. Ich zog nicht dorthin, um an der Uni zu studieren, ich bewarb mich an der Uni, damit ich dorthinziehen konnte. Zum Glück gab es eine Buslinie, die auf direktem Weg vom French Quarter entlang der Elysian Fields Avenue zum Lakefront Campus der University of New Orleans fuhr. Kein Auto zu besitzen, stellte sich jedoch bald als große Einschränkung heraus, vor allem, wenn man sich mit anderen Studenten treffen wollte, also kaufte ich mir schließlich eins.

Falls Sie noch nie in New Orleans waren: Diese Stadt macht unheimlich viel Spaß. Es ist eine der wenigen Städte in den USA, in denen rund um die Uhr Alkohol ausgeschenkt wird, und die Bewohner verstehen es, zu feiern. Hier ist die Heimat der Cajunküche, des Voodoo und der größten Mardi-Gras-Feier nördlich von Panama. Außerdem strotzt New Orleans nur so vor wunderbarer Architektur, wie zum Beispiel den schmiedeeisernen Balkonen und Vorgärten des French Quarter, den kreolischen Hütten, den schmalen, rechteckigen Shotgun Houses und deren Abwandlungen (wie die Camelback Houses, die über dem hinteren Teil des Gebäudes ein zweites Stockwerk haben), welche man überall in der Stadt findet, und den Villen im Nobelviertel aus der Zeit vor dem amerikanischen Bürgerkrieg. All das ist eingebettet in ein subtropisches Klima und umgeben von mit Alligatoren verseuchtem Sumpfland. Ich liebe New Orleans über alles, und bis heute ist es einer meiner Lieblingsorte weltweit.

Allerdings ist es auch eine Stadt, die bereits lange, bevor sie 2005 vom Wirbelsturm Katrina fast vollständig zerstört wurde, in wirtschaftlichen Schwierigkeiten gesteckt hatte. Es herrschte große Armut, und die Kriminalitätsrate war ziemlich hoch. Als ich ins French Quarter zog, fragte man mich, ob ich mir keine Sorgen wegen der Kriminalität machte.[46] Natürlich machte ich mir keine. Jeder Ort hat seine Vor- und Nachteile, und davon abgesehen hatte ich mich bereits bei meinem ersten Besuch in New Orleans in das Quarter verliebt und damals beschlossen, dass ich einen Teil meines Lebens hier verbringen wollte, egal, was ich darüber hinaus noch so plante. Trotz der hohen

---

[46] Analog fragte man mich bei meinem Umzug nach San Francisco, ob ich mir nicht wegen der Erdbeben Sorgen machte. Natürlich nicht. Ich finde es amüsant, dass ich selbst nicht zu den Sorgenvollen gehöre, aber offenbar stets von Menschen umgeben bin, die sich an meiner Stelle Sorgen machen.

Kriminalität wäre ich zu der Zeit nicht glücklich geworden, hätte ich irgendwo anders gewohnt.

Das erste Mal fiel ich ein paar Wochen, nachdem ich das Auto gekauft hatte, einer Straftat zum Opfer. Eines Morgens kam ich aus meiner Wohnung und ging zu meinem Wagen, den man aufgebrochen hatte. Die Scheibe der Beifahrertür war eingeschlagen worden, und überall lag Glas. All die CDs und Kassetten, die ich von Austin rauf nach New York und wieder zurück in den Süden gekarrt hatte, waren weg, genau wie mein Autoradio und sämtliches Kleingeld, das sich in der Mittelkonsole angesammelt hatte. Zum Glück hatte man nichts ungeheuer Wichtiges oder Wertvolles aus dem Auto mitgenommen. Ich schob ein paar Glasscherben beiseite, sprang auf den Fahrersitz und machte mich auf den Weg zur Vorlesung. In der Arrestzelle erzählte ich meinen Freunden von dem Vorfall, und alle wirkten deutlich schockierter und besorgter darüber, als ich es war. Für mich war das Schlimmste daran, dass ich eine Ersatzscheibe bezahlen musste, da in meinem Budget als mitteloser Student solche Ausgaben nicht vorgesehen waren. Ich befürchtete, ich würde ein paar Mahlzeiten auslassen müssen.

Etwa eine Woche später wurde ich zum zweiten Mal Opfer einer Straftat. Die Umstände waren beinahe identisch. Ich verließ meine Wohnung und ging die Barracks Street bis zur nächsten Ecke entlang, wo ich mein Auto in einem See aus Glasscherben und erneut mit einer fehlenden Fensterscheibe auf der Beifahrerseite vorfand. Darüber war ich überrascht, denn nach dem ersten Einbruch hatte ich absichtlich darauf geachtet, absolut gar nichts in meinem Auto aufzubewahren. Es gab weder Kassetten noch CDs, und im Armaturenbrett befand sich ein gähnendes Loch an der Stelle, wo früher mein Autoradio gewesen war. Diesmal hatte man überhaupt nichts davon gehabt, mein Auto aufzubrechen. Ich glaube, wer auch immer das war, hat es rein aus Übungszwecken getan. Man muss wohl immer auf der Höhe seiner Kunst bleiben, sogar in der Blitzdiebstahl- und Autoradioklaubranche. Wiederum fuhr ich zur Uni und erzählte meinen Freunden, was geschehen war. Sie konnten kaum glauben, dass man innerhalb weniger Wochen gleich zweimal mein Auto aufgebrochen hatte. Einer kommentierte: »Deshalb gehe ich nicht ins Quarter!« Jemand anders sagte: »Ich verstehe nicht, wie du dort wohnen kannst!« Erneut wirkten sie weit aufgebrachter, als ich es war. Meine Hauptsorge war auch diesmal, eine neue Scheibe bezahlen zu müssen, obwohl ich kaum das Geld dafür hatte.

Nachdem ich meine Autoscheibe innerhalb eines Monats zweimal ersetzt hatte, wurde ich klüger und ließ mein Auto unverschlossen stehen. Ich dachte mir, falls irgendein Ganove zufällig auf mein Auto stieß und versucht war, nachzusehen, welche Schätze sich darin verbargen, konnte er einfach die Tür aufmachen und mir so die Mühen ersparen, schon wieder eine Glasscheibe kaufen und einbauen zu müssen. Es vergingen ein paar ereignislose Wochen, und ich glaubte schon, ich hätte das System überlistet.

Und dann fand ich einen schlafenden Typen in meinem Auto vor. An diesem Morgen kam ich wie gewöhnlich aus dem Haus, um zur Uni zu fahren. Doch diesmal pennte ein Typ auf der Rückbank. Die Fenster waren hochgekurbelt, sein Kopf ruhte an der einen Tür, seine Füße drückten gegen die andere. *Zumindest sind die Scheiben unversehrt,* dachte ich. Ich klopfte ans Glas, um ihn zu wecken. »Hallo«, sagte er.

»Das ist mein Auto, ich muss jetzt losfahren«, erklärte ich ihm. Er entschuldigte sich, nahm seine Sachen und verließ augenblicklich das Fahrzeug. Ohne dass ich ihn gefragt hatte, erklärte er, er habe in der Bourbon Street ordentlich gefeiert, ein bisschen zu viel getrunken und einfach nur einen sicheren Ort gebraucht, an dem er umkippen konnte. Nichts weiter passiert. Auch dieses Mal fuhr ich zur Uni und erzählte die Geschichte.

»Das ist ja unglaublich!«, meinte einer. »Wie kannst du da so ruhig bleiben?«, fragte jemand anders. »Ich an deiner Stelle wäre durchgedreht!«, rief eine Dritte. In meinen Augen war das keine große Sache. Es war weder Eigentum beschädigt noch etwas gestohlen worden, und ich musste keine Scheibe ersetzen. Genau genommen war es durchaus möglich, dass der Mann andere vom Einbrechen abgehalten hatte, weil er die ganze Nacht im Auto geschlafen hatte.

Andererseits aber vielleicht auch nicht. Zum allerersten Mal besuchte ich New Orleans während meines letzten Studienjahrs in Austin am Wochenende vor Mardi Gras. Mit dem Auto dauert die Fahrt von einer Stadt zur anderen acht Stunden. Ich fuhr am Freitag nach den Vorlesungen los, feierte den gesamten Samstag über und fuhr am Sonntag zurück. Für ein Hotelzimmer hatte ich damals kein Geld übrig, also plante ich, in einem Parkhaus zu parken und mich ins Auto zurückzuziehen, wenn ich müde wurde. Was ich dann nach der durchfeierten Samstagnacht auch tat. Am Sonntag wurde ich frühmorgens von einem Polizisten geweckt, der mit dem rückwärtigen Ende seiner Taschenlampe an meine Scheibe klopfte. Ich nahm an, ich sei in irgendwelchen Schwierigkeiten. »Haben Sie die ganze Nacht hier geschlafen?«, wollte er wissen. Ja, seit etwa drei oder vier Uhr. »Haben Sie etwas gesehen oder gehört?« Da begriff ich den Grund für seine Fragen. Irgendwann während der vergangenen Nacht war das Auto nebenan aufgebrochen worden, und ich hatte die ganze Sache komplett verpennt. Bei der Erinnerung daran muss ich immer noch lachen.

Morgens aufzustehen und wenig später einen schlafenden Fremden im eigenen Auto vorzufinden, gehört eigentlich zu der Art Vorfälle, die man nur einmal erlebt. Allerdings nicht, wenn man Brian King heißt. Etwa einen Monat später passierte es gleich wieder. Erneut kam ich aus meiner Wohnung, bereit und begierig darauf, mich auf den Weg zur stressigen Uni zu machen, um ein paar Ratten etwas beizubringen und so weiter. Erneut bot sich mir das vertraute Bild eines einsamen Typen, der sich in meinem Auto eine Mütze Schlaf holte. Zur Abwechslung saß er diesmal vorne und schlief auf dem Beifahrersitz. Ich klopfte an die Scheibe. Er reagierte nicht. Ich klopfte etwas lauter. Wieder nichts. Super, das war das Letzte, was ich jetzt gebrauchen konnte: den Tag mit einem toten Typen im Auto zu beginnen. Ich öffnete die Tür und prüfte, ob er noch atmete. Er lebte, war allerdings voll weggetreten. So sehr, dass er auf nichts reagierte, nicht einmal auf Anstupsen oder Wangentätscheln.

Ich konnte ihn nicht einfach auf dem Gehweg zurücklassen, also fuhr ich an jenem Morgen mit einem weggetretenen Fremden auf dem Beifahrersitz zur Uni. Er verschlief die ganze Fahrt. Auf dem Campus fand ich einen Parkplatz und ließ ihn dort, während ich zur Vorlesung ging. Ich erzählte meinen Freunden davon, die wie vom Donner gerührt waren. Als ich am Ende des Tages zum Parkplatz zurückkehrte, war der Mann verschwunden. Ich wünschte, ich hätte dabei sein können, als er aufwachte und sich vermutlich völlig desorientiert in einer fremden Umgebung am anderen Ende der Stadt wiederfand. Besonders falls er kein Einheimischer war, kann ich nur hoffen, dass er gut wieder nach Hause gekommen ist.

Interessant ist, dass ich, gemessen an der Reaktion meiner Freunde, bei all diesen Erlebnissen anscheinend weniger Stress verspürte als sie. Sie machten sich Sorgen, äußerten Bedenken und meinten, dass sie durch all diese Vorfälle sogar noch ängstlicher geworden seien als zuvor. Von den Unannehmlichkeiten und den Rechnungen für ersetzte Fensterscheiben abgesehen, hatte ich jeden einzelnen Vorfall mit einem Lachen abgetan. Genau genommen lache ich immer noch, wenn ich an diese Episoden denke. Es ist zum Schreien komisch. Zufälligerweise stand etwa zu dieser Zeit das Thema Stress sehr ausführlich auf dem Lehrplan, und als ich meine Reaktion mit der meiner

Kommilitonen verglich, wurde mir klar, dass meine Stresstoleranz ungewöhnlich hoch war. Ich erlebe reichlich Stress, möglicherweise aber doch nicht so viel wie der Durchschnitt. Wie mein Bruder es später formuliert hat, machte ich mir wohl bereits in jungen Jahren »Strategien zunutze, wie man gut mit Stress umgeht«, und nun begann ich, das zu verstehen.

Ich habe keine Ahnung, wie ich meine Widerstandsfähigkeit entwickelt habe. Wüsste ich es, würde ich definitiv ein Buch darüber schreiben, aber ich habe ein paar Hypothesen. Wahrscheinlich hat es sehr viel damit zu tun, wie ich erzogen wurde, aber leider habe ich mir keine Notizen dazu gemacht. Damals bin ich noch kein Psychologe gewesen, ich bin einfach nur ... erzogen worden.

KAPITEL 4

Interview mit einem echten amerikanischen Draufgänger

Ich bin in einer Soldatenfamilie aufgewachsen. Alles, was ich habe, verdanke ich der U.S. Air Force. Ohne sie hätten mir nie die Möglichkeiten offengestanden, die mir geboten wurden. Ich habe in verschiedenen anderen Ländern und überall in den USA gelebt. Als Kind hatte ich eine großartige Gesundheits- und Zahnversorgung, einen sicheren Ort zum Aufwachsen mit jeder Menge Freunden und eine insgesamt verdammt gute Lebensqualität. Dank dem Militär war ich gut auf ein Studium vorbereitet und dazu motiviert, es abzuschließen sowie letztlich auch meinen Doktor zu machen. Mein Vater war stets in der Lage, eine vierköpfige Familie zu versorgen und eine gute Ausbildung sicherzustellen. Den Großteil meines Lebens habe ich umgeben vom Militär verbracht und hege gewaltigen Respekt für die Männer und Frauen, die in den Streitkräften dienen. Als Bürger der USA weiß ich ihre Entscheidung voll und ganz zu schätzen, einen Teil ihres Lebens unserer Verteidigung inner- halb und außerhalb der Grenzen unserer Heimat zu widmen. Dank all jenen, die gedient haben, vor allem aber dank meinem eigenen Vater, meinen Onkeln und deren Vater davor kann ich meinen Lebensunterhalt damit verdienen, Witze zu erzählen und Bücher zu schreiben. Das ist etwas, was ich niemals als selbstverständlich ansehen werde.

Außer wenn Alyssa sich später verpflichten will, endet das Engagement meiner Familie für die Streitkräfte mit meiner Generation. Mein Bruder und ich waren als Heranwachsende ein wenig zu rebellisch, um den Militärdienst in Betracht zu ziehen. Wahrscheinlich spielte bei uns beiden auch Faulheit eine Rolle, aber letztendlich war der ausschlaggebende Grund, der mich von den Streitkräften fernhielt, wohl dieses Gefühl, dass *potenziell unter Beschuss geraten* kein Teil meiner Jobbeschreibung sein sollte. Meine Verwegenheit hat ihre Grenzen.

Militärangehörige sind meiner Ansicht nach ein gutes Beispiel für Menschen mit hoher Stresstoleranz, da man nachvollziehen kann, dass sie außergewöhnlich widerstandsfähig sein müssen, um in ihren Jobs klarzukommen. Wenn ich das erwähne, sehe ich vor meinem inneren Auge immer eine Mischung aus Rambo, Nick Fury und Chuck Norris. Ein Kerl, der jede Herausforderung angehen kann, sei es, aus einem Flugzeug in mit Laserkopfhaien verseuchte Gewässer zu springen, um sich an einen Feind anzuschleichen, oder auf dem Weg zur Hochzeit mal eben einen Haufen Ninjas mit Roundhouse-Kicks plattzumachen und anschließend trotzdem wie aus dem Ei gepellt vor dem Altar aufzutauchen.

Ich gestehe, dass ich möglicherweise als Kind zu viele Comics gelesen habe, und beschloss daher, es sei hilfreich, mit einem Draufgänger aus dem echten Leben zu reden. Staff Sergeant (Stabsfeldwebel) a. D. Carlos »Cuban« Balestena, ehemals 2. Bataillon, 319. Feldartillerieregiment und 82. Airborne Division, ist ein solcher knallharter Kerl.

Cuban ist seinerzeit in der Highschool im Süden Floridas mit Sarah befreundet gewesen und diente unserem Land siebzehn Jahre, zwei Monate und elf Tage lang. Zuletzt war er in Fort Bragg, North Carolina, stationiert. Inzwischen ist er außer Dienst. Seine Tochter ist nur wenig älter als Alyssa, und er nahm sich ein wenig Zeit, um mit mir zu sprechen.

BK: Kannst du mir etwas mehr über deine Karriere beim Militär erzählen?

Cuban: Na sicher. Mein Name ist Carlos Balestena, aber meine Kameraden bei der Armee nennen mich alle »Cuban«. Ich trat im Juli 2001 in die Armee ein. Am 11. September 2001 waren es noch etwa drei Tage bis zum Abschluss meiner Grundausbildung, das war also eine Überraschung für mich. Nach der Grundausbildung machte ich die Spezialausbildung zum Fahrzeugmechaniker, mein AIT[47]. Danach besuchte ich im Januar und Februar 2002 drei Wochen lang die Luftlandeschule und wurde anschließend sofort in Fort Bragg, North Carolina, stationiert, wo die Airborne Division sowie die Special Operations Forces (Spezialeinsatzkräfte) ihren Sitz haben.

BK: Wie viele Sprünge hast du als Angehöriger der Airborne Division insgesamt absolviert?

Cuban: Also auf dem Papier kamen einhundertacht Sprünge zusammen, was eigentlich eine sehr … eine extrem große Leistung ist. Nur ein kleiner Prozentsatz der Airborne-Angehörigen erreicht das, auch unter denen, die als Soldaten der Airborne in den Ruhestand gehen. Ist man gleichzeitig ein Jumpmaster, also ein Absetzer – ich war ab 2008 auch Jumpmaster –, bekommt man den Status eines »centurion jumpmaster«. Es gibt dann nicht

---

47 AIT – Advanced Individual Training (weiterführende individuelle Ausbildung).

mehr Sold oder Auszeichnungen oder so, sondern den eigenen Namen auf einer Tafel, und das bedeutet sehr viel, nämlich, dass man als Fallschirmjäger und als Absetzer in der Lage gewesen ist, ein Minimum von einhundert Sprüngen zu absolvieren.

BK: Du warst also etwa zehn Jahre lang Absetzer. Heißt das, dass du auch andere Fallschirmjäger ausgebildet hast?

Cuban: Also, ein Absetzer ist einfach für die Sicherheit verantwortlich, und deshalb braucht er eine sehr strenge Ausbildung, eine Ausbildung mit sehr hohem Fokus auf Details, damit man die Ausrüstung und das Gurtzeug der Fallschirmjäger inspizieren kann, und dann muss man in der Lage sein, die vorgegebene Absprungzone genau zu bestimmen, und schließlich die Fallschirmjäger sicher aus dem Flugzeug befördern. Unser Gesicht ist das erste, das sie sehen, wenn sie an Bord kommen, und das letzte, bevor sie das Flugzeug verlassen.

BK: Das ist ein zusätzlicher Grad an Verantwortung …

Cuban: Ohne Frage. Genau genommen versucht es sogar nur ein verschwindend kleiner Teil an Fallschirmjägern überhaupt, Absetzer zu werden.

BK: Fand einer der einhundertacht Sprünge in einer Kampfsituation statt?

Cuban: Keiner der Sprünge erfolgte in einem Gefecht. Ich schätze mich glücklich, dass es für mich nie in den Kampf ging, aber abgesehen von Freizeitsprüngen mit ausländischen Springern war jeder Airborne-Einsatz, bei dem ich dabei war, eine Gefechtsübung. Man hat uns immer trainiert, sodass wir für einen Kampfeinsatz bereit waren.

BK: Als du dich verpflichtet hast, hattest du bereits die konkrete Absicht, in der Airborne Division zu dienen, ist das korrekt?

Cuban: Oh, ja. Das stimmt. Der Vater meines besten Freundes war in einer Spezialeinheit, ein Airborne-Fallschirmjäger des siebten Sondereinsatzkommandos in Fort Bragg. Damals zeigte er uns immer ein paar seiner alten VHS-Kassetten, wie er mit seinen Kumpels aus der Spezialeinheit über Fort Bragg aus dem Flugzeug sprang oder ins Wasser. Er war auch tatsächlich einmal in einer Gefechtssituation gesprungen, ich glaube, das war in Panama, und das fand ich richtig cool. Ich wollte Soldat werden, aber ich wusste genau, sollte ich das mit der Armee tatsächlich durchziehen, würde ich Fallschirmjäger sein wollen, egal wie. Das habe ich in den Vertrag schreiben lassen, als ich mich verpflichtet habe.

BK: Das war deine einzige Bedingung? Du wolltest sichergehen, dass du dich für die Airborne-Ausbildung verpflichtet hattest?

Cuban: Ganz richtig, und das brachte mir ein Antrittsgeld von dreitausend Dollar ein, das war also ganz nett.

BK: Es ist interessant, dass du dich nur unter der Bedingung als Soldat verpflichten wolltest, dass du aus Flugzeugen springen kannst. Hast du dich bereits vor dem Eintritt in die Armee zu Extremsportarten oder Adrenalin-Junkie-Aktivitäten hingezogen gefühlt?

Cuban: Eigentlich gar nicht. Ich war Pfadfinder, also fand ich Zelten toll und all das. Aber was dieses extreme Zeug angeht, so war ich noch nicht mal in einem Vergnügungspark mit etwas gefahren, als ich zur Armee ging. Zumindest mit nichts wirklich Wildem. Ich kann eigentlich nicht behaupten, dass ich je so etwas wie ein Adrenalin-Junkie war.

BK: Also kein Basejumping oder Bungee-Jumping oder Ähnliches?

Cuban: Nein, nichts davon. Florida ist ziemlich flach, also gibt es da sowieso nicht viele Möglichkeiten.

BK: Was war es dann, was dir, von diesen Videos abgesehen, derart verlockend daran erschien, ein Mitglied der Airborne zu werden?

Cuban: Na ja, natürlich hat der Vater meines Freundes uns all die Geschichten darüber erzählt, wie er Mitglied einer Spezialeinheit wurde, die die Elite der Elite ist, aber … es ist einfach der Nervenkitzel. Ich meine, man ist nicht sehr lange in der Luft. Unter diesem riesigen, runden, hässlichen Fallschirm, den man nicht lenken kann, fällt man sechs Meter pro Sekunde schnell, und es gibt jede Menge Verletzungen, aber es ist einfach der Gedanke, dass man fähig ist, aus einem Flugzeug zu springen. Man wird dafür bezahlt, aus einem Flugzeug zu springen. Dafür legen Leute normalerweise eine Menge Geld hin – um einmal den freien Fall zu erleben. Und in der Airborne-Einheit tragen wir ein weinrotes Barett und hochglänzende schwarze Springerstiefel zu unserer Dienstuniform, während alle anderen sogenannte »low quarters« anhaben – das sind einfach glänzende Kunstlederschuhe. Es ist die angesehenste unter den Spezialeinheiten, in die man es in der U.S. Army überhaupt schaffen kann.

BK: Dann hast du es also wegen der schicken Uniform getan! Ging es nur um die Aussicht auf Ruhm und Status?

Cuban: Nicht ausschließlich, aber ja, das hat mit Sicherheit eine Rolle dabei gespielt, dass ich so felsenfest darauf versessen und entschlossen war, Fallschirmjäger zu werden.

BK: Okay, jetzt möchte ich gern etwas mehr über die Geisteshaltung erfahren, mit der man aus einem Flugzeug springt, und ganz konkret: Wie war es, als du zum ersten Mal gesprungen bist? Warst du ängstlich, nervös, gestresst? Erzähl mal, was dir durch den Kopf ging, als du das zum ersten Mal gemacht hast.

Cuban: Okay, fangen wir von vorne an. Die Ausbildung in der Luftlandeschule dauert drei Wochen. Zuerst absolviert man ein wirklich hartes Training. Der Test nach dem körperlichen Training ist sehr, sehr hart. Man muss auch alle Wege im Laufschritt erledigen, ob nun zur Kantine, zu den Unterkünften oder zu den Trainingsplätzen. Die drei Wochen unterteilen sich in Bodenwoche, Turmwoche und dann die eigentliche Springwoche. Die ersten beiden Wochen bereiten auf die letzte Woche mit den Sprüngen aus einem Flugzeug vor. Man muss fünfmal springen, um als vollständig qualifiziert für die Airborne Forces zu gelten. Das nennen wir einen »Fünfmal-Springinsfeld«.

Während der Bodenwoche gleitet man einfach nur am Boden herum und lernt, wie man sich befreit, wenn man vom Fallschirm herumgeschleift wird. Dafür wird man in hängende Gurte geschnallt. Man lernt, wie man den Fallschirm und die Ausstattung handhabt. Wir nannten das die »Hängefolter«. Und man springt von sechzig Zentimeter hohen Plattformen, um zu üben, wie die Körperhaltung sein muss, wenn man auf dem Boden aufkommt. Dann, Ende der ersten, Anfang der zweiten Woche, springt man von einer zehn Meter hohen Plattform und wird von nichts weiter gehalten als einem Seil, das der Trainer unten am Boden festhält. Man fällt neuneinhalb Meter quasi ungebremst, um ein Gefühl für den freien Fall zu bekommen, und schlägt mit einer Geschwindigkeit von fünf bis sechs Metern pro Sekunde auf dem Boden auf. Dann kommt die Turmwoche, in der es so weitergeht und außerdem Sprünge von einem sechsundsiebzig Meter hohen Turm dazukommen, der ursprünglich für die Weltausstellung 1939/40 in

New York gebaut wurde und später Teil einer Vergnügungsparkattraktion für Zivilisten war. Die meisten der anderen verbliebenen Türme stehen in Fort Benning. Man sollte meinen, das sei kein so großes Ding, aber es ist ganz schön gruselig.

All das führt uns zum Morgen unseres ersten Sprungs. Wir stehen um »null-finster-dreißig« [oder zero-finster-dreißig, die Zeit zwischen ein und fünf Uhr früh, quasi »finster Uhr dreißig«] auf, so nennen wir das. Ich weiß nicht einmal mehr, wie spät es war, aber Sie wissen schon, die Sonne geht zwar erst in ein paar Stunden auf, aber man muss die Uniform anziehen. Man muss seine Sachen mitbringen, also Kampfausrüstung und Helm, was gewöhnlich mindestens fünfzehn zusätzliche Kilos bedeutet, und man muss den ganzen Weg von den Baracken bis zum sogenannten »PAX-Schuppen« oder Personalschuppen an der Flugbetriebsfläche rennen.

Jetzt muss man sein Gurtzeug anlegen und wird dabei ordentlich angetrieben. Die Schwarzmützen (so nennen wir die Ausbilder, weil sie alle schwarze Baseballcaps tragen) brüllen: »Na los, na los! Rein in die Gurte!« Braucht man zu lange, wird man erst recht angebrüllt. Sie versuchen, relativ wenig Stress zu machen, aber man merkt, dass sie einen darauf trainieren. Man sitzt stundenlang herum und wartet auf das Flugzeug, und selbst wenn das Flugzeug eintrifft, wartet man wieder, bis man dran ist. In der Zwischenzeit gehen einem allerhand Gedanken durch den Kopf: *O Mann, hab ich was vergessen?* Oder: *Ich muss die Augen offen halten, Kinn an die Brust, Füße und Knie zusammendrücken, die Knie fest nach hinten, den Körper in der Taille leicht vorwärts gebeugt, damit der Fallschirm ...* ich könnte das ganze Startmanöver abspulen, das geht einem einfach andauernd komplett durch den Kopf: *Okay, das will ich nicht vergessen. Das will ich nicht vergessen.*

Schließlich wird man ins Flugzeug geführt: eine kleine, dunkle und beengte Maschine. Hier ist es heiß. Man wird jetzt so richtig, richtig nervös. Dann fliegt man zwanzig oder dreißig Minuten herum, und ganz plötzlich öffnen sich die Türen. Diese sind klein und schmal und befinden sich an beiden Seiten des Flugzeugs. Der Wind, kalter Wind, bläst herein, und die Nerven spannen sich noch ein wenig mehr an, aber es ist eine seltsame, unerklärliche Anspannung, die sich beinahe wie Gelassenheit anfühlt. Ich sage es oft so, und das ist die beste Art, wie ich es ausdrücken kann: Ich bin weggetreten. Ich wusste, was ich tat, also war ich nicht wirklich weggetreten, aber es war, als hätte mein Geist komplett in den Trainingsmodus geschaltet und gesagt: *Okay, ich mache alles genau so, wie es mir diese Leute gesagt haben.*

BK: Das hört sich so an, als hätte man dich derart gut ausgebildet, dass du völlig auf dein Training vertraut hast, richtig?

Cuban: Hundertprozentig. Das hätte ich nicht besser sagen können. Man vertraut nicht nur auf sein Training, sondern auch auf den Ausbilder, auf die Hand des Absetzers, und denkt: *Okay, er wird mir die Reißleine aus der Hand nehmen.* Unsere Fallschirme sind bereits über ein Kabel mit dem Flugzeug verbunden, also öffnet es die Fallschirme für uns. Wir ziehen nicht an einer Reißleine wie in der zivilen Welt des Fallschirmspringens. Aber du musst darauf vertrauen, dass der Mann vor dir alles richtig macht, damit er nicht stolpert, dir sein Zeug ins Gesicht wirft oder so. Dann musst du darauf vertrauen, dass dir der Absetzer an der Tür im richtigen Moment die Reißleine abnimmt, damit du dich auf die Neunzig-Grad-Wende konzentrieren und einfach zur Tür hinausspringen kannst. »Fünfzehn hoch und neunzig raus«, sagen wir immer. Man versucht, fünfzehn Zentimeter hoch und neunzig hinaus zu springen.

BK: Zu welchem Zeitpunkt deiner Karriere hast du aufgehört, nervös zu sein?

Cuban: Also nach den ersten fünf Sprüngen läuft alles ziemlich automatisch ab. Man spürt zwar noch die Anspannung, auch nach all den Jahren – ich habe meinen hundertsten Sprung gemacht, dann irgendwann den hundertachten –, und ich wurde immer gefragt: »Werden Sie immer noch nervös, wenn Sie springen? Haben Sie immer noch Angst davor?« Ich hatte kein einziges Mal Angst, aber ich verspürte immer eine gewisse Nervosität. Ich denke, man könnte es eine Basisnervosität nennen, und ich habe meinen Soldaten immer gesagt: »Der Tag, an dem ihr keine Nervosität mehr verspürt, ist der Tag, an dem es Zeit für euch wird, unsere Reihen zu verlassen und damit aufzuhören, aus einem Flugzeug zu springen.« In der U.S. Army gibt es ein geflügeltes Wort: Wer wachsam ist, bleibt am Leben. Das kleine Kribbeln im Nacken, irgendwo im Hinterkopf, ist das, was einen »wachsam sein« lässt. Solange man wachsam ist und tut, was einem gesagt wird, bis aufs i-Tüpfelchen und wortwörtlich, wird einem nichts passieren.

BK: Verstehe. Bevor du zur Armee gegangen bist und Mitglied der Airborne Division wurdest, was würdest du sagen, wie du damals als Zivilist mit Stress umgegangen bist?

Cuban: Na ja, Stress war ... ich meine, das war zu Highschool-Zeiten, zu Zeiten der Mittelschule, der Grundschule. Ich bin wie alle anderen auch mit Stress umgegangen. Manchmal reagierte man sich ab. Manchmal hat man geweint. Manchmal hatte man Angst und war einfach komplett bewegungsunfähig. Das war einfach die normale Anspannung beim Erwachsenwerden, die normalen Ängste eben, und ich bin wie alle anderen damit umgegangen. Ich hatte keine besseren Strategien als die anderen. Ich meine, ich konnte unterscheiden, was eine echte Sorge ist und was eher in die Kategorie fällt, na ja, du weißt schon: *Das wird mir Kopfzerbrechen bereiten, aber ich werde mich durchbeißen.*

BK: Klingt, als wären deine Bewältigungsmechanismen ähnlich wie die anderer Menschen gewesen. Wie war das, nachdem du in der Airborne Division und der U.S. Army gedient hattest?

Cuban: Wenn ich aus einem Flugzeug springen kann, das manche als »vollkommen einwandfrei funktionierend« bezeichnen (die sind allerdings nie mit einem Flugzeug der Air Force geflogen), und dabei einen Fallschirm trage, den irgendein Achtzehnjähriger zusammengelegt hat, der in nur sechs Wochen Armeeausbildung zum Fallschirmpacker gemacht wurde – kein Hochschulabsolvent, sondern einfach nur ein Fallschirmjägerkamerad –, und mit offenen Augen, das Kinn an der Brust, einfach losspringen kann – die Knie in den Wind gerichtet –, dann komme ich tatsächlich mit allem klar.

BK: Das ist großartig. Und es entspricht auch dem Zitat, das ich gern benutze. Ich sage den Leuten immer, wenn ich aus einem Flugzeug springen kann, dann ist Straßenverkehr kein großes Ding.

Cuban: Ja, ganz im Ernst. Kann man vergessen. Straßenverkehr? Also bitte.

BK: Und im Alltag, da du nun außer Dienst bist, gibt es Dinge, die dich nerven? Ermöglicht dir deine Erfahrung eine andere Sichtweise aufs Leben? Wie beeinflusst das alles jetzt dein Leben?

Cuban: Die gleichen Dinge, die dich nerven, die alle anderen nerven, nerven mich auch, aber ich glaube, ich schaffe es besser als die meisten, mich einfach zurückzulehnen und zu sagen: *Weißt du was? Es gibt Schlimmeres. Ich bin am Leben.* Noch mal: Wenn ich da rausspringen konnte, wenn ich einfach meine Knie in den Wind drehen und mich mitreißen lassen konnte, im Ernst jetzt, was sollte mich sonst verdammt noch mal beunruhigen? Worüber sollte ich mir Sorgen machen?

BK: Eine letzte Frage: Wir haben beide kleine Töchter. Was, glaubst du, ist stressiger, in der Armee zu dienen oder eine Tochter großzuziehen?

Cuban: Haha! Ich muss sagen, die Tochter! In der Armee hatte ich gewöhnlich mindestens zehn bis vierzig »Kinder«, für die ich zuständig war. Ich war verantwortlich für ihre Gesundheit, ihr Wohlergehen und die Erfüllung unserer Mission. Ich habe sie in den Krieg geführt und bin mit einhundert Prozent zurückgekehrt. Aber Lola Rose zu bekommen? Ein kleines Mädchen hat mein ganzes Leben zum Stillstand gebracht! Jetzt habe ich dieses zerbrechliche (aber fuchsteufelswilde) kleine Mädchen, und ich kann an nichts anderes mehr denken als daran, ob sie in Sicherheit ist und ob ich alles für sie tue, was ich kann und was gut für sie ist.

BK: Na bitte, ich glaube, am Ende bin ich doch ein amerikanischer Draufgänger. Danke, Cuban!

KAPITEL 5

Die Alternativen, die wir wählen

Sooft ich auch erwähne, dass ich persönlich durchaus resilient bin, muss ich doch zugeben, ich bin kein Superman. Es gibt Dinge, die mir unter die Haut gehen. Normalerweise gerate ich nur wegen der Bären in meinem Leben unter Stress, wie zum Beispiel, als die Küche unserer Wohnung in Montreal plötzlich in einen direkten Zugang zum Mittelpunkt der Erde verwandelt wurde. Allerdings kommt es vor, dass ich mich auch von unwichtigen, blöden Dingen aus der Ruhe bringen lasse. Wie Sie wissen, ist der Straßenverkehr mein liebstes Beispiel für etwas Triviales, dessentwegen man sich stressen kann. Im Allgemeinen rege ich mich bei dichtem Verkehr nicht allzu sehr auf. Für mich sind das einfach nur langsam fahrende Autos. Und Autos sind *sicherer,* wenn sie sich langsam bewegen! *Was* wäre, wenn man bei sechzehn Kilometern pro Stunde auf der Interstate 70 einen Unfall hätte? Welchen Schaden könnte das überhaupt anrichten? Nicht sehr großen, möchte ich meinen, und beantworte damit meine hypothetische Frage gleich selbst. Dennoch stelle ich mein Navi so ein, dass ich mögliche Staus jederzeit umfahren kann.

Im Interesse vollkommener Offenheit werde ich Ihnen nun von einem Vorfall erzählen, bei dem ich kürzlich beim Autofahren enorm unter Stress stand. Ich weiß nicht mehr, wo genau es war, aber es war ganz sicher nicht in Colorado, da es in diesem Staat viel zu schwer ist, überhaupt wegen irgendetwas in Stress auszubrechen. Ich hielt eins meiner Seminare ab, irgendwo in einem Hotel. Generell finden meine Veranstaltungen in Konferenzhotels statt, und normalerweise erleichtere ich mir die ganze Sache, indem ich die Nacht im selben Hotel verbringe. Ich finde, das macht den Weg zur Arbeit wirklich leicht. Mein Morgen läuft also üblicherweise folgendermaßen ab: Ich rolle aus dem Bett, werfe mir ein paar Sachen über und nehme den Aufzug nach unten. Tja, als mein Reisebüro diesmal die Reise buchen wollte, fanden wir heraus, dass das Hotel für die Nacht, die ich brauchte, ausgebucht war. Kein Problem, dann eben irgendetwas in der Nähe, und ich würde morgens einen etwas längeren Weg haben. Zu dieser Zeit muss ein großes Event (sogar größer als mein Auftritt!) stattgefunden haben, denn mein Reisebüro musste mir letztlich ein Zimmer etwa dreizehn Kilometer weit weg buchen. Das war nach wie vor okay für mich. Ich bin keine Diva, ich fahre gern Auto.

Das Problem war, dass ich bei meiner Ankunft im Hotel von den Angestellten begrüßt und gefragt wurde, ob ich für das »Event« hier sei. Irrtümlicherweise dachte ich, sie meinten meinen Vortrag, und antwortete mit Ja. Damit speicherte ich in meinem Kopf irgendwie ab, dass ich am nächsten Morgen dort auftreten würde. Ich ging unbesorgt schlafen, da ich aufgrund dieses Irrtums von einem gewohnten Ablauf ausging. Als ich wach wurde, nahm ich mir gemütlich Zeit, um mich fertig zu machen, und fuhr dann mit dem Aufzug hinab. In der Lobby traf ich auf jemanden und fragte nach dem Weg zum Konferenzzentrum. Es gab keins. Das passierte mir nicht zum ersten Mal, also wurde mir ziemlich schnell klar, dass ich mich am falschen Ort befand. Allerdings war dieser Morgen anders, denn ich war mit der Überzeugung ins Bett gegangen, ich sei am richtigen Ort für meinen Vortrag, und hatte mir nicht die Mühe gemacht, alles noch einmal zu prüfen, um sicherzugehen. Jetzt stand ich in der Lobby des falschen Hotels und hatte keine Ahnung, wo ich eigentlich sein sollte.

Mein Reisebüro befand sich in einer anderen Zeitzone, also konnte ich nicht einfach schnell jemanden anrufen, um die Situation zu klären. Ich musste einen Computer finden und online nach meinem Event suchen, um an die Adresse zu kommen. Der Ort befand sich, wie erwähnt, dreizehn Kilometer weit weg, das Navi berechnete, dass es etwa fünfzehn Minuten dauern würde, um dorthin zu gelangen, und ich hatte dreißig, bis mein Vortrag anfangen sollte. Das würde knapp werden, aber trotzdem hatte ich alles im Griff.

Ich besprach mit dem Personal an der Rezeption, dass man mein Gepäck aufbewahren sollte, sprang in den Wagen und fuhr los. Ein paar Querstraßen weiter nahm ich die Auffahrt zur Autobahn und fand mich in sehr dichtem, nur langsam vorankommendem Verkehr wieder. Mein Navi berechnete die voraussichtliche Ankunftszeit neu und zeigte an, dass die Fahrt nun wahrscheinlich länger als fünfundzwanzig Minuten dauern werde. Ich würde zu spät kommen und war nun ernsthaft beunruhigt. Ich spürte, wie mein Herz immer schneller schlug, wurde aufgeregt, begann zu schwitzen und mir Sorgen zu machen. Ich dachte an die etwa zweihundert Menschen, denen ich Unannehmlichkeiten bereiten würde, indem ich zu spät auftauchte. Ich sorgte mich um meinen Ruf und um den Eindruck, den ich hinterlassen würde. Ironischerweise befand ich mich auf dem Weg zu einem Seminar über Stressmanagement, bei dem ich vorgehabt hatte, über Straßenverkehr und übers Sorgenmachen zu sprechen. Also bitte, das passiert uns allen.

Wie dem auch sei, als mir klar wurde, dass ich anfing, mich meiner Stressreaktion zu ergeben, begann ich, die Aktivität meines präfrontalen Cortex in eine produktivere Richtung zu lenken und an etwas anderes zu denken, genau, wie ich es für diese Art von Situation empfehle. Ich unterbrach den Fluss an sorgenvollen Gedanken und rief mir in Erinnerung, dass ich in der momentanen Lage schlichtweg keine Alternativen hatte. *An dem dichten Straßenverkehr kann ich nichts ändern. Manchmal kommt man eben zu spät. Das kann passieren, und davon geht die Welt nicht unter.* Plötzlich fing ich an, ruhiger zu werden. Letzten Endes begann mein Seminar mit fünf Minuten Verspätung. Waren es diese fünf Minuten wert gewesen, mein Immunsystem zu unterdrücken oder eine der anderen physiologischen Auswirkungen von Stress zu ertragen? Selbstverständlich nicht. Sogar, wenn ich fünf Stunden zu spät dran gewesen wäre, wäre das den Schmerz und das Leid, welche Stress im Körper verursacht, nicht wert gewesen. Menschen kommen überall hin und wieder einmal zu spät – und müssen sogar regelmäßig Termine absagen. Das ist bedauernswert und unangenehm, aber mit Sicherheit kein Bär.

Es zum Fitnessstudio über die Straße schaffen

Eine Schattenseite beim Bücherschreiben ist, dass man manchmal große Fortschritte macht, eine Seite mit fesselndem Text nach der anderen produziert, und manchmal … tja, manchmal bringt man trotz großer Anstrengung nicht einmal ein einziges Wort zustande. Obwohl das Heraushauen von Seiten keine körperlich schwere Arbeit ist, kann das Schreiben furchtbar frustrierend und furchtbar stressig sein, vor allem, wenn man einen Abgabetermin hat. Da bin ich also und schreibe dies an einem Sonntagabend. Das ganze Wochenende über wusste ich, was ich schreiben wollte, aber es fiel mir sehr schwer, es zu Papier zu bringen.

Um den Kopf etwas freizubekommen, legte ich meinen Computer beiseite und bat Sarah, Alyssa für eine Ausfahrt fertig zu machen. Obwohl es Anfang November ist, konnten wir in den vergangenen Wochen in Colorado moderate Temperaturen genießen. Das haben wir genutzt, um in nahe gelegene Parks und in den Zoo zu fahren (und es gab immer noch keine Bärenangriffe!). In die Welt hinauszugehen, wirkte sofort. Sobald ich das Haus verließ, sprudelten die Ideen, wie ich diesen Abschnitt beginnen könnte. Natürlich waren manche besser als andere. Wenn Sie das irgendwann in den Händen halten, hoffe ich, eine gute Wahl getroffen zu haben.

Ich hätte Sie an diesem Gedankengang nicht teilhaben zu lassen brauchen, aber ich habe es dennoch getan, weil diese Begebenheit sehr gut veranschaulicht, was ich zuvor schon einmal angesprochen habe, was Ihnen jedoch eventuell entfallen ist: Wenn Ihnen nicht gefällt, wie Sie sich fühlen, ändern Sie Ihre Gedanken. Das ist wahrscheinlich einer der besten Ratschläge, die ich Ihnen geben kann, also lohnt es sich, ihn wiederaufzunehmen. Ich war frustriert und vielleicht sogar ein wenig gestresst, also unternahm ich etwas, um meine Gedanken zu ändern. Manchmal ist eine Veränderung der Umgebung oder eine andere Tätigkeit genau das, was wir brauchen, um in unserem präfrontalen Cortex eine andere Aktivität anzustoßen. Aus irgendeinem Grund stand ich in meinem Schreibprozess vor einer gewaltigen Hürde. Eine »Schreibblockade«, wenn man so will. Ich bin mir ziemlich sicher, dass ich da eben einen neuen Ausdruck erfunden habe – den können Sie benutzen, wenn Sie wollen.

In den vorangegangenen Kapiteln habe ich hoffentlich verdeutlichen können, dass ein Gefühl der Kontrolle der Schlüssel dazu ist, um gelassen zu bleiben und insgesamt die Auswirkungen von Stress auf unser Leben zu reduzieren. Falls nicht, hätten Sie vielleicht doch lieber nicht querlesen sollen. Und Sie wundern sich, warum Sie damals eine Vier in Geschichte bekommen haben. Ich kann das nachfühlen, ich war auch kein besonders guter Schüler. Okay, hier kommt Ihre Zusammenfassung: Ist man resilient, bedeutet das, dass im präfrontalen Cortex die richtige Art von Aktivität stattfindet, sodass die Amygdala nicht alles in unserer Welt als potenzielle Gefahr einstuft. Mit anderen Worten: Widerstandsfähig zu sein heißt, man hat die richtige Sorte Gedanken im Kopf, und diese Gedanken stehen im Zusammenhang mit dem Gefühl, wie gut man mit der Situation, der man sich gegenübersieht, klarkommen wird. Mit Sicherheit haben Sie von sogenannten Motivationsgurus schon einmal Sprüche wie »die Macht des positiven Denkens« oder etwas in dieser Richtung gehört, aber Phrasen wie diese beinhalten tatsächlich ein Körnchen Wahrheit.[48]

Vielleicht haben Sie keine positiven Gedanken. Vielleicht tendieren Sie stattdessen dazu, sich Sorgen zu machen. Vielleicht geraten Sie schnell in Wut oder sehen tendenziell nur das Negative. Ich habe festgestellt, dass manchen Menschen nicht einmal bewusst ist, wie negativ sie tatsächlich drauf sind. Hier ist ein Beispiel: Wie erwähnt, ist gerade November, und bis jetzt habe ich bei Facebook mindestens neun Posts von Leuten gesehen, die sich über die erste Weihnachtsdeko und -musik beschweren. Wieso? Weil im Kalender als nächster Feiertag Thanksgiving steht? Na und? Sollen die Städte in den paar Wochen nach Halloween etwa Truthahn-Lichterketten aufhängen? Deko und Lichter erfreuen die Menschen, vor allem jetzt, wenn uns die Umstellung auf die Winterzeit bevorsteht und man im Dunkeln zur Arbeit gehen muss. Die erwähnten Nörgeleien höre ich jedes Jahr mindestens ein paarmal, und das ist unnötige Negativität. Passen Sie auf, genau dieselben Leute werden sich in zwei Monaten darüber beschweren, dass die Deko noch nicht abgenommen wurde.

Vielleicht möchten Sie aber auch einfach lernen, resilienter zu sein. Denn wenn wir ehrlich sind, würden wir wahrscheinlich alle von einem besseren Umgang mit Stress profitieren.

Die gute Nachricht ist, dass jeder Einzelne über ein großes Potenzial verfügt, seine Gedankenmuster, seine Reaktionen, sein impulsives Verhalten und sogar seinen Hang zum Sorgenmachen zu verändern. Wie bereits erwähnt, verfügt unser Gehirn über eine Fähigkeit namens Neuroplastizität, die es uns ermöglicht, Neues zu lernen. Die schlechte Nachricht ist, dass es nicht gerade leicht ist. Man muss sich anstrengen – in einigen

---

[48] Ich habe es nie gelesen, aber Norman Vincent Peales Buch von 1952, »Die Kraft positiven Denkens« (Zürich, Oesch Verlag 2011, 5. Auflage), hat Generationen von Denkern und Nachahmern gleichermaßen beeinflusst.

Fällen sogar ganz enorm. Wären echte, bleibende Veränderungen leicht zu erreichen, würden weit weniger Menschen an Bluthochdruck, Diabetes, Erektionsstörungen oder allen möglichen anderen stressbedingten Erkrankungen leiden. Wenn es einfach wäre, sich zu ändern, hätten weit weniger Menschen mit Angststörungen oder Depressionen zu kämpfen. Würden uns Veränderungen leichtfallen, wäre aggressives Fahrverhalten bestimmt kein Thema, und ich hätte Ihnen sicher nicht diese tolle Geschichte dazu erzählen können. Wäre die Überwindung von Verhaltensmustern einfach, gäbe es keinen Bedarf für ein Buch wie dieses, und ich würde garantiert über etwas anderes schreiben.

Einer der Gründe, warum es so schwer ist, sich zu ändern, liegt darin, dass wir ein Leben lang Verhaltensweisen praktiziert haben, die befriedigend, lohnend oder einfach waren. Unser Gehirn hat sich daran gewöhnt, sie einzusetzen. Als ich damals noch in einem Büro gearbeitet habe, kam ich immer zwischen siebzehn und achtzehn Uhr nach Hause. Kaum zur Tür hinein, konnte mein Gehirn unter einer Vielzahl an Verhaltensmöglichkeiten wählen. Ich konnte meine Sportsachen anziehen und ins Fitnessstudio auf der anderen Straßenseite gehen (die Aktivität, die ich bewusst machen wollte). Ich konnte einen strammen Spaziergang durch die Nachbarschaft unternehmen (eine Alternative). Ich konnte Spanisch üben oder ein Buch lesen oder sogar etwas Neues lernen (weitere Alternativen). Ich konnte mich aber auch auf die Couch fallen lassen und ein paar Stunden lang durch die Sender zappen. Raten Sie mal, welche Wahl mein Gehirn am häufigsten traf? Falls Sie auf das Fitnessstudio getippt haben, weiß ich Ihren Optimismus zu schätzen, aber ich muss gestehen, dass die Couch fast immer als Siegerin aus diesem Wettkampf hervorging. In Wahrheit war es ein Gemetzel. Das Fitnessstudio hatte von Anfang an keine Chance. Zu meiner Verteidigung muss ich sagen, dass diese Entscheidung nie bewusst von meinem präfrontalen Cortex getroffen worden ist.

Es war eher etwas, was mein Gehirn automatisch tat oder aus Gewohnheit. Nachdem mein Gehirn die Entscheidung getroffen hatte, konnte ich sie nachträglich mit bewussten Gedanken rechtfertigen, indem ich mir sagte: *Ich entspanne mich nur kurz, bevor ich ins Fitnessstudio gehe,* aber tief im Inneren wusste ich, was passieren würde. Sich auf die Couch zu setzen, war die leichteste Option, und wenn ich mich ausreichend unterhalten fühlte, war es zusätzlich noch die lohnendste. Im Vergleich dazu erforderte der Gang ins Fitnessstudio enormen zusätzlichen Aufwand und hätte wahrscheinlich auch wehgetan.

Ich bin mir sicher, dass viele von Ihnen tagtäglich einen ähnlichen Kampf verlieren. Oh, Sie etwa nicht? Ach, stimmt, das müssen dann all die anderen Leute sein, die dieses Buch nicht lesen und zur Adipositas-Epidemie beitragen. Meine Leser sind alle Gesundheitsfanatiker, kein Wunder, dass Sie mit meinem Schokoladenbeispiel nichts anfangen konnten. Sport zu treiben, mag nicht schwer sein, aber es erfordert weit mehr Anstrengung, als bloß auf dem Hintern zu sitzen. Da draußen gibt es Menschen, die im Lauf ihres Lebens so viel Sport getrieben haben, dass sich ihr Gehirn an diese Tätigkeit gewöhnt hat, und sie treiben weiterhin Sport, quasi aus Gewohnheit. Unglücklicherweise sind diese Menschen in der Minderheit, aber ich bin sicher, dass Sie das Beispiel dennoch verstehen.

Okay, allerdings gab es in meinem Leben Momente, in denen ich voll motiviert war, Sport zu treiben, und gesünder leben wollte. Gegen das Urteil meines Gehirns zwang ich mich dann, in besagtes Fitnessstudio zu gehen. Ich zwang mich, jeden Tag zu trainieren. Wenn ich das tat, wurde es zwar von Tag zu Tag ein wenig leichter, das gebe ich gern zu, aber trotzdem musste ich mich ungemein zusammenreißen, um dem Ruf dieser wunderbar weichen Couch zu widerstehen. Und nach einer kurzen Zeit des regelmäßigen Trainings kehrte ich jedes Mal zu meiner alten Gewohnheit zurück. Ich glaube, die meisten können das nachvollziehen.

Sich zu ändern, ist zwar schwer, jedoch nicht unmöglich. Zum Beispiel pflegten mein Bruder Jon und ich als Kinder trotz des Altersunterschieds von fünf Jahren sehr ähnliche Gewohnheiten. Wir interessierten uns weder für Sport, noch waren wir körperlich sonderlich aktiv. Das ist eigentlich eine schöne Art, es zu umschreiben. In Wahrheit waren wir faul, sehr faul. Superfaul. Wir erfanden sogar einen Tanz, den wir auf der Couch in Rückenlage vollführen konnten. Und wir waren dermaßen faul, dass wir unseren Couchtanz nur bei einem einzigen Song tanzten, wenn er zufällig bei MTV lief: »Unbelievable« von EMF. (Sie müssen zugeben, dass das ein großartiger Song war – sogar mit einem Sample von Andrew Dice Clay. Der Song kam 1990 heraus, und seitdem habe ich den Tanz nicht mehr getanzt, also bitte keine Fragen.) Ein Tanz? Im Liegen? *Das* nenne ich faul.

Angesichts unserer einst ähnlich gelagerten Tendenz zur Faulheit überrascht es Sie vielleicht zu hören, dass Jon vor etwa zwanzig Jahren damit anfing, regelmäßig zu trainieren, und bis heute nicht damit aufgehört hat. Genau genommen ist er bereits derart lange aktiv, dass es meiner Meinung nach zur Gewohnheit geworden ist. Er wird rastlos, wenn er keine Gelegenheit hat, Energie zu verbrauchen. Obwohl er die Sportarten durchaus mal wechselte – von Volleyball über CrossFit bis hin zu Klettern und Krav Maga –, so blieb er doch während der ganzen Zeit durchgängig aktiv. Wenn er von der Arbeit nach Hause kommt, freut sich sein Gehirn darauf, ins Fitnessstudio zu gehen oder zum Volleyballplatz oder wohin auch immer. Das Potenzial zum Faulenzen trägt er nach wie vor in sich, trotzdem hat er sein Verhalten in jeder Hinsicht erfolgreich geändert.

(Inzwischen fragen Sie sich vermutlich, ob es wohl mein Bestreben war, die Schreibblockade zu überwinden, das mich zur Weihnachtsdeko und zum Fitnessstudio geführt hat. Hm ... gut möglich.)

Die Faulheit, die ich eben beschrieben habe, hat nichts mit unserer Reaktion auf Stress zu tun, aber vielleicht erkennen Sie Parallelen. Stellen Sie sich vor, Sie haben Ihr gesamtes Leben lang eine gewisse Auswahl an Verhaltensweisen praktiziert. Werden Sie leicht von Wut, Trauer oder Sorge übermannt, dann bedeutet das, dass Ihr Gehirn diese Verhaltensweisen aus irgendeinem Grund befriedigender, lohnender oder einfacher findet, als gelassen zu bleiben. Nehmen wir beispielsweise an, Sie gehen immer gleich wütend in die Luft, wenn Sie sich bedroht oder machtlos (ohne Kontrolle) fühlen. Fahren Sie Auto und geraten in einen Stau, werden Sie ärgerlich und lassen das automatisch an den anderen Verkehrsteilnehmern aus. Sollten Sie beschließen, dieses Verhalten zu ändern – und das können Sie auch –, wird Sie das Mühe kosten. Wenn Sie in diese stressauslösende Situation kommen, werden Sie sich bewusst für eine alternative Reaktion entscheiden müssen, wie zum Beispiel eine beruhigende Atem- oder Zählübung, oder vielleicht stellen Sie einfach nur das Radio an – egal, solange es Ihnen hilft, die Gedanken auf etwas anderes zu richten. Wer weiß, weshalb Sie auf diese Weise reagieren – vielleicht haben Sie dieses Verhalten schon Ihr ganzes Leben lang bei gewissen Erlebnissen eingeübt, oder es wurde durch einen konkreten Vorfall provoziert. Wahrscheinlich ist es sogar völlig unwichtig, warum Sie auf diese Weise reagieren, wichtig ist nur, dass Sie anfangen, aktiv eine andere Reaktion zu wählen. Analog war es egal, warum es meinem Hintern gefiel, auf der Couch geparkt zu werden, wichtig war nur, dass ich anfing, ihn über die Straße ins Fitnessstudio zu bewegen.

Das mag sich einfach anhören, aber es ist hart, und es braucht Disziplin, daran zu denken, die Gedanken Tag für Tag in bestimmten Situationen immer wieder auf etwas anderes zu richten. Viele versuchen, solche Veränderungen zu erreichen, doch die meisten fallen bald wieder in ihr vorheriges Verhalten zurück. Eins sollten wir jedenfalls nicht vergessen: Wenn Jon seinem Gehirn beibringen konnte, Sport zu lieben, dann können Sie wahrscheinlich auch lernen, bei dichtem Verkehr nicht mehr übermäßig sauer zu werden.

Ich ziehe die Parallelen zum Fitnessstudio sogar noch weiter. Falls Sie bereits Ihr Leben lang Sport treiben, können Sie damit eventuell nichts anfangen, aber ich möchte wetten, dass die meisten meiner Leser keine Dauergäste im Fitnessstudio sind. Der Haken am Sport ist, dass er Arbeit bedeutet. Sport ist anstrengende körperliche Bewegung, und je länger man ohne Sport lebt, desto schwerer wird es, ihn zu betreiben. Ironischerweise beginnen wir unser Leben mit jeder Menge Bewegung, nur nennen wir das in der Kindheit »spielen«. Einige führen dieses Muster weiter, bis es im Teenageralter in Sport übergeht. Andere dagegen, so auch meine Wenigkeit, finden neue Interessen, die weit weniger körperliche Aktivität erfordern (wenn das Lesen von Comics doch nur aerobes Training wäre …). Mit zunehmendem Erwachsenenalter gewöhnen sich immer mehr von uns einen überwiegend sitzenden Lebensstil an. Etwa ein Drittel des Tages verbringen wir sitzend bei der Arbeit, wir sitzen im Verkehr und dann auf der Couch, um uns nach all dem Sitzen zu entspannen. Der Körper passt sich dieser mangelnden Aktivität an, und wir werden schwabbelig, unsere Muskeln verkümmern. Eher Dominosteine als steinharte Muskeln. Angesichts unseres Zustands nach jahrelangem Nichtgebrauch des Körpers ist es also kein Wunder, dass unser Gehirn meint, nichts zu tun sei viel leichter und befriedigender, als sich anzustrengen. Beschließen wir dann endlich, unser Leben zu verändern, und streifen unser feinstes Elasthan über, um im nächsten Fitnessstudio loszulegen, kann es sein, dass diese Erfahrung erst mal schwierig ist und in dem Augenblick höchstwahrscheinlich nicht so beglückend ausfällt, wie wir uns das ausgemalt haben. Schaffen wir es allerdings irgendwie, uns am nächsten Tag für eine weitere Runde zurückzuquälen, wird das Training schon etwas weniger anstrengend sein. Während wir damit fortfahren, uns zur Bewegung zu zwingen, fällt es uns zunehmend leichter und fängt vielleicht sogar an, Spaß zu machen. Das weiß jeder, und trotzdem bleiben wir weiterhin auf der Couch sitzen. Resilient zu werden, erfordert dieselbe Form von Disziplin. Haben wir unser Leben irgendwie verbracht, ohne gute Fähigkeiten im Umgang mit Stress zu entwickeln, und beschließen dann, daran etwas zu ändern, werden wir den Prozess als schwierig und unangenehm empfinden. Doch mit der Zeit wird er sich besser anfühlen.

Das Gehirn ist kein Muskel, es wird bei wiederholter Nutzung nicht wachsen. Egal, wie sehr Sie sich anstrengen, häufige geistige Aktivität wird nicht dazu führen, dass sich ein Teil Ihres Gehirns als Beule aus dem Schädel drückt.[49] Muskeln können dagegen durch regelmäßige Nutzung richtig kräftig werden. Das Gehirn wird zwar nicht größer, aber wie weiter vorn erwähnt, kann es sich als Reaktion auf eine veränderte Nutzung anpassen und Dinge neu arrangieren. Einige Bereiche werden komplexer, indem neue Verbindungen zwischen Zellen entstehen, wohingegen weniger genutzte Areale reduziert werden, um das zu kompensieren. Sarahs Gehirn hat vor Kurzem das Klavierspielen erlernt. Wir reisen zwar nicht mit unserem eigenen MRT-Gerät, aber ich kann mir vorstellen, dass sich bei einer Untersuchung zeigen würde, dass sich der dafür zuständige Bereich ihres Gehirns von »kaum strukturiert« zu »etwas komplexer« verändert hat. So funktioniert alles im Gehirn. Durch das wiederholte Einüben von Verhaltensmustern modifizieren wir das zugehörige Areal. Auf die gleiche Weise entwickeln wir die linke Seite des präfrontalen Cortex stärker, je öfter wir resilientes Denken praktizieren.

Wie bekommen wir das also hin? Die Schritte aufzulisten, wie man ins Fitnessstudio kommt, ist viel einfacher, deshalb

---

[49] Im Gegensatz zu dem, was Phrenologen glauben.

funktioniert der Vergleich hier gut. Aber jetzt müssen wir praktisch vorgehen. Einiges von dem, was ich bisher erklärt habe, ist es wert, wiederholt zu werden, denn all das ist beim Training des präfrontalen Cortex von Nutzen. Hier kommen also die wichtigsten Punkte in querleserfreundlichem Format.

Um unser Verhalten zu ändern, müssen wir:

- lernen, unsere persönlichen stressauslösenden Situationen zu analysieren, um festzustellen, ob sie tatsächlich bedrohlich sind und ob wir etwas an ihnen ändern können.

- lernen, unser Gehirn von sorgenvollen oder negativen Gedanken abzulenken. Wenn es nicht ausreicht, einfach die Gedanken zu ändern, können wir auch unsere Umgebung oder die Aktivität wechseln.

- wiederholt das Verhalten üben, das wir uns zur Gewohnheit machen möchten.

Kapitel 6

Drei Tage in Xpujil (Jons Geschichte)

Ich habe erwähnt, dass meiner Meinung nach alle als stressig empfundenen Situationen solche sind, bei denen das Gehirn den Eindruck bekommt, es habe keinerlei Kontrolle. Bärenangriffe, Verkehrsstaus, unvorhergesehene Wohnungsreparaturen, Leute, die im Supermarkt an uns vorbeigehen, Sprünge aus dem Flugzeug, Einbrüche ins Auto und zu spät zu wichtigen Veranstaltungen zu kommen sind alles Situationen, bei denen wir mehr oder auch weniger Kontrolle ausüben können, aber wir können immer das Gefühl haben, als wären wir dazu in der Lage. Wie das? Nun, wir können uns über Bären belesen, bevor wir wandern gehen, vertrauenswürdige Immobilienverwalter kontaktieren, die sich um unser Eigentum kümmern, oder uns für einen dreiwöchigen Fallschirmsprungkurs anmelden. Anders formuliert: Wir können die notwendigen Schritte unternehmen, um uns auf Situationen vorzubereiten, in die wir möglicherweise geraten werden.

Allerdings können wir unmöglich jede schwierige Situation vorhersehen, in der wir uns eventuell wiederfinden. An dieser Stelle erweist sich unsere Fähigkeit, Probleme zu lösen, als sehr praktisch. Unser präfrontaler Cortex ist der Bereich des Gehirns, den wir zur Problemlösung einsetzen – möglicherweise ebenfalls ein Element, das zur Resilienz beiträgt. Aus Sicht des Gehirns kann man stressige Ereignisse auch als Probleme interpretieren, die gelöst werden müssen. Zwar oftmals bedrohliche Probleme, das stimmt, aber nichtsdestotrotz Probleme. Aus diesem Grund begegnen wir einem stressigen Ereignis bei gut ausgeprägten Problemlösefähigkeiten wahrscheinlich mit einer größeren Selbstsicherheit in Bezug darauf, dass wir den Ausgang beeinflussen können. Mit anderen Worten, wir werden so reagieren, als hätten wir ein gewisses Gefühl von Kontrolle.

Bisher habe ich meinen Bruder in diesem Buch ein paarmal erwähnt. Es war sehr nett von ihm, zu sagen, Stress würde mich seit frühester Kindheit nicht tangieren. Das ist natürlich übertrieben, wie Sie an den vielen Anekdoten darüber, wie sich Stress bei mir ausgewirkt hat, erkennen können, aber es ist nett. Es hat aber tatsächlich den Anschein, als hätte ich eine überdurchschnittlich hohe Stresstoleranz – die hat er jedoch auch. Da wir dieselben Eltern haben (zumindest behaupten sie das), decken sich die Gene meines Bruders Jon mit meinen zu fünfzig Prozent. Außerdem sind wir gemeinsam aufgewachsen, also gibt es selbstverständlich einige Gemeinsamkeiten zwischen uns. Genau wie ich ist Jon sehr resilient und ein fähiger Problemlöser.

Nach dem Uniabschluss nahm Jon einen tollen Job bei einer Firma im Norden Kaliforniens an und arbeitete als Führer bei Abenteuertouren[50]. Er fuhr einen Van mit Platz für fünfzehn

---

[50] Während meines Promotionsstudiums arbeitete ich ebenfalls einen Sommer lang bei dieser Firma, unternahm aber weit weniger Touren. Ich hatte einmal eine Gruppe italienischer Touristen, die mich über ihren Dolmetscher fragten, womit ich mich denn beschäftigte, wenn ich keine Touren führte. Ich erzählte ihnen, dass ich Psychologie studierte, und witzigerweise waren zufällig drei von ihnen Psychologen.

Passagiere – meistens voll besetzt mit Touristen aus Europa –
zu allen möglichen Orten in den USA, und das vor dem Zeit-
alter von GPS und Handys und natürlich ohne Internetzugang.
Da ich mein Handy immer nutze, um all meine Reisepläne zu
koordinieren, mich in einer Stadt zurechtzufinden und Arbeit
zu erledigen, denke ich fasziniert daran zurück, wie wir diese
Dinge vor kaum zwei Jahrzehnten ohne diese Technik bewerkstelligt haben. Jon war dermaßen gut in seinem Job, dass das
Unternehmen ihm schließlich zutraute, Touren über die süd-
liche U.S.-Grenze hinaus nach Mexiko zu führen (das Spanisch,
das er in Texas gelernt hatte, war dabei auch von Nutzen). Sobald ein Tourleiter die Grenze überquerte, war er praktisch vom
Heimatbüro in Kalifornien abgeschnitten, also betraute man
ausschließlich diejenigen mit dieser Aufgabe, die bereits gezeigt hatten, dass sie im Problemfall schnell und entschlossen
handeln konnten. Sie können sich sicher vorstellen, dass mein
Bruder bei diesem Job eine Hammerzeit erlebt hat und so einige
großartige Geschichten erzählen kann. Vor allem eine dieser Begebenheiten ist eine derart gute Anekdote, dass ich ihn gedrängt
habe, sie aufzuschreiben.[51] Er gab mir die Erlaubnis, sie hier zu
teilen, und ich erzähle sie aus seiner Sicht:

* * *

Eines Tages gab der Van auf der Fahrt von Palenque nach Tu-
lum, einer Strecke, die normalerweise etwa zehn Stunden dauert,
den Geist auf. Das Fahrzeug war voller Touristen, und mitten im
Nirgendwo entlang der Grenze zu Guatemala verlor der Wagen
plötzlich Schub. Ich hielt an, versuchte, ihn wieder in Gang zu

---

[51] Ursprünglich schrieb er diese Geschichte für sein Buch »Seven Months
Deep«, das 2004 veröffentlicht wurde. Die hier präsentierte Version wurde
leicht bearbeitet.

bekommen, aber es half nichts. Am Motor waren keine offensichtlichen Probleme zu erkennen, also was auch immer kaputtgegangen war, es überstieg meine Reparaturfähigkeiten. Ich musste rasch die Lage beurteilen. Da waren wir also, liegen geblieben mitten im südmexikanischen Dschungel auf einer einspurigen Straße ohne Seitenstreifen. Auf der Straße herrschte kein Verkehr, und auch sonst gab es keinerlei Anzeichen von Zivilisation. Die letzte Stadt hatten wir vor zig Kilometern gesehen.

Selbstverständlich waren meine Touristen besorgt, also musste ich schnell reagieren – und selbstsicher. Für den Fall, dass wir längere Zeit würden warten müssen, holte ich alles, was wir an Essen und Trinken dabeihatten, vom Dach. Ich sagte den Teilnehmern, alles sei cool und dass ich eine Lösung finden würde, schließlich »... ist das eine Abenteuerreise«.

Etwa fünfzehn Minuten später kam ein Chevrolet El Camino die Straße entlang. Er war in dieselbe Richtung unterwegs, in die wir reisten. Ich stellte mich winkend mitten auf die Straße, und er hielt an. Ich fragte, wie weit es bis zur nächsten Stadt sei und was es dort gebe. Xpujil liege am nächsten, antwortete man mir. Die Stadt befand sich eine halbe Stunde weit weg, allerdings hatte sie nichts zu bieten: keine Hotels, keine Tankstelle und keinerlei Annehmlichkeiten für Reisende. Man erklärte mir, die darüber hinaus nächstgelegene Stadt sei Chetumal, rund weitere drei Stunden entfernt an der Grenze zu Belize. In Chetumal gebe es jedoch eine Tankstelle und ein paar Hotels.

Ich vereinbarte, dass man mich bis Xpujil mitnehmen würde, und sagte den Touristen, sie sollten einfach im Van warten, essen und trinken, und ich würde so bald wie möglich zurückkommen.

Ich kletterte auf die Rückbank des El Camino, und wir fuhren in etwa dreißig Minuten bis nach Xpujil. Es war ein winziger, staubiger Ort, und ich wurde genau im Zentrum abgesetzt. Ich schaute mich um und schätzte, dass hier nicht mehr als fünfhundert Einwohner lebten. Es gab ein kleines Restaurant, das zugleich als Lebensmittelladen diente, sowie ein zur Straße hin offenes Betongebäude, auf dem in gelber Farbe das Wort »Taller« prangte. Auf der gegenüberliegenden Seite befand sich ein ähnliches Gebäude mit dem Wort »Autobus« darauf. Dazwischen parkten in der Mitte der Straße ein paar Taxis.

Auf dem Weg zur Werkstatt starrten mich alle an, und dort angekommen, bat ich darum, dass man sich den dreißig Minuten entfernt liegen gebliebenen Van einmal ansah. Ich bestellte ein Taxi für die Mechaniker und zwei Minivans, um meine dreizehn gestrandeten Touristen abzuholen. Als wir zum Van zurückkehrten, schauten die Mechaniker zuerst unter der Haube und dann unter dem Van nach und stellten fest: *»Esta chingada«* – der Van war im Arsch. Sie würden in der Werkstatt drei Tage dafür brauchen.

Drei Tage! Ich fragte, weshalb es so lange dauern würde. Wahrscheinlich sei die Kupplungsscheibe gebrochen, antworteten sie, und dass man nach Chetumal fahren und das Ersatzteil dort kaufen müsse, bevor man es einbauen könne. Der Einbau würde einen ganzen Nachmittag dauern.

Ich holte das Gepäck der Touristen vom Dach des Vans und lud Letztere sowie mich selbst in die Minivan-Taxis. Wir fuhren nach Xpujil zurück und wurden vor dem Restaurant abgesetzt. Ich sagte ihnen, sie sollten sich erst mal ausruhen, während ich mir überlegte, was zu tun sei. *Was stelle ich mit dreizehn Touristen an, die kein Wort Spanisch sprechen?*, sinnierte ich. Die Tour sollte in ein paar Tagen in Cancún enden, also war das theoretisch der beste Ort, an dem sie auf mich warten konnten. Sie konnten dort in einem Hotel absteigen und sich mit Englisch durchschlagen. Davon abgesehen war es dort wunderschön, und man konnte unendlich viel unternehmen. Ich ging zum Autobusgebäude hinüber und fragte, wann der nächste Bus nach Cancún fuhr.

»Morgen«, antwortete die junge Frau.

Meine Leute konnten nicht über Nacht in diesem Ort bleiben. Es gab kein einziges Hotel, und wir hätten die Zelte am Rand einer unbefestigten Straße aufstellen müssen. Ich ging zum Taxistand und erkundigte mich, wie viel eine Fahrt nach Cancún kosten würde. Die Taxifahrer würden zwölf Stunden unterwegs sein, und es waren drei Minivans nötig. Ich versuchte, mit ihnen zu handeln, aber sie wussten, dass ich in einer Notlage war. Unterm Strich wollten sie vierhundert Dollar, und der nächste Geldautomat befand sich in Chetumal, also musste ich mir das Geld von den Touristen leihen. Ich gab allen den Namen und die Telefonnummer des Hotels, zu dem sie fahren sollten, und sagte ihnen, ich würde anrufen, um sicherzugehen, dass sie alle gut angekommen seien. Den Taxifahrern schrieb ich dieselben Daten auf. Mit den geborgten vierhundert Dollar machten sie sich auf den Weg nach Cancún.

Als Nächstes musste ich gemeinsam mit den Mechanikern einen Weg finden, um den liegen gebliebenen fünfzehnsitzigen Van in ihre Werkstatt zu holen. Wir fuhren in zwei Minivans und mit ein paar kurzen Ketten im Gepäck los und brachten eine Kette vorn an meinem Van und hinten an einem der ihren an. Aufgrund der Last, die der Minivan ziehen musste, brauchten wir für die Rückfahrt eine volle Stunde. Als wir im Ort ankamen, war es bereits dunkel, doch die Mechaniker hatten Verständnis für die Dringlichkeit der Lage und begannen, den Van auseinanderzubauen. Weil ich absolut gar nichts zu tun hatte, sah ich ihnen dabei zu. Mein Abendessen aß ich im Restaurant und Lebensmittelgeschäft um die Ecke. Genau genommen nahm ich dort während der nächsten drei Tage alle meine Mahlzeiten ein. Zum Glück befand sich im Restaurant ein Fernseher, also konnte ich einen Großteil der Zeit mit furchtbaren mexikanischen Sendungen totschlagen. Da es kein Hotel gab, schnappte ich mir am Abend, als die Mechaniker Feierabend machten, eine Decke, breitete sie über einer Sitzreihe in meinem Van aus und machte mich bettfertig. Ich erkundigte mich noch, was als Nächstes anstünde, und sie antworteten, wir müssten auf jeden Fall nach Chetumal fahren, um das Ersatzteil zu besorgen.

Am nächsten Morgen weckten mich die Arbeitsgeräusche der Mechaniker. Sie bauten den ganzen Van auseinander, bis er auf ein paar Betonblöcken aufgebockt am Straßenrand vor ihrer Werkstatt stand. Anfangs wirkte das ein wenig improvisiert, aber aufgrund früherer Erfahrungen in Mexiko und nach dem zu urteilen, was mir die Männer erklärten, wussten sie, was sie taten. Als der Van zerlegt wurde, wirkte er ein wenig wie ein menschlicher Körper, bei dem eine Herz-OP durchgeführt wurde. Sie hatten mit ihrer Diagnose recht gehabt und zeigten mir die gebrochene Kupplungsscheibe. Sie sollte eigentlich mit der Welle verbunden sein, die die Hinterräder drehte und das Fahrzeug vorantrieb. Sie war vollkommen durch, definitiv *chingada*.

Es waren zwei Mechaniker: der Eigentümer der Werkstatt – ein älterer Mann mit einem großartigen Sinn für Humor und guter Arbeitsmoral – sowie ein jüngerer, der erst ein paar Jahre zuvor dorthin gezogen war, nachdem er seine Mechanikerausbildung in der großen Stadt Monterrey im Norden des Landes abgeschlossen hatte. Er war außergewöhnlich schlau, kannte sich sehr gut mit Autos aus und arbeitete ebenso hart. Die beiden waren bis spät in die Nacht beschäftigt und begannen wieder früh am nächsten Morgen.

Der zweite Tag war ein Sonntag, und sonntags bleibt in Mexiko alles geschlossen. Strenger Katholizismus, gepaart mit gering bezahlten Jobs, hat eine Kultur geschaffen, die unter der Woche in Siestas und am Sonntag in Entspannung wurzelt. Der junge Mechaniker, der sogar noch jünger war als ich, verbrachte einen erheblichen Teil des Tages damit, die Schrottplätze der Stadt nach einem passenden Ersatzteil abzugrasen. Er fand nichts. Da es für mich nichts zu tun gab, verbrachte ich den gesamten Tag im Restaurantladen, schaute fern und trank Nescafé.

Die Eintönigkeit des Tages wurde von einer Art Parade unterbrochen, die etwa zwei Stunden dauerte. Ich bin mir nicht sicher, wofür diese Parade war, aber der junge Mechaniker lud mich ein, sie mit ihm anzusehen. Es gab geschmückte Autos, und die Einwohner zogen durch die Straßen. Mexiko hat eine sehr interessante religiöse Kultur. Vor der kolonialen Eroberung »Neuspaniens« durch Hernán Cortés herrschten in Mexiko heidnische Kulte vor. Azteken, Mayas und Olmeken, um nur ein paar der großen Volksstämme zu nennen, die ursprünglich in Mexiko lebten, praktizierten Religionen, in denen es eine Vielzahl an Göttern gab. Die Geschichtsschreiber berichten, dass Cortés seinen spanischen Hintern hinüber nach Mexiko verschiffte und den Menschen dort den Katholizismus aufzwang. Eine interessante Mischung aus heidnischen Bräuchen und Katholizismus entstand, bei der viele katholische Heilige die Charakteristika der Götter der Ureinwohner annahmen. Die Heiligen werden angebetet und an verschiedenen Tagen gefeiert, und weil es so viele Heilige gibt, finden religiöse Feiern ziemlich häufig statt. Da die Mexikaner pleite sind, beschränken sich die Feiern gewöhnlich auf geschmückte Fahrzeuge und Paraden entlang der Straßen. Ich nahm an, dass diese Parade irgendetwas mit dem einen oder anderen Heiligen zu tun hatte.

Obwohl die Parade eine nette Ablenkung war, endete dieser Tag genauso wie der zuvor: frühzeitig im Bett auf einer der Sitzreihen des Vans. Ich konnte nichts weiter tun, als den Montag abzuwarten und zu hoffen, dass es in Chetumal das Ersatzteil gab, das wir brauchten.

Am dritten Tag fuhr ich zusammen mit dem jungen Mechaniker nach Chetumal. Es war früh am Morgen, und aus irgendeinem Grund stand kein Taxi am Taxistand, also absolvierten wir die dreistündige Fahrt per Anhalter und nahmen die große gebrochene Kupplungsscheibe mit. Der Mechaniker fuhr öfter mal nach Chetumal und kannte sich sehr gut aus. Wir wurden bei einer der großen Fahrzeugwerkstätten im Stadtzentrum abgesetzt. Aber dort hatte man nicht, was wir brauchten. Daraufhin durchforsteten wir alle Ersatzteilläden in fußläufiger Entfernung, nur um festzustellen, dass es dieses Teil nirgendwo gab. Also hielten wir ein Taxi an und steuerten jedes einzelne Autoersatzteil-Geschäft der Stadt an, erneut ohne Erfolg. »Tja, so viel zu einer neuen Scheibe«, meinte der Mechaniker und beschrieb dem Fahrer den Weg zum nächsten Schrottplatz.

Wir klapperten jeden einzelnen Schrottplatz in Chetumal ab und fanden wieder nichts. Ich wurde allmählich sehr nervös, denn ohne dieses Teil konnte ich den Van nicht fahren, und ich wollte mir wirklich keine Alternativen dazu ausdenken müssen. In der Zwischenzeit wartete immer noch eine international zusammengesetzte Gruppe Touristen, die kein Spanisch sprachen, in Cancún auf mich. Wenn ich den Van in Xpujil nicht reparieren lassen konnte, würde ich ihn bis nach Cancún abschleppen lassen müssen. Dafür würde ich einen Abschleppwagen aus Cancún brauchen, der für die Hin- und Rückfahrt zwölf Stunden lang unterwegs sein würde. Dann würde ich dort einen Mechaniker finden und wieder warten müssen, bis die neue Scheibe eingebaut war. Die einzige Alternative dazu war ein Anruf bei der Geschäftsleitung, um anschließend einen anderen Van aus Santa Rosa, Kalifornien, hierher zu beordern, was eine vier- bis fünftägige Reise bedeutet hätte.

»*No te preocupes*«, beruhigte mich der Mechaniker. Keine Sorge. Er hatte einen Plan C.

Er sagte, er werde die gebrochene Scheibe zusammenschweißen, also kehrten wir wieder ins Stadtzentrum von Chetumal zurück, diesmal, um Schweißstäbe zu kaufen. Außerdem ging ich zu einem Geldautomaten und hob so viel Geld ab, wie ich konnte, bevor wir uns von einem Taxi nach Xpujil zurückfahren ließen. Nachdem wir die Armeekontrollpunkte und Hunderte riesige Temposchwellen auf dem Weg passiert hatten, kamen wir nach Anbruch der Dunkelheit an. Er begann zusammen mit dem älteren Mechaniker mit den Schweißarbeiten. Das Ganze musste sehr präzise ausgeführt werden, denn bereits die kleinste Fehlplatzierung der Teile hätte die gesamte Reparatur scheitern lassen. Deshalb war das Schweißen eine zeitraubende Aufgabe. Einige Stunden vergingen, und es war bereits sehr spät. Ich lud die Mechaniker auf etwas Nescafé und ein Abendessen ein. Sie kamen auf ein Bier mit, mussten dann aber nach Hause zu Frauen und Kindern. Wie sich herausstellte, war der junge Mechaniker verheiratet und zweifacher Vater. Er wirkte erwachsener und verantwortungsvoller, als ich es je in meinem Leben gewesen war.

Als ich die Nacht erneut im Van verbrachte, hoffte ich sehr, dass es die letzte mit derart unbequemem Schlaf sein würde. Nach drei Nächten sehnte ich mich nach einem Bett, einer Dusche und einer anständigen Mahlzeit. Davon abgesehen machte ich mir zunehmend Sorgen um meine Touristen, und zusätzlich musste ich mir um die neue Gruppe von Europäern Gedanken machen, die erwartete, dass ich in den kommenden Tagen ihre Tour von Cancún nach Mexiko-Stadt führte.

Mein vierter Tag in Xpujil begann erneut frühmorgens. Die Mechaniker fuhren bei Tagesanbruch damit fort, die Scheibe zu schweißen. Als ich aufstand, sah es so aus, als hätten sie etwa ein Viertel geschafft, und ich dachte bei mir, dass das ein weiterer langer Tag werden würde. Im Gespräch versicherten mir die Mechaniker, dass alles funktionieren werde und ich mir keine Sorgen machen solle, allerdings wirkten sie nicht mehr ganz so selbstsicher wie zuvor. Ich sah ihnen ein Weilchen zu und ging dann in den Restaurantladen, um einen Kaffee zu trinken. An diesem Tag konnte ich mich einfach nicht entspannen. Bis jetzt hatte ich drei Tage lang in einer winzigen Stadt in einem Lebensmittelladen gesessen, den niemand außer mir als Restaurant in Anspruch nahm. Zur Abwechslung machte ich einen Spaziergang durch die Stadt, die aus nichts weiter als ein paar Schotterstraßen bestand. An jenem Vormittag ging ich alle dreißig Minuten einmal zur Werkstatt, um zu sehen, wie die Männer vorankamen, und wieder zurück zum Restaurant. Nach zwei Stunden harter Arbeit kamen sie zu mir und sagten, sie hätten gute Neuigkeiten.

Natürlich nahm ich an, dass sie mit dem Schweißen fertig seien, doch stattdessen berichteten sie, dass sie bei einem ihrer Freunde eine gebrauchte Scheibe aufgetrieben hätten und zum ursprünglichen Plan zurückkehren würden. In meinem ganzen Leben war ich noch nie dermaßen erleichtert gewesen. Die Mechaniker verbrachten den Rest des Nachmittags mit dem Einbau des Ersatzteils und waren am frühen Abend fertig.

Ich dachte über die Arbeit nach, die die beiden geleistet hatten, und über das Ausmaß meiner Fähigkeiten und meines Wissens. Das hinterließ einen tiefen, nachhaltigen Eindruck bei mir. Obwohl ich Akademiker war, war ich in dieser Situation wortwörtlich hilflos gewesen. Ich fühlte mich unfähig angesichts meiner Abhängigkeit von der Expertise dieser armen Mechaniker aus diesem staubigen Ort. Ich erinnerte mich an einige der Bücher, die ich gelesen, an einige der Diskussionen, an denen ich teilgenommen, und an einige der Hausarbeiten, die ich geschrieben hatte. Außerdem dachte ich über meine grundlegenden Fähigkeiten nach und über meine früheren Jobs als Kassierer und Pizzabäcker. Dann sah ich diese beiden Männer an, die aus vier Betonpfeilern eine Kfz-Werkstatt konstruiert hatten und in einer Stadt mit Schotterstraßen und ohne Tankstelle lebten, und ich fühlte mich ganz klein.

Die beiden arbeiteten unermüdlich und wussten genug über Fahrzeuge, um das Problem richtig zu erkennen. Sie hatten sich als unglaublich einfallsreich erwiesen und das Problem um jeden Preis lösen wollen. Sie arbeiteten bis spät in die Nacht und verschrieben sich der Aufgabe, diesen Van zu reparieren, nur damit ich ein paar Deutsche zu den Pyramiden fahren konnte. Das war der Moment in meinem Leben, in dem ich sehr wertschätzend und bescheiden wurde und in dem ich begriff, dass ich trotz eines vierjährigen Collegestudiums eigentlich über keinerlei praktische Kenntnisse verfügte. In diesem Moment wurde mir klar, dass ich mir ein paar Fähigkeiten aneignen musste, und ich beschloss, meine diesbezügliche Bildung weiter auszubauen.

Ich dankte den beiden Männern ausgiebig. Sie verlangten einen fairen Preis. Ich gab ihnen das Doppelte und sprang endlich wieder auf den Fahrersitz.

* * *

So weit Jons Schilderung seines Strandens im mexikanischen Dschungel.

Ich liebe diese Geschichte und hoffe, dass Sie erkennen, weshalb. Die Mechaniker dieser kleinen mexikanischen Stadt waren zweifellos die Rettung für meinen Bruder und seine Touristen. Jon hatte vielleicht das Gefühl, dass es ihm an praktischen handwerklichen Fertigkeiten mangelte, aber in Wahrheit verdient er jede Menge Lob für seine Problemlösungsfähigkeiten. Als er sich einer enorm schwierigen Situation gegenübersah, entwickelte er rasch einen Plan und ergriff die Initiative. Er überlegte sich sogar einen Ausweichplan und eine Alternative zu seiner Alternative für den Fall, dass etwas schiefging. Er blieb geduldig und optimistisch und ging mit der Situation so gut um, wie er konnte. Es gibt weder Trainings noch Bücher, die uns auf solche Begebenheiten vorbereiten. Nicht jeder kommt mit solch einer Situation derart gut zurecht, und das erfüllt einen älteren Bruder mit Stolz.

KAPITEL 7

Rätsel, Spiele und Bärenangriffe

Während ich die letzten beiden Kapitel schreibe, sind zufälligerweise mein Bruder Jon und unsere Eltern eine Woche lang bei Sarah und mir hier in Denver zu Besuch. Ich glaube, sie sind hauptsächlich gekommen, um unsere Tochter zu sehen, aber wenn ein Kind zu haben dazu beiträgt, die Familie zusammenzubringen, dann bin ich einverstanden. Es ist wirklich ein Zufall, dass sie gerade jetzt hier sind, wo ich mit der Abhandlung darüber beginnen möchte, wie man durch stetiges Üben resilienter werden kann, denn ich hatte vor, mich auf sie zu beziehen, aber ebenso darauf, wie wichtig es ist, diese Praxis beizubehalten, um die Widerstandsfähigkeit zu bewahren.

Vielleicht erinnern Sie sich: Bevor ich die Pannengeschichte meines Bruders (des Vans, nicht seine) mit Ihnen geteilt habe, nutzte ich die Analogie zu einem Muskel, um zu beschreiben, wie wir Bereiche unseres Gehirns »stärken« und spezielle Aktivitätsmuster entwickeln können. Genauso wie sich Muskeln an wiederholtes Training anpassen, wird unser Gehirn durch das wiederholte Einüben eines Verhaltens versierter darin, es auszuführen. Denken Sie beispielsweise an irgendwelches Faktenwissen.

Vielleicht haben Sie Ihre Kindheit damit verbracht, sich Sport-statistiken, Comicfiguren oder irgendwelche psychologischen Phänomene einzuprägen, was auch immer – um Ihr Gehirn dazu zu bringen, die erforderlichen physischen Änderungen vorzunehmen, um die Fakten dauerhaft im Gedächtnis abzu-legen, mussten Sie üben. Ob nun absichtlich oder nicht, Sie setzten sich diesen Informationen wiederholt aus, bis sie irgend-wo in den Falten Ihres Cortex gespeichert wurden. Das Glei-che trifft auf Ihre Fähigkeiten zu. Wahrscheinlich erinnern Sie sich nicht daran, aber Sie haben das Gehen und Sprechen ge-lernt, indem Sie es geübt haben. Genauso haben Sie Lesen und Schreiben gelernt, durch Übung – es sei denn, Sie können es nicht, aber wie machen Sie es dann jetzt? Liest Ihnen jemand vor? Ist das eine Hörbuch-Raubkopie? Sie können es mir ver-raten, ich werde nicht sauer, versprochen.

Es gibt eine natürliche Lebensphase, in der unser Gehirn die Chance hat, eine enorme Zahl an Informationen und Fähigkei-ten zu erwerben und einzuüben. Diesen Zeitraum nennen wir »Kindheit«. Meine Tochter Alyssa lernt jeden Tag etwas Neues, und ihr Gehirn entwickelt sich als Reaktion auf ihre Erfahrun-gen weiter. Diesen Monat hat sie bereits gelernt, Lichtschalter ein- und auszuknipsen (auf einem Hocker stehend) und wie Wasserhähne funktionieren. Und mit neunzehn Monaten (heu-te) steht sie, glaube ich, kurz davor, ihr eigenes iPad zu verlan-gen. Außerdem lernt sie gerade noch einige andere Dinge, von denen sie nicht möchte, dass ich sie preisgebe. Aber eine Sache, die mich zu einem besonders glücklichen Papa macht, ist, dass sie großes Interesse an Puzzles und anderen Übungen für den präfrontalen Cortex zeigt.

Da meine Eltern gerade in Reichweite sind, habe ich sie ein bisschen befragt, und sie erzählten mir, dass ich als Kind genauso war. Als ich in Alyssas Alter war, hatte ich eine ganze Sammlung von Puzzles, die ich liebend gern zusammensetzte, und ich fühlte mich sehr hingezogen zu Spielzeug, mit dem ich etwas bauen konnte, wie Lincoln Logs (Bausets für kleine Holzblockhütten) und Bauklötze. Weil ich dazu ausersehen war, ein totales Genie zu werden, baute ich Straßen aus Büchern für meine Spielzeugautos. Na logisch ist das besser, als sie zu lesen. Mein Bruder begeisterte sich gleichermaßen für Lego und verbrachte Stunden damit, etwas zu bauen. Etwas, was sowohl mein Vater als auch meine Mutter über meine Kindheit erwähnten, war, dass ich mich anscheinend nie von etwas aus der Ruhe bringen ließ und immer ziemlich zufrieden wirkte. Nicht, dass ich selbst kein ordentlicher Stressfaktor für sie gewesen wäre – meine Mutter erzählte mir, dass ich einmal einem Hund ein paar Straßenzüge weit gefolgt bin, was bei ihr einen heftigen Ausraster zur Folge hatte. Ich wette, ich war ein interessantes Kind. Sarah wollte als Kind gern überall mitmachen und beobachtete viel. Als sie etwa so alt war wie Alyssa, nähte ihre Mutter Kleider, und Sarah ahmte nach, wie sie die Schere benutzte. Ihr Vater war Schreiner, daher hatte sie Zugang zu Holz und zu Werkzeugen. Als sie etwas älter war, baute sie sich eine Holzfestung im Garten hinter dem Haus. Diese nahm derartige Ausmaße an, dass die Stadt die Familie aufforderte, sie wieder abzubauen.

Also, ganz hypothetisch gefragt, wenn es jemand bis ins Erwachsenenalter geschafft hat, ohne dabei gute Fähigkeiten im Umgang mit Stress zu entwickeln, wie könnte er sich diese jetzt noch aneignen? Ich, ähm … ich frage für einen Freund. Dieser Freund sind übrigens Sie, nur mal nebenbei. Tja, leider gibt es keine schnelle Abhilfe, keine Magnettherapie oder Nahrungsergänzungsmittel, die plötzlich eine Fülle an Aktivität im linken Lappen unseres präfrontalen Cortex erzeugen, wenn wir unserem nächsten Stressauslöser gegenüberstehen. Wenn wir die Fähigkeit erlangen wollen, Probleme zu lösen, dann müssen wir einfach damit anfangen – Sie wissen schon –, Probleme zu lösen. Dafür gibt es einfach keinen Ersatz. Wenn Sie große Muskeln haben wollen, müssen Sie sie trainieren, und wenn Sie in der Lage sein möchten, besser mit Stress umzugehen, müssen Sie lernen, Probleme zu lösen.

Mir ist klar, dass das wie eine nicht umsetzbare Empfehlung wirken könnte. Man kann nicht einfach losziehen und nach Problemen suchen, die man dann löst (das heißt, man kann, wenn man Spiderman heißt). Und Sie sollten keinesfalls losziehen und darauf hoffen, dass Ihnen Schwierigkeiten oder Bären über den Weg laufen. Beim Stressmanagement geht es schließlich vor allem darum, im Leben weniger Probleme zu haben – wie können wir also das Lösen von Problemen trainieren, ohne zusätzlichen Stress zu erzeugen? Ganz einfach, wir müssen Probleme finden, die nicht lebensbedrohlich sind beziehungsweise bei denen keine negativen Konsequenzen folgen, falls wir mit unserem Ansatz scheitern sollten. Denn, seien wir mal ehrlich, wir sprechen hier über die Notwendigkeit, nicht existente oder sehr schwache Fähigkeiten erst einmal zu entwickeln. Wir werden mit Sicherheit ein paarmal scheitern.

Wir sind im Grunde umgeben von Problemen und stehen tagtäglich einer Vielzahl von Gelegenheiten gegenüber, bei denen unser Gehirn Lösungsstrategien entwickeln kann. Wir müssen nur in der Lage sein, sie als solche zu erkennen. Zum Beispiel Hausarbeit. Wie löse ich das Problem, dass mein Wohnzimmer ein kompletter Saustall ist? Ich kann eine Lösung dafür finden, wohin ich was wegräume, damit die Dinge nicht überall herumliegen, und auf diese Weise das Problem des Durcheinanders lösen. Ich kann den Inhalt von Schubladen neu sortieren, Kleidung zusammenlegen, staubsaugen, den Geschirrspüler einräumen und sogar das Bett machen. All das sind einfache Probleme, die ich in Angriff nehmen und damit meinem Gehirn Übung verschaffen kann. Außerdem sind das sehr leicht lösbare Probleme, die wahrscheinlich mit einem Sieg enden und Ihnen ein Gefühl von Erfolg vermitteln (außer, Sie versuchen, das Spannbettlaken zusammenzulegen, eine unendliche Frustquelle – lieber würde ich das verdammte Ding verbrennen!). Diese Aktivitäten reduzieren darüber hinaus unseren Stress, indem sie unseren Wohnraum gemütlicher wirken lassen, und nicht wenige machen die Erfahrung, dass der Akt des Saubermachens und Organisierens ihnen hilft, auch den Stress in anderen Lebensbereichen abzubauen. Sarah gehört zu diesen Menschen, also sorge ich dafür, dass ich in ihrem Interesse stets etwas mehr liegen lasse. Sie wissen schon … um ihrer geistigen Gesundheit willen. Und an Alyssa, falls du das liest, wenn du älter bist: Der Grund, warum deine Mutter und ich dir sagen, dass du dein Zimmer aufräumen sollst, ist, dass es die Entwicklung deines Gehirns fördert. Und jetzt heb das verdammte Spielzeug auf!

Rätsellösen ist großartiges geistiges Training: Labyrinthe, Kreuzworträtsel, Sudoku, kniffliger Denksport, Ratespiele, was auch immer Sie mögen. All dies bietet einfache, sichere, spielerische Möglichkeiten, den Teil Ihres Gehirns zu entwickeln, der Dinge herausfindet. Niemand wird Sie in Stücke reißen, wenn Sie bei der Suche nach einem Wort falschliegen. Außerdem sind das Probleme, deren Lösung man üben kann, ohne dass man andere Menschen braucht. Haben Sie allerdings andere Menschen in Ihrem Leben, dann sind Strategiespiele wie Dame, Schach, Kartenspiele und Scrabble ebenfalls hilfreich. Einige Smartphone-Apps sind eine großartige Quelle für geistiges Training, und ich habe immer mindestens ein Strategiespiel auf meinem Handy installiert. Andererseits könnte das auch nur eine Rechtfertigung für meine Handyabhängigkeit sein.

Grundsätzlich geht es darum, das Gehirn zu fordern, und zwar wiederholt, bis wir die jeweilige Herausforderung gut meistern. Dann steigern wir den Grad ein wenig. Das ist wie das Training mit dem Bizeps im Fitnessstudio. Vielleicht fängt man mit ein paar Wiederholungen und einem Fünfkilogewicht an, aber nach ein paar Workouts hat das Training mit diesem Gewicht nicht mehr dieselbe Qualität, und man erhöht das Gewicht auf sieben oder zehn Kilo. Alyssa führt diesen Prozess mit Spielzeugen durch und geht von einem zum nächsten über.

Das gleiche Prinzip gilt für das Gehirn. Wenn Sie zum Beispiel Tetris gemeistert haben, können Sie vielleicht eine neue, kniffligere Herausforderung finden. Als Kind hab ich Tetris am großen Spielautomaten gespielt, und irgendwann war ich dermaßen gut, dass ich mit einer Vierteldollarmünze zehn Minuten lang spielen konnte. Seither habe ich es auf allen Plattformen gespielt – einschließlich jeder verfügbaren Version auf meinem Handy. Wenn ich an den Punkt komme, an dem ich es nicht mehr herausfordernd finde, wechsle ich zu einem anderen Spiel. Falls Sie sich bislang noch nicht damit beschäftigt haben, wird es Sie vielleicht überraschen, wie viele Rätselspiele es für Mobilgeräte gibt. Aktuell nutze ich sie nur, um meinen Geist in Phasen der Langeweile zu beschäftigen, aber für Menschen, die aktiv versuchen, ihre kognitiven Fähigkeiten zu entwickeln, gibt es Unmengen ähnlicher Apps und Gadgets.

Apropos Tetris: Eine der Strategien, die Sarah anwendet, um mit Stress umzugehen, ist Saubermachen und Organisieren. Über die Jahre wurde sie eine Meisterin der Organisation, und immer, wenn wir für eine Tour packen (was bei uns extrem oft vorkommt), beweist sie ihr Können bei dem Spiel »Autotetris«, wo ihr niemand das Wasser reichen kann. Mann, was sie schon alles in unserem Kombi verstaut hat, würde sogar den legendären Kuriositätensammler Robert Ripley verblüffen.

Noch ein Bei*spiel* (die An*spiel*ung ist absolute Absicht): Vor ein paar Monaten stellte Sarah fest, dass bei uns im Haus niemand Klavier spielt. Das war im Grunde eigentlich kein offensichtliches Problem, was sie jedoch nicht davon abhielt, es dennoch zu lösen. Und indem sie das tat, trug sie dazu bei, dass ihr präfrontaler Cortex, den ich so sehr liebe, schön und stark bleibt. Was lernen wir daraus? Wenn Sie keine Probleme sehen, derer man sich annehmen muss, Ihr präfrontaler Cortex aber einen Boost braucht, schaffen Sie sich einfach Herausforderungen, die Sie lösen können.

Eine Sache, die Sie im Rahmen dieser Empfehlung richtig verstehen sollten, ist, dass ich nicht behaupte, Sie würden durch das Lösen von ein paar Rätseln plötzlich in der Lage sein, einen Bären niederzustarren oder im Stau gelassen zu bleiben. Die Fähigkeiten, die man braucht, um Probleme dieser Dimension zu lösen, sind *völlig* andere. Was ich allerdings behaupte, ist, dass stressige Ereignisse Probleme sind, die gelöst werden müssen, und je besser Ihr Gehirn Probleme lösen kann, desto eher wird es auf das nächste Problem so reagieren, als sei es lösbar. Mit anderen Worten, je sicherer Sie sich Ihrer eigenen Fähigkeiten sind, desto weniger werden Ihre Reaktionen von einem Stressgefühl beeinflusst werden.

Und jetzt, Gilligan, bevor wir diese Insel verlassen, wie wär's mit ein paar Häppchen für die lieben Querleser?

- Wenn wir unseren Umgang mit Stress verbessern möchten, sollten wir unsere Problemlösungsfähigkeiten weiterentwickeln.

- Problemlösungsfähigkeiten kann man verbessern, indem man Herausforderungen meistert, deren Lösung ein strategisches Vorgehen erfordert.

Als letzten Punkt möchte ich hinzufügen, dass Problemlösungsfähigkeiten gepflegt werden müssen – so wie die meisten erworbenen Fähigkeiten des Gehirns. Hier passt erneut der Vergleich mit den Muskeln und was mit ihnen passiert, wenn man aufhört zu trainieren. Sie wollen doch nicht all die Mühe in die Entwicklung Ihres Cortex stecken, nur damit alles binnen Kurzem den gleichen Weg wie Ihr Schulspanisch geht. Das Sprichwort »Wer rastet, der rostet« bezieht sich auf dieses Phänomen. Als ich in Texas studierte, lernte ich die spanische Sprache ziemlich schnell und reiste in den Ferien sogar durch Mexiko. Ich bin mir sicher, dass ich damals die ganze Zeit Spanisch gesprochen habe. Nachdem ich aber inzwischen mehrmals umgezogen bin und kaum Gelegenheit zum Sprechen hatte, vermassle ich manchmal sogar meine Bestellung bei Taco Bell. Das ist natürlich nur Spaß, ich bestelle selbstverständlich auf Englisch, aber das ist ein weiterer Grund, weshalb es wichtig ist, dass wir uns Herausforderungen suchen und ein Leben lang neue Dinge lernen.

Irgendwann kommt man vielleicht an einen Punkt, an dem das Leben sehr bequem ist und sich von Natur aus weniger Probleme präsentieren. Zum Beispiel kann ich mir, von märchenhaftem Reichtum abgesehen, keinen Lebensstil vorstellen, der bequemer als der Ruhestand ist. Die Altersvorsorge wird aktiviert, und man erhält ein monatliches Einkommen einfach nur dafür, dass man weiterhin Luft holt. Für mich hört sich das wie ein Traumleben an, aber nicht wenige Ruheständler entwickeln Depressionen und erleiden geistigen Verfall. Fast ihre gesamte kognitive Aktivität war auf das gerichtet, was sie für ihren Lebensunterhalt taten, und jetzt erstreckt sich plötzlich ihre gesamte Verantwortung nur noch auf das Anschauen der x-ten Wiederholung von »Matlock« im Fernsehen und darauf, aufzupassen, dass ihnen der Fernsehsessel nicht davonrutscht. Meine Eltern sind vor nicht allzu langer Zeit in den Ruhestand gegangen und bemühen sich, stets beschäftigt zu bleiben. Meine Mutter hat neue kunsthandwerkliche Fertigkeiten erlernt, wie Korbflechten, und mein Vater widmet sich neuen Projekten oder findet Dinge in der Garage, an denen er herumbasteln kann, wie zum Beispiel sein

Motorrad. Da sie freie Zeit in Hülle und Fülle haben, reisen sie auch gern zu exotischen und ungewöhnlichen Orten in der ganzen Welt – wie ins superexotische Denver, um ihre Enkeltochter zu besuchen, während deren Vater ein Buch schreibt.[52]

---

[52] Übrigens habe ich meine Tochter vor Kurzem in einem Labor analysieren lassen. Es hat sich herausgestellt, dass sie aus achtzig Prozent Muttermilch, zehn Prozent Makkaroni und Käse sowie zehn Prozent Süßigkeiten von Oma und Opa besteht.

Resilienz bei Kindern fördern

Als ich ein Kind war, erlebte ich bei meinen Eltern ein hohes Maß an Widerstandsfähigkeit. Mein Vater war lang genug in der Armee, um in zwei Kriegen zu dienen, und überlebte sie, und meine Mutter, nun ja, sie musste mit ihm klarkommen. Widerstandsfähigkeit mag teilweise vererbt sein, aber nur etwa die Hälfte kann genetischen Faktoren zugerechnet werden. Das ist die sogenannte »Angeboren«-Seite der Angeboren-Anerzogen-Unterscheidung. Die andere Hälfte entsteht aus einer Kombination von Erziehung und Umwelt.

Wenn ich über Stressmanagement spreche, lautet eine der am häufigsten gestellten Fragen: »Wie können wir unseren Kindern helfen, Resilienz zu entwickeln?« Meine Antwort lautet immer gleich: Vorbild sein. Wie bringt man einem Kind das Laufen bei? Woher weiß es, wie man eine Gabel hält? Wie lernt es, eine Pose einzunehmen und lange genug zu halten, damit man einhundert Fotos von ihm schießen kann? Genau, anhand eines Vorbilds zum Nachahmen. Und jetzt geben Sie alles!

Der beste Weg, Kindern bei der Entwicklung von Resilienz zu helfen, ist, in ihrer Gegenwart resilient zu sein. Wenn Sie bei dichtem Verkehr aus der Haut fahren und total überreagieren, dann denken Sie an die kleine Person im Sitz hinter Ihnen und an die Lektionen, die sie daraus zieht. Jegliches Verhalten, das wir vor unseren Kindern zeigen, wird von dem kleinen Schwamm in ihren Köpfen aufgesaugt, und alles hat das Potenzial, zu einem Teil dessen zu werden, wie sie später mit der Welt interagieren. Wir fanden es unheimlich amüsant, dass Alyssa monatelang alles von der Größe eines Handys an ihren Kopf hielt, so als würde sie eine Unterhaltung führen. Besonders deswegen, weil wir unsere Handys eigentlich kaum noch zum Telefonieren verwenden. Macht das überhaupt noch jemand? Noch verrückter ist es, wenn sie ein Wählscheibentelefon aufhebt und so tut, als würde sie eine Nummer wählen. Wenn ein Kind ein derart seltenes Verhalten aufschnappen und verinnerlichen kann, dann stellen Sie sich nur einmal vor, was außerdem sonst noch alles in dieses Gehirn hineinsickert.

Kinder suchen bei uns keine Anleitungen, sondern Beispiele dafür, wie man lebt und mit den unterschiedlichen Situationen umgeht, denen man begegnet. Wenn wir wollen, dass unsere Kinder so aufwachsen, dass sie in der Lage sind, mit allem umzugehen, was ihnen das Leben entgegenschleudert, dann müssen wir selbst in der Lage sein, mit allem umzugehen, was uns das Leben entgegenschleudert. Damit will ich nicht sagen, dass unsere Kinder nicht sehen dürfen, wie wir in Stress geraten oder aus der Haut fahren, aber sie müssen erkennen, wann das gerechtfertigt ist. Sie müssen den Unterschied zwischen Bären und Einhörnern begreifen. Wenn sie uns dabei zusehen, wie wir jedes Mal, wenn etwas nicht nach unserer Nase geht, ausrasten, sauer werden, uns aufregen, kämpfen, brüllen oder uns von anderen zurückziehen, dann sollten wir nicht überrascht sein, wenn sie als Erwachsene im Leben nicht klarkommen.

Wenn wir wollen, dass unsere Kinder so aufwachsen, dass sie bereit für das Leben und mit den nötigen Werkzeugen ausgestattet sind (und welche Eltern wollen das nicht), müssen wir sowohl gutes Problemlösungsverhalten als auch gesunde Methoden im Umgang mit schwierigen Situationen vorleben.

Dazu gehört beispielsweise auch, dass man sich für sich selbst Zeit nimmt, dass man Hobbys nachgeht, Sport treibt und gesellig ist. Für Kinder ist es wichtig, uns dabei zu beobachten, wie wir Grenzen setzen, flexibel sind, mit den Erwartungen anderer umgehen und uns immer wieder selbst herausfordern. Sie wissen schon, all die Dinge, die uns gesund machen.

Offensichtlich sollten wir erst einmal selbst lernen, wie man mit Stress umgeht, wenn wir unseren Kindern eine gewisse Resilienz anerziehen wollen. Gehen wir allerdings nicht gut mit Stress um, wollen aber dennoch ein besseres Leben für unsere Kinder, dann müssen wir so tun, als ob. Ganz richtig, tun Sie so, als ob, genau wie Ihr Ex damals. Täuschen Sie es für Ihre Kinder vor. Wenn Sie nicht fähig sind, Ihre ungerechtfertigten Reaktionen zu vermeiden, versuchen Sie zumindest, sie für sich zu behalten. Behalten Sie in Anwesenheit Ihres Nachwuchses mit den kleinen Schwammgehirnen Ihre wütenden Ausdrücke oder sorgenvollen Gedanken, sooft es geht, für sich. Tun Sie so, als ob, bis die Kleinen es gelernt haben.

Meine Eltern waren beide resilient, aber meine Mutter machte sich hin und wieder übermäßig Sorgen – das tut sie heute gelegentlich auch noch. Irgendwie bin ich nicht nur groß geworden, ohne diese Gewohnheit zu entwickeln, sondern hatte darüber hinaus, bis ich erwachsen war, gar keine Ahnung, dass sie sich so viele Sorgen machte. In meiner Laufbahn als öffentlicher Redner begann ich recht früh damit, das Sorgenmachen als ein Verhalten darzustellen, das zu Angst und Stress beiträgt. Als meine Mutter einen dieser Vorträge zum ersten Mal hörte, erzählte sie mir, dass sie sich andauernd Sorgen gemacht hatte, als mein Bruder und ich noch jung waren. Ihr muss klar gewesen sein, wie wichtig es war, dass sie das für sich behielt, denn ich wusste nichts davon. Sie erzählte mir von der Zeit, als wir in der Stadt Plattsburgh im Bundesstaat New York lebten, wo ich oft mit dem Fahrrad in den unberührten Wäldern unweit unseres

Hauses unterwegs war. Immer wenn ich losfuhr, sagte sie mir, wann ich zurück sein musste, und machte sich die gesamte Zeit über Sorgen. An die Wälder kann ich mich dunkel erinnern. Dort gab es ein paar wirklich coole Wanderpfade, aber anscheinend befanden die sich nahe einem viel befahrenen Highway. Meine Mutter stellte sich all die furchtbaren Dinge vor, die mir zustoßen konnten. Wenn ich zu spät nach Hause kam, machte sie sich Sorgen, dass ich von einem Auto überfahren worden sein könnte und womöglich irgendwo tot im Graben lag. Was für eine furchtbare Vorstellung, aber sie hielt sie von mir fern, und ich radelte glückselig und nichts von ihrem inneren Aufruhr ahnend nach Hause und entwickelte im Lauf meiner Kindheit niemals die Gewohnheit, mir Sorgen zu machen.

Fairerweise muss ich einräumen, dass mir nun, da ich selbst Vater bin, gelegentlich ebenfalls sorgenvolle Gedanken durch den Kopf gehen. Aber sie bleiben nie sehr lange. Fragen Sie mich noch einmal, wenn Alyssa anfängt, Fahrrad zu fahren.

Mein Bruder Jon und ich entwickelten unsere Stressmanagementfähigkeiten dank der Umgebung, die unsere Eltern für uns schufen. Vielleicht taten sie es absichtlich, oder es ergab sich einfach so, weil sie selbst resilient und zufrieden waren. Jedenfalls zogen sie uns auf eine Weise groß, die es unserer jeweiligen Persönlichkeit erlaubte, aufzublühen. Sie zwangen uns weder strenge Dogmen auf, noch beharrten sie auf einer bestimmten Richtung, die wir im Leben einschlagen sollten. Ich kenne so viele Menschen, die zu Aktivitäten gedrängt wurden, die sie nicht wollten, oder in Berufe, die sie sich nicht ausgesucht hatten – nicht so mein Bruder und ich. Wir durften verschiedenen Interessen folgen und wurden sogar dazu ermutigt. Was meine Eltern jedoch als Einziges immer betonten, war, dass wir tun und lassen konnten, was wir wollten, solange wir dabei glücklich waren. Das war mehr oder weniger ihr Motto. Und glauben Sie mir, mein Bruder und ich haben dieses Motto ausgetestet. Wir waren wirklich zwei leistungsschwache Spinner, und trotzdem waren sie immer stolz auf uns. Ich glaube auch, dass sie es ganz gut hinbekommen haben, uns großzuziehen. Zwar sind mein Bruder und ich heute keine Nobelpreisträger oder Industriekapitäne, aber komplette Enttäuschungen sind wir auch nicht.

Ich hoffe, dass Sarah und ich unserer Tochter genauso viel Resilienz mit auf den Weg geben können wie meine Eltern mir.

Unter den vielen Gaben, die meine Eltern mir und meinem Bruder zum Geschenk gemacht haben, ist auch die Fähigkeit, Probleme zu lösen. Als ich noch Student war, lernte ich Baumrinds Theorie der Erziehungsstile[53] kennen. Laut dieser Theorie kann man Eltern anhand zweier Faktoren in Kategorien einordnen, zum einen, wie sehr sie von ihrem Kind erwarten, dass es sich an Regeln und Strukturen hält, und zum anderen, wie stark sie auf die Bedürfnisse ihres Kindes eingehen. Wächst ein Kind ohne Struktur oder vernachlässigt auf, kann es Probleme entwickeln. In Bezug auf Resilienz ist meiner Ansicht nach vor allem ein Erziehungsstil hilfreich, der erfolgreiche Problemlösungsstrategien vermittelt.

Bedenken Sie, was mit der Problemlösungsfähigkeit eines Menschen geschieht, wenn bei jeder kleinen Schwierigkeit jemand anders herbeirauscht und das Problem für ihn löst. Ohne jede Gelegenheit, das Lösen von Problemen selbst zu üben, würde man in dieser Hinsicht wahrscheinlich mit erheblichen Defiziten aufwachsen. Oder stellen Sie sich vor, was geschehen würde, wenn man jemanden andauernd von widrigen Situationen fernhielte und diese Person somit niemals einem Problem gegenüberstünde, das gelöst werden müsste. Das wäre zwar wohl

---

[53] Diana Baumrind: »Child Care Practices Anteceding Three Patterns of Preschool Behavior«, Genetic Psychology Monographs 75, Nr. 1 (1967), S. 43–88.

einerseits ein Glücksfall, dennoch würde diese Person ebenfalls mit mangelnden Problemlösefähigkeiten aufwachsen. Niemand möchte, dass seine Kinder leiden oder verletzt werden, aber eigenständig mit Schwierigkeiten fertigzuwerden, hat dennoch seinen Wert. Es ist wichtig, sich mit Widrigkeiten auseinanderzusetzen. Stets einzugreifen oder seine Kinder abzuschirmen, mag sie für den Moment vor Schaden bewahren, könnte langfristig allerdings negative Konsequenzen nach sich ziehen.

Den Tag, an dem meine Tochter zum ersten Mal ohne Hilfe Stufen hinaufstieg, werde ich nie vergessen. Wir waren in New York City auf einem Spielplatz im Central Park. Dort stand ein cooles Gerüst mit einer Rutsche, die Alyssa sofort für sich auserkoren hatte. Zu diesem Zeitpunkt hatte sie das Stufensteigen bereits geübt, brauchte jedoch immer noch ein wenig Hilfe oder nahm Zuflucht im Krabbeln. An diesem Tag schauten wir zu, wie sie sich hinstellte und immer weiter hinaufstieg, bis sie oben an der Plattform zur Rutsche anlangte. Es war so cool, ihr dabei zuzusehen. Da ich so gern daran zurückdenke, werde ich wohl die andere Familie, die zur gleichen Zeit auf dem Spielplatz war, ebenfalls nie vergessen. Es waren Mutter, Vater und ein Kleinkind, ganz genau wie wir drei. Ich habe festgestellt, dass Eltern einander fast immer fragen, wie alt ihr Nachwuchs ist, als würden sie im Geiste den Fortschritt ihres eigenen Kindes abgleichen. Ihr Sohn war etwas über zwei Jahre alt, etwa acht Monate älter als Alyssa.

Weshalb mir diese Begegnung im Gedächtnis hängen blieb, war, abgesehen von Alyssas Errungenschaft, die überbehütende Art der Mutter des Kindes. Andauernd brüllte sie von unten Anweisungen zum Vater ihres Sohnes hinauf zur Rutsche. (Anmerkung: Es gibt vieles, was ich vom Leben in New York vermisse, aber permanent laut durch die Nase sprechende Leute gehören nicht dazu.) Sie rief, ihr Sohn dürfe nicht allein hinunterrutschen, eine Meinung, die der Vater anscheinend nicht teilte. Sie argumentierten laut hin und her, vom unteren Ende hinauf zum Anfang der Rutsche. Unterdessen hatte Alyssa es geschafft, die Stufen vollkommen allein zu erklimmen, an Vater und Sohn vorbei zur Rutsche zu trippeln und hinunterzurutschen – die ganze Zeit stolz lächelnd. Als sie unten ankam, lief sie glücklich zu den Stufen zurück, um wieder von vorn anzufangen. Der Vater benutzte Alyssa sogar als Beispiel, um seinen Argumenten Geltung zu verschaffen, den zweijährigen Sohn allein hinunterrutschen zu lassen. Die Mutter gab schließlich nach, doch als sich ihr Sohn auf die Rutsche setzte, wirkte er verängstigt. Sie rannte zum Ende der Rutsche, um ihn aufzufangen, sobald er unten ankam, und die drei zogen zu einem anderen Bereich des Spielplatzes weiter. Dabei war die Rutsche gar nicht mal so steil.

Bei einigen Erziehungsexperten habe ich den Ausdruck »Helikopter-Eltern« für Menschen wie die Mutter dieses Kindes gehört. Damit wollen sie zum Ausdruck bringen, dass diese Eltern quasi über ihren Kindern schweben, stets zum Eingreifen bereit.[54] Ich liebe diesen Ausdruck; er beschreibt genau das, was ich meine, und passt perfekt in meine Beschreibung von Problemlösungsstrategien. Meiner Ansicht nach greifen Helikoptereltern immer wieder ein, um die Probleme ihrer Kinder zu lösen, und es gibt mehrere Studien, die nahelegen, dass dieser Erziehungsstil langfristig negative Auswirkungen hat, was die Vorbereitung des Kindes auf das Erwachsenenleben angeht. Beispielsweise hat man festgestellt, dass Kinder von Helikopter-Eltern im Studentenalter eine höhere Neigung zu Depressionen

---

[54] Ein Ausdruck, der Foster Cline und Jim Fay zugesprochen wird. Mehr dazu finden Sie in ihrem Buch: »Mit Liebe und Logik erziehen: Kindern helfen, verantwortungsbewusst zu leben. Ein Ratgeber für die ersten 12 Lebensjahre«, Xanten, GloryWorld-Medien 2020.

haben.[55] Erfolgreich ein paar Stufen auf dem Spielplatz zu erklimmen und eine Rutsche allein hinabzurutschen, ist natürlich kein bedeutendes Problem, birgt aber durchaus das Potenzial von Verletzungen in sich. Es zu lösen, hilft dabei, den Geist weiterzuentwickeln. Über die Familie aus dem Park weiß ich nichts weiter außer dem, was ich bei der Begegnung an jenem Tag beobachtet habe, aber ich denke oft an den Ausdruck von Stolz im Gesicht meiner Tochter und den Ausdruck von Verunsicherung bei dem armen Jungen. Das könnte zur Grundlage für spätere Persönlichkeitszüge werden.

Wir versuchen, unserer Tochter genügend Freiraum zum Erkunden und zum Fehlermachen zu geben, aber sie weiß, dass wir nie weit weg sind, wenn sie uns braucht. Gerade mal anderthalbjährig, schreckt sie daher nie vor einer Herausforderung zurück (wir bilden uns gern ein, dass das unserem Einfluss zu verdanken ist). Später an jenem Nachmittag in New York nahmen Sarah und ich Alyssa zum Times Square mit, denn in Manhattan macht man das so mit Babys. Auf dem Weg dorthin kamen wir an einem großen U-Bahn-Luftschacht vorbei. Wenn Sie noch nie in New York waren, dann fliegen Sie unbedingt hin! Eventuell wissen Sie nicht, dass die Belüftungsschächte des U-Bahn-Systems zum Fußgängerweg hin offen und mit Gittern bedeckt sind. Dadurch kann die vor den Zügen angestaute Luft in den Tunneln entweichen und bläst manchmal Marilyn Monroes Kleid in die Höhe. Als gewöhnlicher Mensch sieht man einfach ein Gitter im Fußweg, und das Schlimmste, was man sich vorstellen kann, ist, dass der Schlüssel hineinfällt. Aber für ein Kleinkind, das neu in der Stadt ist, könnte das Ganze aussehen wie der drohende freie Fall in eine Grube, die

---

55 Holly H. Schiffrin et al.: »Helping or Hovering? The Effects of Helicopter Parenting on College Students' Well-Being«, Journal of Child and Family Studies 23, Nr. 3 (April 2014), S. 548–557.

ganz sicher voller Alligatoren ist. Hand in Hand gingen wir zu dritt auf das Gitter zu, und zwei von uns dachten sich gar nichts dabei. Kaum erreichten wir den Rand, weigerte sich Alyssa, auch nur einen Schritt weiterzugehen. Die Tiefe vor ihr machte ihr Angst, also änderten wir die Richtung und gingen darum herum. Dem nächsten Gitter begegneten wir auf dem Times Square selbst. Diesmal führte uns Alyssa bis an den Rand. So, als würde sie Wasser prüfen, streckte sie einen Fuß zum Gitter aus, tippte es an und zog ihn dann zurück. Sie tat es nochmals. Nachdem sie festgestellt hatte, dass sie wahrscheinlich nicht in den Tod stürzen würde, ging sie ein, zwei Schritte auf das Gitter und kehrte dann um. Dann machte sie ein paar Schritte mehr auf dem Gitter und kam wieder zurück. Schließlich nahm sie Sarah und mich an den Händen und zog uns mit sich aufs Gitter, wo sie triumphierend umhertänzelte. Nach einer Weile mussten wir sie vom Gitter herunterziehen. Ein Mädchen, das weiß, wie man sich seinen Ängsten stellt, und ein Verhalten, das gefördert werden sollte.

Und damit dieser Punkt wirklich ganz deutlich wird:

- Der beste Weg, um Kindern beizubringen, wie man mit Stress umgeht, ist, ihnen resiliente Verhaltensweisen vorzuleben und unsere Sorgen oder unseren Ärger für uns zu behalten.

- Geben Sie Kindern die Möglichkeit, ihre Probleme selbst zu lösen und Herausforderungen zu meistern. Bieten Sie Hilfe und Unterstützung an, aber geben Sie ihnen die Chance, einen eigenen Versuch zu starten und möglicherweise auch zu scheitern.

Als Vater finde ich es wirklich schwer, Kinder einfach Kinder sein zu lassen. Sarah und ich müssen uns immer wieder überlegen, wann wir eingreifen wollen. Wir möchten, dass unser Kind sicher ist, gleichzeitig möchten wir aber auch, dass es die Freiheit hat, sich wehzutun (nur nicht zu doll). Das ist ein wirklich schwerer Balanceakt.

Ich vermute, eine Sache, die zu meiner Resilienz und der meines Bruders beigetragen hat, war eher den Umständen geschuldet als ein Resultat der Kindererziehung, doch höchstwahrscheinlich half sie uns, gute Problemlösungsfähigkeiten zu entwickeln. Wie bereits erwähnt, wuchsen wir in einer Soldatenfamilie auf. Unser Vater durchlief eine Karriere in der U.S. Air Force, und wir genossen dadurch jede Menge Vorteile. Andererseits brachte sein Beruf es mit sich, dass wir öfter als die meisten anderen Familien umzogen. Etwa alle vier Jahre fanden wir uns in einer anderen Stadt wieder. Genau genommen lebte unsere Familie bis zu meinem achtzehnten Geburtstag in drei verschiedenen Ländern: in den USA, in Deutschland und in Florida.

So oft umzuziehen, hat seine Nachteile. Vor allem in der Zeit vor dem Internet war es schwer, länger haltende Freundschaften aufzubauen – die Art Freundschaft, die man während der Kindheit schließt und deretwegen man bei der eigenen Hochzeit über ein komplettes Set an Trauzeugen verfügt. Es war unmöglich, Wurzeln zu schlagen oder ein Zugehörigkeitsgefühl zu einer größeren Gemeinschaft zu entwickeln. Doch allein schon die Erlebnisse aus meiner Kindheit haben jedwedes Manko dieser Lebensweise mehr als wettgemacht. Als ich auf die Highschool kam, hatte ich bereits ganz Europa gesehen und war mit weit mehr Dingen in Berührung gekommen als die meisten Kids meines Alters.

Der wichtigste Vorteil des häufigen Umziehens in der Kindheit war, dass es unsere Problemlösungsfähigkeiten schulte. Jede neue Umgebung birgt neue Herausforderungen, die es zu meistern gilt, und als Kind musste ich mit jeder Versetzung meines Vaters lernen, aufs Neue Probleme zu lösen. Alle vier

Jahre musste ich mich an ein neues Haus, eine neue Nachbarschaft und eine neue Gemeinschaft gewöhnen. Ich musste neue Freunde finden und eine neue Schule mit komplett neuen Lehrern und oftmals sehr unterschiedlichen Kulturen kennenlernen. Als wir nach Alabama zogen, hörte ich erstmals von »po'boys«, die eine verdächtige Ähnlichkeit mit den Dingern hatten, die wir auf dem Land in New York »Sandwiches« genannt hatten. Als wir zurück nach New York zogen, erfuhr ich, dass man von den Leuten in Alabama aus irgendeinem Grund dachte, sie würden Banjos auf den Knien halten. Und nicht nur einmal musste ich lernen, was es heißt, in einem fremden Land zurechtzukommen und eine komplett andere Sprache zu sprechen. Bei jedem Umzug wurde meine junge Welt durchgeschüttelt und ein Bündel an brandneuen Problemen zur Lösung bereitgestellt. Manchmal war ich erfolgreich, andere Male klappte es nicht so gut, aber im Laufe meines Lebens wurde ich ein verdammt guter Problemlöser.

Ich sollte klarstellen, dass das für die meisten Menschen wahrscheinlich kein praktikabler Ratschlag ist. Sie möchten, dass Ihre Kinder Resilienz entwickeln? Ziehen Sie alle vier Jahre um! Na sicher.

Aber was wir tun können, ist, die potenziellen Vorteile zu erkennen, die ein gelegentliches Aufrütteln mit sich bringt. Es geht nicht darum, ständig die Stadt oder das Land zu wechseln, sondern unsere Erlebniswelt. Je mehr wir erleben, desto leichter fällt es unserem Gehirn, mit auftretenden Problemen umzugehen und sie zu lösen. Ermutigen Sie Ihr Kind, eine Weile lang einen Sport auszuprobieren, dann vielleicht ein Instrument zu erlernen, dann zu malen oder einen anderen Interessenbereich zu erkunden. Das ist übrigens in jedem Alter ein guter Rat. Als Kind bin ich ziemlich weit herumgekommen, und ich denke, diese Lebensweise hat zu meiner Widerstandsfähigkeit beigetragen. Dafür möchte ich Ihnen ein Beispiel geben.

Die folgende Geschichte schrieb ich vor etwa fünfzehn Jahren auf. Es geht um etwas, was ich mindestens fünfzehn Jahre davor erlebt hatte. Abgesehen von einem Abdruck in einem winzigen Magazin im Jahr 2004 ist dies die erste Veröffentlichung.[56] Wenn ich an mein bisheriges Leben zurückdenke, habe ich immer das Gefühl, dass dies ein gutes Beispiel dafür ist, wie ich die Herausforderungen einer sich häufig ändernden Umgebung überwand, buchstäblich und im übertragenen Sinne zugleich.

Ich hatte mich gerade einigermaßen in meinem zweiten Jahr an der Highschool eingerichtet, als mein Leben von New York City in eine ländliche Gemeinde außerhalb von Austin in Texas verlegt wurde. Da ich bis dahin mit einem Sinn und einer großen Liebe für alles Städtische aufgewachsen war (ich belegte sogar einen Kurs namens »Big-Apple-Studien«, wobei »Big Apple« für New York City steht), genügt es zu sagen, dass ich dort nicht ganz hinpasste. Den Kulturschock hätte man auf der Richterskala registrieren können.

Ich war ein kleiner Punk aus der Stadt, der sich in einer Schule mit bemalten Wrangler-Jeans, mistbedeckten Cowboystiefeln, Hüten mit breiten Krempen und langen, wehenden Staubmänteln wiederfand. Mit einem Wort: Texas.

Irgendwann während der zweiten Woche las die Lehrerin eine Liste mit Namen vor, die ich nicht kannte. Es waren die Schüler, die meinen Jahrgang in den kommenden Spirit-Week-Wettbewerben, die nach einer Woche in der Homecoming-Feier mündeten, repräsentieren sollten. Ich langweilte mich während des Vorlesens und sah meinen Klassenkameraden dabei zu, wie sie sich nach jedem Namen abklatschten. Da beendete die Lehrerin die Liste mit einem suggestiven: »... und wir haben *immer*

56 Ursprünglich hatte ich die Geschichte für ein Untergrundmagazin in Pittsburgh, Pennsylvania, geschrieben, das eine extrem begrenzte Verbreitung hatte. Die hier vorgestellte Version ist leicht bearbeitet.

noch keinen, der sich für das Jalapeño-Wettessen eingetragen hat.«

Tja, wie wär's denn damit? Essen konnte ich ziemlich gut. Ich hatte zwar noch nie ein *schallo-pinn-jo* probiert, aber, mal ehrlich, wie schlimm konnte das schon sein? Ich hob die Hand und bat die Lehrerin, mich als Jalapeño-Esser für meinen Jahrgang einzutragen. Kaum stand mein Name verbindlich auf Papier geschrieben, fand ich mich in einer Pressekonferenz wieder, und von all den Cowboys und Mexikanern in meiner Klasse flogen mir Fragen entgegen. »Alter, bist du sicher, dass du das schaffst?« »Gibt's etwa keine Chilis in New York?« »Du weißt aber schon, dass die scharf sind, oder?« »*Son muy calientes!*«

Für den Rest der Woche war diese Diskussion im Klassenzimmer das Letzte, was ich von den Wettbewerben mitbekam. Ich kehrte zum Leben eines Außenseiters in relativer Anonymität zurück, besuchte meine Kurse und navigierte durch die inzwischen vertrauten Korridore und über ungepflasterte Wege zu den »provisorischen« Hintergebäuden, in denen die Kunsträume untergebracht waren und wo ich meistens meine freie Zeit verbrachte. Nicht weit davon entfernt bereiteten Schüler ihre Tiere auf den Wettbewerb vor, und die meisten anderen freuten sich zunehmend auf das Homecoming-Fest, trugen die Schulfarben und übten ein, was sie beitragen wollten. Mir fiel auf, dass immer mehr Mädchen mit lächerlichen Margeriten von der Größe Texas' an ihren Tops herumliefen. Hinter ihnen wehten Schleppen aus Bändern und Glücksbringern. Ich verspürte nichts von der Begeisterung, mein Jahrgang war mir völlig egal, aber der Teufel sollte mich holen, wenn ich nicht ein paar von diesen Jalapeños aß …

Es stellte sich heraus, dass das Homecoming-Fest in Texas eine große Sache ist. Riesig, genau genommen. An jedem Tag der Woche wurde etwas gefeiert, nicht nur in der Schule, sondern auch in der Gemeinde. Eltern, Alumni, Abbrecher und alle möglichen Leute schienen zu den Veranstaltungen der Spirit-Week aufzutauchen. Ich war erstaunt, als ich in das Meer von Gesichtern blickte, die sich in der Sporthalle versammelt hatten, als ich meine Position für den Wettbewerb einnahm.

Links von mir saß der Freshman, also ein Schüler im ersten Jahr an der Highschool: ein kleiner, rundlicher mexikanischer Junge in engen westlichen Klamotten. Zu meiner Rechten saß ein Junior, Vertreter des dritten Jahres an der Highschool: ein großer, von Kopf bis Fuß herausgeputzter Cowboy mit rotem Nacken und heller Haut sowie einer gigantischen Rodeo-Gürtelschnalle, die Mühe hatte, seinen massiven Bierbauch zu halten. Im Nachhinein finde ich einen Highschool-Schüler mit Bierbauch sehr seltsam, aber diesem Körpertyp begegnete ich an meiner Schule recht häufig. Der Senior, also ein Schüler im Abschlussjahr der Highschool, stand am Rand ganz rechts und war weniger einprägsam als die anderen – einfach nur ein Spaßkeks, der nicht wie ein ernst zu nehmender Gegner wirkte.

Die Regeln waren einfach: Jeder von uns bekam eine Schüssel mit Chilischoten, und dann hatten wir sechzig Sekunden Zeit, so viele wie möglich zu essen. Von den verschlungenen Früchten behielten wir nur den Stiel, und wer nach Ablauf der Minute die meisten Stiele besaß, hatte gewonnen. Ein Kinderspiel, da war ich mir sicher.

Die Richter öffneten eine Großhandelsdose mit gigantischen, fiesen Jalapeños und stellten jedem von uns eine Schüssel mit den kleinen Mistkerlen vor die Nase. Ich bekam die erste Wolke mit den Dämpfen aus der Dose ab, und als ich das Brennen in meiner Nase spürte, wurde mir klar, dass ich mich unbeabsichtigt für eine ernste Strafe gemeldet hatte. Verdammt, ich war jemand, für den Salz schon ziemlich würzig war, und der intensivste Geschmack, den ich bis dato erlebt hatte, war wahrscheinlich Ketchup gewesen. Dennoch stand ich jetzt hier, ein deplatzierter New Yorker zwischen zwei Essmaschinen mit eisernen Mägen aus dem Südwesten, und wollte mich gleich selbst einer gastrologischen Folter unterziehen, um an einer Schule, in die ich nicht passte, für einen Jahrgang anzutreten, der mir egal war.

»Los!«

Der Startschuss des Wettbewerbs überraschte mich, aber ich schnappte schnell meinen ersten Jalapeño beim Stiel und steckte ihn in den Mund. Kurz vor dem Stiel biss ich ab und versuchte, ihn im Ganzen zu schlucken. Ich dachte mir, wenn nichts von den Säften auf meine Zunge gelangte, würde es schon gehen, aber dafür war der Chili zu groß. Ich biss ihn in zwei Hälften und schluckte beide zusammen mit dem brennenden Saft hinunter. Dabei gab ich mir große Mühe, meine Zunge und all ihre empfindlichen Geschmacksknospen auf der anderen Seite des Mundes zu halten, weg von den giftigen Flüssigkeiten, die ich soeben freigesetzt hatte. Während meine rechte Hand den verbliebenen Stiel in die leere Schüssel für die verzehrten Chilis legte, schob meine linke Hand den nächsten in meinen Mund.

Mein Plan schien aufzugehen. Solange ich sie mit minimalem Kontakt zu meiner Zunge hinunterbekam, waren die Chilis nicht so schlimm. Mir brach der Schweiß aus, ich kleckerte mir Saft übers T-Shirt, und mir war übel, während ich mir fieberhaft einen Chili nach dem anderen in den Mund stopfte, aber zumindest brannte mir der Mund nicht wie die Hölle. Dazu kam, dass ich anscheinend mit meinen Gegnern Schritt hielt. Ich schluckte einen ganzen Jalapeño nach dem anderen, ohne Stiel, und tat mein Bestes, den wachsenden Grad an Unwohlsein zu ignorieren.

Die Uhr tickte, und ich spürte, wie sich langsam ein Brennen in meinem Mund breitmachte. Es fing mit einem Streichholz und einem leichten Zündeln an und steigerte sich bald zu einem mittleren Großbrand direkt hinter meiner Kaureihe.

Während ich mit meiner Zwangsernährung fortfuhr, musste ich mich über alle Maßen zusammenreißen, damit ich nicht in Tränen ausbrach.

»… und … *stopp!*«

Ich war unglaublich erleichtert, als die wohl längsten sechzig Sekunden meines Teenagerlebens vorbei waren. Nach dem Wettbewerb spuckte ich Feuer und versuchte erfolglos, die Flammen mit Wasser zu löschen, während die Richter die Stiele der Wettbewerber auszählten. Ich stand schwitzend da, durchlebte Höllenqualen und musste feststellen, dass die anderen weit weniger unter den Chilis zu leiden schienen. War ja klar.

Der endgültige Zählstand wurde verkündet. Die Richter hatten festgestellt, dass ich siebenundzwanzig komplette Jalapeños in einer Minute gegessen hatte. Ich war der Gewinner. Juhu für den Sophomore-Jahrgang! Zweiter war der Mexikaner, gefolgt vom Cowboy, aber keiner von beiden hatte auch nur annähernd so viele gegessen wie ich.

Nach dem Wettbewerb musste ich mich frisch machen und kam zu spät zur nächsten Stunde. Dort wurde ich mit einer ehrlich gemeinten, enthusiastischen Runde Applaus begrüßt. Und das war noch nicht das Ende. Für den Rest des Tages wurde mir gratuliert, auf den Rücken geklopft, mit mir abgeklatscht und mir auf alle mögliche Art und Weise von meinen Schulkameraden Anerkennung gezeigt. Ich fand neue Freunde und wurde zu allen möglichen Partys und Veranstaltungen eingeladen. Klar, ich fühlte mich elend, und mein Mund tat nach wie vor weh, aber zum ersten Mal, seit wir New York verlassen hatten, fühlte ich mich angenommen.

Es war zwar kein Rodeo gewesen, aber ich hatte mich mit Texanern im Wettstreit befunden, in einem ihrer Spiele – und gewonnen. In nur sechzig Sekunden hatte ich die Wandlung vom Außenseiter zum Cowboy vollzogen, und dafür waren nur ein paar scharfe Chilis nötig gewesen.

Rückblickend würde ich rund dreißig Jahre später nicht unbedingt sagen, dass dieses einzelne Erlebnis mein Leben verändert hätte oder dass es ein präziser Wendepunkt gewesen wäre. Aber vielleicht war es Teil von etwas Größerem. Ich verliebte mich in Texas und blieb nach der Highschool in Austin, um dort zu studieren. Ich habe etwas von der Cowboykultur in mein Leben assimiliert. Während ich das hier schreibe, trage ich Cowboystiefel und eine Wrangler-Jeans, eine Sammlung von Cowboyhüten aus Filz hängt an meiner Garderobe, und ich höre sogar ein bisschen Countrymusik.

Darüber hinaus zeigt diese Geschichte, wie mir ein Leben voller wechselnder Umgebungen und verschiedene Erfahrungen geholfen haben, immer wieder mit einem neuen Umfeld zurechtzukommen. Als Kind stand ich vor dem Problem, mich an eine neue Schule anpassen zu müssen, sah eine Gelegenheit und nahm sie wahr. Letzten Endes hat dieses Erlebnis wahrscheinlich dazu beigetragen, den Samen für das zu säen, was mein Leben später in großem Maße beeinflussen würde. Ich entwickelte einen Geschmack für öffentliche Aufmerksamkeit (und scharfe Speisen), und das trug zu meiner Karriere als Professor, Redner und letztlich Unterhalter bei. Und Jalapeños mag ich nach wie vor – bis zum heutigen Tage.

Und für diejenigen unter Ihnen, die die Jalapeños überblättert haben:

- Je mehr wir erleben, desto besser lernt unser Gehirn, Probleme zu lösen.

KAPITEL 8

Positives Denken praktizieren

An diesem Punkt denken Sie vielleicht: »Stress findet also nur im Kopf statt, richtig?« Okay, sicher, ein Teil des Stresses ist Produkt unserer Gedanken, aber vergessen Sie nicht, es gibt auch reale Stressauslöser in der Welt: angreifende Bären, liegen bleibende Vans in Mexiko, sich an neue Schulen anzupassen oder Schlimmeres. Manchmal knallt uns das Leben beschissene Umstände vor die Nase. Und manchmal kann man an diesen Umständen gar nichts ändern. Aber man kann ändern, wie sie sich auf einen auswirken.

Die einzige Funktion des Gehirns, über die Sie willentlich Kontrolle ausüben können, ist die Aktivität des präfrontalen Cortex. Ihre Gedanken beeinflussen sowohl Ihr Verhalten als auch Ihre Emotionen, und wenn man etwas verändern möchte, ist es wichtig, das zu verstehen. Sollte sich das für Sie sehr einfach anhören, dann nur deshalb, weil es das auch ist. Der Schlüssel zu einigen recht bedeutsamen Veränderungen im Leben liegt in der Anpassung unserer Denkweise. Tendenziell glauben wir, unser Leben, unsere Probleme und Schwierigkeiten seien extrem kompliziert und dass es komplizierter Lösungen bedarf, um mit ihnen klarzukommen. Veränderungen zu bewirken kann jedoch ganz einfach sein, allerdings ist es nicht leicht.

Die Aussage, dass etwas einfach ist, bedeutet keinesfalls, dass es auch leicht sein muss. Und es ist wichtig, diesen Unterschied zu verstehen. Viele unserer Probleme sind ganz einfach zu lösen, aber es ist schwierig, die Lösung umzusetzen. Zum Beispiel lautet eine Frage, die nichts mit Stress zu tun hat, mir aber mit am häufigsten gestellt wird, ob ich einen Rat hätte, wie man abnehmen kann – was Sie ironisch finden würden, wenn Sie mich sehen könnten. Ich bin nicht gerade das Paradebeispiel für erfolgreichen Gewichtsverlust, aber ich habe mich eine Weile mit dem Thema befasst und weiß eine Menge darüber. Sicher, es gibt Tausende von Spezialdiäten und Bücher im Überfluss, die Ihnen Erstere erklären – verdammt, wenn die in der Selbsthilfeecke stehen, könnten sie sogar direkt neben meinen zu finden sein. Wie dem auch sei und egal, was diese Bücher Ihnen verkaufen, der Schlüssel zum Gewichtsverlust ist ganz einfach: weniger essen und mehr bewegen. Aber das ergäbe ein sehr dünnes Buch. Weniger zu essen und sich mehr zu bewegen, ist nicht kompliziert, aber es ist alles andere als leicht umzusetzen, und darin liegt vielleicht der eigentliche Wert dieser Bücher: Jedes einzelne bietet einen eigenen Weg an, wie Sie weniger essen und sich mehr bewegen können.

Ebenso oft werde ich gefragt, wie man mit dem Rauchen aufhört, und die Antwort ist einfach: Hören Sie auf, sich Zigaretten in den Mund zu stecken. Ja, klar, aber wie soll ich das machen? Keine Ahnung, vielleicht aufhören, sich welche zu kaufen? Das ist kein Buch darüber, wie man das Rauchen aufgibt. Kernpunkt ist, dass einhundert Prozent der Raucher genau wissen, wie man mit dem Rauchen aufhört, es ist eben die Umsetzung dieses Wissens, die wirklich, wirklich schwer ist. Ich werde auch gefragt, wie man mit dem Trinken oder mit Drogenkonsum aufhört … brauchen wir an dieser Stelle tatsächlich weitere Beispiele? Die Antworten sind einfach, sie allerdings konkret auszuführen, stellt die Schwierigkeit dar. Das erklärt auch, weshalb jemand wie ich, der nicht nur den Schlüssel zum Gewichtsverlust kennt, sondern auch noch die für den Appetit verantwortlichen Gehirnmechanismen ausführlich studiert hat, trotzdem überflüssige Pfunde mit sich herumträgt.[57] Eine Seminarteilnehmerin bat mich einmal um Rat, wie sie Gewicht loswerden könne, und ich antwortete so, wie ich es immer tue: »Essen Sie weniger und bewegen Sie sich mehr«, woraufhin sie erwiderte: »Gibt es noch irgendetwas anderes? Ich esse wirklich gern, und ich hasse Sport!«

Man fragt mich, wie man ein glücklicheres Leben führt, und ich antworte, man müsse besser mit Stress umgehen. Stressmanagement und Resilienz einzuüben ist eine einfache Antwort, aber es ist definitiv nicht leicht. Ich habe die wichtigsten Punkte ausgeführt: Wir müssen lernen, zwischen einer tatsächlich bedrohlichen Situation und einer, die nur nervig oder unangenehm ist, zu unterscheiden. Wir brauchen das Gefühl, die Kontrolle zu haben, und wir müssen unsere Problemlösungsfähigkeiten entwickeln. Das sind wirklich einfache Lektionen, und dennoch erfordern alle drei viel Arbeit und jede Menge Übung über einen längeren Zeitraum hinweg. Es gibt keine Schnellreparatur, die uns wie von Zauberhand über Nacht die Fähigkeit verleiht, gelassen zu bleiben, egal, wie sehr wir uns das wünschen. Aber wäre das nicht toll? Es wäre doch wunderbar, wenn es da irgendein magisches Geheimnis gäbe. Doch was Gewichtsverlust, Stressresistenz und die meisten anderen Formen der Veränderung betrifft, starrt uns die Antwort direkt

---

[57] Obwohl ich zu dem Zeitpunkt, zu dem ich das hier schreibe, glücklicherweise sagen kann, dass ich nach Thanksgiving und nachdem ich meiner Tochter beim Aufessen ihrer Halloween-Süßigkeiten geholfen habe, dennoch fast siebzehn Kilo weniger wiege als vor einem Jahr.

ins Gesicht, sie ist einfach nur nicht sehr schön. Aber leider ist sie die einzige, mit der sich ein Match ergeben hat.

Obwohl es Zeit und Mühe erfordert, resilienter zu werden, habe ich auch gute Nachrichten: Es gibt ein paar Methoden, die relativ leicht sind, die wir in unser Leben einbinden können und die uns helfen, ans Ziel zu gelangen. Diese Methoden bezeichne ich als Praxis des positiven Denkens. Im folgenden Abschnitt erkläre ich Ihnen die Techniken, die stresserzeugendes Denken minimieren und zugleich widerstandsfähige Gedanken verstärken können. Es sind geistige Übungen, die wir durchführen, um in der linken Seite unseres präfrontalen Cortex eine höhere Aktivität zu bewirken.

Dies sind die drei Wege, wie Ihnen positives Denken helfen kann, widerstandsfähiger gegenüber Stress zu werden:

1. Lernen Sie, optimistischer zu werden.

2. Lernen Sie, das mehr zu schätzen, was Sie haben.

3. Erhöhen Sie Ihre Wertschätzung für Humor.

Sehen Sie? Einfach und leicht! Okay, lassen Sie mich die Punkte im Detail durchgehen.

Zuerst schließen Sie sich mir bitte an und stellen Sie sich kurz vor, wie das Leben wohl in der Zukunft aussehen mag. Sehen Sie im Geiste eine utopische Welt vor sich, die alle drängenden Fragen wie Überbevölkerung, Ressourcenverteilung, Abfallmanagement, Umweltverschmutzung und Transport gelöst hat? Oder malen Sie sich eine dystopische Zukunft aus, in der diese Themen derart problematisch geworden sind, dass die Welt so gut wie unbewohnbar ist? Mit anderen Worten, ist die Zukunft, die Sie sich vorstellen, eher wie in »Star Trek« oder wie in »Wall-E«? Wenn Sie sich eine strahlende Zukunft vorstellen, sind Sie tendenziell ein Optimist, und wenn Ihr Bild von der Zukunft düster ist, nun ja, dann sind Sie wahrscheinlich keiner. Ich persönlich glaube, die Zukunft wird strahlend sein. Mir ist klar, dass wir einigen ernsten Problemen gegenüberstehen, wie beispielsweise der Veränderung des Weltklimas und ökonomischer Ungerechtigkeit, allerdings weiß ich auch, dass wir als Spezies extrem widerstandsfähig sind. Wir haben Seuchen überlebt, Weltkriege (sogar zwei davon, hab ich gehört!), Weltwirtschaftskrisen, den Kinostart von »Emoji – Der Film« und alle möglichen Naturkatastrophen. Wie ein kollektiver Captain America stehen wir jedes Mal wieder auf und sagen: »Kann den ganzen Tag so weitergehen!« Ich habe keine Lösungen für unsere Probleme, aber ich bin überzeugt, dass ein paar von uns irgendwie ein paar von ihnen lösen werden. Diese Sichtweise würde mich in die Kategorie Optimist stellen. Ich kenne jede Menge Leute, die weniger zuversichtlich sind und glauben, dass ein Teil des Schadens, den wir angerichtet haben, nicht wiedergutzumachen ist oder dass die Natur des Menschen einfach selbstzerstörerisch ist und wir dazu verdammt sind, einen weiteren »Emoji-Film« zu erleben.

Sie haben inzwischen über mich erfahren, dass ich ein glücklicher Mensch bin. Ich habe Ihnen ebenfalls erzählt, dass ich ein resilienter Mensch bin, und Sie wissen, dass diese Dinge eng miteinander zusammenhängen. Können Sie erraten, wie Optimismus in dieses Bild passt? Also, fangen wir mal an: Optimistisches Denken korreliert positiv mit Glücklichsein. Optimistische Menschen sind glücklicher und glückliche Menschen sind optimistischer. Optimistische Menschen sind außerdem widerstandsfähiger, weniger anfällig für Stress und machen sich seltener Sorgen. All das sollte Ihnen im Zusammenhang mit dem, was ich bislang dargestellt habe, einleuchtend erscheinen. Resilienz und Glück entstehen als Resultat der Gedanken, die wir hegen, und Optimismus ist eine Art zu denken. Also trägt optimistisches Denken sowohl zur Widerstandsfähigkeit als auch zum Glücklichsein bei. Obwohl ich Menschen kenne, die noch deutlich optimistischer sind als ich, würde ich mich definitiv als Optimisten bezeichnen.

Optimismus ist außerdem eine Reaktion. Das Gehirn verfügt über ein breites Spektrum an Reaktionen. Wenn wir einen Stimulus wahrnehmen, zum Beispiel eine bestimmte Information, können wir darauf reagieren, indem wir sie positiv auslegen. Wir können uns aber natürlich auch Sorgen darüber machen. Sorgenmachen ist eine Form des pessimistischen Denkens. Abhängig davon, welche Reaktion häufiger auftritt und somit wahrscheinlicher ist, bezeichnen wir uns als Optimisten oder Pessimisten. Insgesamt pendeln sich die meisten irgendwo in der Mitte zwischen diesen gegensätzlichen Polen ein, auch wenn wir eher zu einer der beiden Seiten tendieren. Ich sollte Sie noch in ein weiteres kleines Geheimnis einweihen: Optimistischen Menschen kommen andauernd pessimistische Gedanken. Sogar die optimistischsten Menschen unter uns werden von negativen Gedanken geplagt; der Unterschied zu pessimistischen ist, dass Erstere sich nicht mit ihnen aufhalten oder stundenlang darüber grübeln.

Mir ist aufgefallen, dass sich Menschen, die fürs Sorgenmachen anfällig sind, nur schwer vorstellen können, dass optimistisches Denken eine Alternative sein könnte, aber das ist es auf jeden Fall. Oft höre ich die Erklärung, sie hätten das Gefühl, sie müssten sich Sorgen machen. Ich antworte darauf immer, dass dem wahrscheinlich nicht so ist, denn es gibt nur wenige Situationen, bei denen Sorgen wirklich notwendig sind. Es gibt stets alternative Reaktionen. Zum Beispiel habe ich vor ein paar Kapiteln erzählt, dass meine Mutter sich immer Sorgen machte, wenn ich Fahrrad fuhr. Kam ich zu spät, machte sie sich Sorgen, ich könnte von einem Auto überfahren worden sein und läge irgendwo tot im Graben. Der Stimulus in dieser Situation war die Erkenntnis, dass die vereinbarte Rückkehrzeit verstrichen und ich noch nicht zu Hause war. Offensichtlich war die Reaktion darauf Sorgenmachen. Für Eltern mag es logisch erscheinen, sich wegen ihrer Kinder Sorgen zu machen, aber das ist nicht die einzig mögliche Reaktion auf diese Situation. Ein optimistischer Mensch könnte in derselben Lage vollkommen anders reagieren: »Oh, sieh an, mein Sohn kommt zu spät nach Hause. Weißt du was, ich wette, er ist da draußen und hat richtig viel Spaß. Darüber hat er wahrscheinlich einfach die Zeit vergessen, und Handys wurden noch nicht erfunden. Wahrscheinlich kommt er bald nach Hause, spätestens aber, wenn er hungrig wird.« Exakt derselbe Stimulus mit zwei sehr unterschiedlichen Reaktionen. Man *muss* sich keine Sorgen machen.

Es sei denn, die Kinder sind *wirklich* spät dran. Dann machen Sie sich Sorgen. Oder wann auch immer, Sie kennen Ihr Kind besser als ich. Manchmal ist Sorgenmachen eine angebrachte Reaktion.

Wenn Sie anfällig fürs Sorgenmachen sind, sind Sie wahrscheinlich nicht sehr optimistisch (oder glücklich oder resilient), aber lassen Sie sich davon nicht beunruhigen (zumindest nicht mehr, als Sie es sonst auch tun würden), denn mit etwas Übung können Sie optimistischer werden. Und wie ich erwähnt habe, ist das nicht besonders schwer. Stellen Sie sich noch einmal die Zukunft vor, nur diesmal malen Sie sich aus, dass alles genau so gekommen ist, wie Sie es sich gewünscht haben. Wie sieht das aus? Beschreiben Sie es so detailliert wie möglich und schreiben Sie es auf. Wiederholen Sie diese Übung nächste Woche und konzentrieren Sie sich auf einen anderen Aspekt Ihres Lebens (wie zum Beispiel den Beruf oder die Beziehung). Wenn Sie getan haben, worum ich Sie gebeten habe – und ich weiß, dass Sie es wahrscheinlich nicht getan haben (aber das sollten Sie!) –, haben Sie soeben eine Version der Methode namens »das bestmögliche Selbst« ausprobiert, ursprünglich vorgestellt von Dr. Laura King (keine Verwandtschaft).[58] Diese Übung, für die nichts weiter nötig ist, als sich einmal wöchentlich zum Schreiben hinzusetzen, verbessert erwiesenermaßen das optimistische Denken.[59]

Die Übung zum bestmöglichen Selbst erfordert nichts als ein wenig Tagebuchschreiben. Sie brauchen nicht gut schreiben zu können, sie brauchen nicht viel zu schreiben, und selbstverständlich brauchen Sie die Zukunft nicht akkurat vorherzusagen (obwohl es supercool wäre, wenn Sie das täten). Sie brauchen nichts weiter zu tun, als regelmäßig ein wenig Zeit dafür einzuplanen, Ihr Gehirn dazu zu zwingen, positiver über die Zukunft zu denken. Wenn Sie nicht sehr optimistisch sind, werden Sie eventuell feststellen, dass das genau das ist, was Ihr Gehirn zu wenig tut. Genau genommen müssen Sie dafür wahrscheinlich nicht einmal schreiben, aber es hilft Ihnen, die Gedanken zu fokussieren.

Merke:

- Regelmäßige strukturierte Schreibübungen helfen uns zu lernen, optimistischer zu sein. Das wiederum kann uns beim Stressmanagement unterstützen.

Behalten Sie im Hinterkopf, dass dies kein Allheilmittel ist, das Ihr Leben über Nacht radikal umkrempeln wird. Wenn Sie ins

---

[58] Laura A. King: »The Health Benefits of Writing about Life Goals«, Personality and Social Psychology Bulletin 27, Nr. 7, Juli 2001, S. 798–807.
[59] Einen guten Überblick bietet: Paula M. Loveday, Geoff P. Lowell, Christian M. Jones: »The best possible selves intervention: A review of the literature to evaluate efficacy and guide future research«, Journal of Happiness Studies 19, Nr. 2, Februar 2018, S. 607–628.

Fitnessstudio gehen und einen einzelnen Curl vollführen, werden Sie nicht mit einem Riesenbizeps nach Hause gehen.

Sie müssen Tausende Curls über einen längeren Zeitraum machen, um das gewünschte Ergebnis zu erzielen. (Was dann jedoch seltsam aussehen wird, denn Sie haben vergessen, auch mit dem anderen Arm zu trainieren.) Diese Art Tagebuchschreiben wird Sie nicht augenblicklich optimistischer machen, aber ein regelmäßiges Training im positiven Denken wird sich langfristig auf die Eigenschaften Ihrer Gedanken auswirken.

Okay, sprechen wir jetzt darüber, wie wir lernen, das mehr zu schätzen, was wir haben. In den vergangenen Jahrzehnten gab es einen bedeutenden Boom in der akademischen Forschung zum Thema Glück. Infolgedessen wissen wir jetzt eine Menge darüber, weshalb manche Menschen glücklicher sind als andere und wie wir glücklicher werden können. Ein Verhalten, das glückliche Menschen öfter zeigen als weniger glückliche, ist das Ausdrücken positiver Gefühle. Liebe ist zum Beispiel ein sehr positives Gefühl, und die meisten empfinden es für die Menschen in ihrem Leben. Allerdings drücken nicht alle von uns dieses Gefühl gleichermaßen stark aus. Manche sagen anderen selten, was sie empfinden, wohingegen andere ihre positiven Gefühle sehr deutlich zeigen. Für solche Leute haben wir ein Wort, wir nennen sie »glücklich«.

Nicht vergessen, unsere Gedanken beeinflussen unsere Emotionen. Wollen wir unsere Liebe oder Wertschätzung jemand anderem gegenüber verbal ausdrücken, erfordert das, dass wir diesen Gedanken zuvor in unseren Kopf pflanzen, was uns wiederum glücklich macht. Mit anderen Worten: Der Akt, jemandem, den Sie lieben, zu sagen, dass Sie ihn lieben, macht Sie glücklicher. Okay, keine Sorge, wenn etwas so Starkes wie Liebe für Sie nicht infrage kommt. Ob es nun Liebe, Zuneigung, Bewunderung oder Wertschätzung ist, so ziemlich jedes aufrichtige positive Gefühl kann eine Wirkung haben, wenn man es einer anderen Person mitteilt. Wir können die Anzahl positiver Gedanken in unserem Kopf erhöhen, indem wir unsere Gefühle für andere Menschen deutlicher ausdrücken. Von all den Empfehlungen, die ich immer wieder gebe, ist mir diese am liebsten. Sagen Sie den Menschen, die Sie lieben, öfter, dass Sie sie lieben. Das hat den wirklich coolen Nebeneffekt, dass man den anderen ebenfalls glücklicher macht.

Ich sollte das Wort »aufrichtig« im vorherigen Absatz noch einmal betonen. Sie müssen es tatsächlich so meinen. Bitte ziehen Sie nicht in die Welt hinaus und sagen einem Haufen Fremder, denen Sie zufällig begegnen, dass Sie sie lieben. Ich bin mir ziemlich sicher, dass das nicht den gewünschten Effekt hätte. Es ist nicht meine Absicht, einen Haufen Aufreißer zu inspirieren.

Sosehr ich es befürworte, unsere Liebe und Dankbarkeit für die Menschen in unserem Leben zum Ausdruck zu bringen, es gibt durchaus auch Grenzen, wie oft wir solche Dinge sagen können, bevor sie nervig werden. Es gibt so etwas wie »zu viel des Guten«, sogar dann, wenn es um den Ausdruck positiver Gefühle geht. Dazu kommt, dass nicht jeder von uns immer Menschen in seinem Leben hat, die er liebt oder wertschätzt. Vielleicht kommt das einfach noch. Einigen Menschen ist es unangenehm, sich auf diese Weise zu äußern, und die Vorstellung, es zu tun, ist wahrscheinlich ein beängstigender (und stressiger) Gedanke. Denken Sie daran, wenn Sie sich unter Druck setzen, damit Sie glücklicher werden, dann stellen Sie es falsch an. Wenn allein der Gedanke daran, ein eigentlich glücklicher machendes Verhalten an den Tag zu legen, bei Ihnen Stress auslöst, dann sollten Sie lieber eine andere Aktivität finden, die positives Denken stärkt.

Glücklicherweise hat die positive Psychologie ein paar wirklich gute alternative Übungen entwickelt. Mein Favorit darunter – und etwas, was ich in meinen Seminaren, Beratungen und sogar im Privatleben empfehle – ist das Dankbarkeitstagebuch. Es gibt drei verschiedene Formate, aber ich bevorzuge den einfachen Akt, jeden Tag damit zu beenden, dass man drei oder mehr Dinge auflistet, für die man an diesem Tag dankbar war. Oft nennt man das auch die »Drei-gute-Dinge-Übung«, denn wie sollte man sie auch sonst bezeichnen?[60] Einige schreiben drei Dinge auf, für die sie dankbar sind, andere ziehen es vor, sich jeden Tag bewusst zu machen, womit sie gesegnet worden sind, aber das sind nur Variationen desselben Themas. Es ist gut möglich, dass Sie davon bereits gehört haben, da es unheimlich beliebt geworden ist. Gewöhnlich wird es von Therapeuten empfohlen, und auch Prominente reden offen darüber. Der Hauptdarsteller der Serie »Frasier«, Kelsey Grammer, und der Schauspieler Chris Pratt aus »Guardians of the Galaxy« praktizieren diese Übung.[61] Der Musiker Willie Nelson, stolzer Texaner und Austins Lieblingsbürger, behauptet, die Übung habe sein Leben umgekrempelt.[62] Die Schauspielerin Emma Watson schrieb über ihre tägliche Praxis: »Ich liebe die Idee, den Tag damit anzufangen, drei Dinge aufzulisten, für die ich dankbar bin. Und ins Bett zu gehen und an die drei wundervollsten Dinge des Tages zu denken. Ich bin von der transformativen Kraft der Dankbarkeit überzeugt.«[63] Und wenn Hermine Grangers Worte zur Bekräftigung nicht ausreichen: Selbst Oprah Winfrey praktiziert seit mehr als

[60] M. E. Seligman et al.: »Positive Psychology Progress: Empirical Validation of Interventions«, American Psychologist 60, Nr. 5, Jg. 2005, S. 410–421.
[61] Janice Kaplan: »What Really Makes Celebrities Grateful«, Time, 18. August 2015, https://time.com/4002315/jake-gyllenhaal-gratitude-celebrity/.
[62] Willie Nelson und Turk Pipkin: »The Tao of Willie: A Guide to the Happiness in Your Heart«, New York, NY, Penguin 2007.
[63] »Book Club with Emma Watson: The Actor Shares her Ultimate Reading List«, in: Vogue Australia, 8. März 2018, http://vst.to/wih77BH.

einem Jahrzehnt Dankbarkeit und findet trotz ihres unglaublich vollen Terminkalenders die Zeit, täglich fünf Dinge aufzuschreiben![64]

Mir persönlich fällt kein leichterer Weg ein, um sich glücklicher zu fühlen, als am Ende jedes Tages drei gute Dinge aufzuschreiben. Das dauert keine fünf Minuten, und der potenzielle Gewinn im Vergleich zum minimalen Aufwand ist unglaublich. Jeder von uns, egal in welchen Umständen er lebt, kann jeden Tag drei Dinge finden, für die er dankbar ist. Sogar an den allerschlimmsten Tagen gibt es irgendetwas, was man zu schätzen wusste. Genau genommen sind es vor allem diese Tage, an denen uns die Übung am meisten hilft, denn sie erinnert uns daran, dass es trotz des ganzen Mists, mit dem wir uns herumschlagen müssen, immer noch Gutes in unserem Leben gibt.

Da ich bereits eine ganze Weile durchs Land toure, empfehle ich den Teilnehmern meiner Seminare diese Übung schon seit Jahren. Irgendwann poppten dann jede Menge »Dankbarkeits-Challenges« der einen oder anderen Form in meinem Facebook Feed auf. Gewöhnlich waren es Sieben-Tage-Challenges, aber hin und wieder dauerte eine Challenge einundzwanzig oder gar dreißig Tage. Als ich sie entdeckte, erkannte ich sofort, woher die Inspiration dafür stammte, und konnte nicht anders, als ein bisschen neidisch zu sein, weil mir das nicht selbst eingefallen war. Was für eine brillante Idee! Wenn man sowieso seine Zeit damit verschwenden möchte, sich durch Facebook zu scrollen, dann kann man das genauso gut dafür nutzen, gleich etwas glücklicher zu werden. Sie wissen schon, irgendwo zwischen den Posts mit den Fotos Ihres Essens. Oder kombinieren Sie es.

---

[64] Oprah Winfrey: »What Oprah Knows for Sure about Gratitude«, in: O: The Oprah Magazine, November 2012, http://www.oprah.com/spirit/oprahs-gratitude-journal-oprah-on-gratitude.

Für einige läuft Facebook so: »Das hier gab's zum Frühstück ... Das hier gab's zum Mittagessen ... Das hier gab's zum Abendbrot ... Das hier sind drei Dinge, für die ich heute dankbar bin: Frühstück, Mittagessen und Abendbrot.«

Das ist eigentlich auch logisch. Facebook ist ursprünglich für kurze Einträge über den Tagesverlauf entwickelt worden. Man mag sie zwar »Updates« nennen, aber es ist eine Art des Tagebuchführens. Doch meiner Meinung nach liegt der tatsächliche Vorteil der Dankbarkeitspraxis auf Facebook darin, dass wir sie mit unseren Freunden und der Familie teilen (und mit dem Typen von der Highschool, an den man sich kaum erinnert, aber dessen Freundschaftsanfrage man dennoch akzeptiert hat). Wenn wir ein Dankbarkeitstagebuch führen, macht uns das glücklicher, aber wenn wir dieses Tagebuch öffentlich teilen, öffnen wir uns für ein zusätzliches, komplett neues Element. Wir erhalten Feedback, die Leute bestätigen die eigene Erfahrung, und wir inspirieren andere, es uns gleichzutun.

In meinen Seminaren begann ich, die Teilnehmer dazu aufzufordern, genau das auf Facebook zu tun. Und da ich versuche, das zu leben, was ich predige, verschob ich meine Dankbarkeitsposts auf meine Facebook-Fanseite. Ursprünglich hatte ich beabsichtigt, einfach nur ein anschauliches Beispiel für die Übung zur Verfügung zu stellen, doch ich fand die Praxis derart bereichernd, dass ich sie nun seit über drei Jahren tagtäglich durchführe (mit einigen wenigen Ausnahmen). Eigentlich habe ich nur aufgehört, weil ich anfing, dieses Buch zu schreiben, und ich habe die volle Absicht, wieder damit anzufangen, sobald dieses Buch fertig ist. Verstehen Sie mich nicht falsch, ich führe nach wie vor ein Dankbarkeitstagebuch, ich reduziere einfach nur meine Social-Media-Zeit, damit ich mit der Arbeit vorankomme. Zum Beweis ist hier mein Eintrag für heute, damit Sie sehen können, wie ich es mache.

Drei Dinge, für die ich heute, am 4. Dezember, dankbar bin:

1. Die Wohnung, die wir gemietet haben, liegt nicht weit von schönen Parks und Spielplätzen entfernt. Mir ist aufgefallen, dass das Winterwetter in Denver kommt und geht, und heute war es relativ warm, sodass Alyssa und ich ein wenig Zeit in einem der Parks verbrachten und den Spielplatz genossen.

2. Sarah hat für den kommenden Monat einen großartigen Ort zum Wohnen gefunden. Er liegt in einer ländlichen Gegend im Norden Floridas, auf einer bewirtschafteten Farm, inklusive aller möglichen Tiere. Wir freuen uns riesig, denn keiner von uns hat je auf einer Farm gelebt, und das könnte Alyssa enorm viel Spaß machen.

3. Mein Bruder Jon plant, die Weihnachtsfeiertage hier bei uns in Colorado zu verbringen, obwohl er erst vor Kurzem zusammen mit meinen Eltern bei uns in Denver zu Besuch war. Ich freue mich sehr, ihn zu sehen, und es ist toll, die Feiertage mit der Familie zu verbringen.

Und das war's. Ich finde es immer hilfreich, ein wenig zu erklären, weshalb ich für den jeweiligen Punkt auf meiner Liste dankbar bin. Für diese Übung ist es wirklich wichtig, dass man sich auf den aktuellen Tag konzentriert. Wenn Sie einfach nur drei Dinge auflisten, für die Sie generell dankbar sind, dann kommt jeden Tag dieselbe Liste heraus. Eine Person, die meine Herausforderung im Seminar annahm, postete zum Beispiel jeden Tag: »Meine Gesundheit, mein Mann, meine Kinder.« Indem Sie das Ganze speziell auf den einzelnen Tag beziehen, zwingen Sie Ihr Gehirn dazu, über all die positiven Dinge nachzudenken, die Sie vor Kurzem erlebt haben, und erzeugen damit Aktivität in der linken Seite Ihres präfrontalen Cortex. Und genau darum geht es ja.

Ach, übrigens, falls Sie es nicht ohnehin schon geahnt haben, fordere ich Sie hiermit offiziell zur Dankbarkeits-Challenge auf Facebook heraus. Posten Sie am Ende des Tages für einen Zeitraum von mindestens sieben Tagen drei Dinge, für die Sie dankbar sind, und fordern Sie andere dazu auf, es ebenfalls zu tun. Am Ende dieser Woche fällt Ihnen vielleicht auf, dass Sie sich glücklicher fühlen. Vielleicht entschließen Sie sich sogar, das Ganze über die Challenge hinaus weiterzuführen. Einer meiner Freunde praktizierte es ein Jahr lang, und ich sehe nach wie vor Seminarteilnehmer, die ihre Listen posten. Wenn es Ihnen seltsam vorkommt, damit anzufangen, können Sie es gern auf mich schieben. Tun Sie das allerdings *nur*, wenn Sie bereits Mitglied bei Facebook sind. Bitte melden Sie sich nicht meinetwegen an. Falls Sie es bisher geschafft haben, Facebook irgendwie zu entgehen, fahren Sie bitte damit fort, Ihr Leben zu genießen, das äußerst erfüllend sein muss.

Wenn Sie nichts mit Social Media am Hut haben, betrachten Sie dies bitte als Aufforderung, auf die altmodische Weise mit dem Führen eines Dankbarkeitstagebuchs anzufangen. Es ist leicht, nimmt nicht viel Zeit in Anspruch und kann sich positiv auf Ihr Leben auswirken.

Zusammenfassung für Sie wissen schon wen:

- Positive Emotionen wie beispielsweise Liebe oder Dankbarkeit anderen gegenüber verbal auszudrücken, macht uns glücklicher, und das hilft uns wiederum, besser mit Stress umzugehen.

- Ein Dankbarkeitstagebuch zu führen, in dem wir täglich drei Dinge auflisten, für die wir speziell an diesem Tag dankbar sind, kann uns ebenfalls glücklicher machen.

Okay, damit haben wir Folgendes abgehakt: zu lernen, optimistischer zu werden, sowie zu lernen, das mehr zu schätzen, was man hat. Die dritte einfache und leichte Aktivität, die ich Ihnen ans Herz legen möchte, ist, an Ihrem Sinn für Humor zu arbeiten. Ich bin sicher, Sie wissen, was Humor ist, aber im Zusammenhang mit dem, was ich hier besprochen habe, verstehe ich unter Humor die Fähigkeit unseres Gehirns, einen potenziell bedrohlichen Stimulus als amüsant oder ungefährlich einzustufen. Dafür wird der Stimulus anfangs auf die eine Art wahrgenommen und dann sofort in etwas anderes uminterpretiert. Das Gehirn stuft diesen Prozess als humorvoll ein.[65] Ich weiß, das hört sich etwas verwirrend an, also lassen Sie mich Ihnen ein Beispiel geben.

Mein Lieblingswitz ist ein ganz alter, den Sie sicher schon einmal gehört haben. Es ist der berühmte Einzeiler von Henny Youngman: »Nehmen Sie zum Beispiel meine Frau … bitte.« Es ist ein einfacher Witz, und hoffentlich wird er Ihnen helfen zu verstehen, was ich oben darüber gesagt habe, wie das Gehirn Humor verarbeitet. Die ersten sechs Worte bereiten den Witz vor, sie lenken die Erwartung. Der Ausdruck »nehmen Sie zum Beispiel meine Frau« signalisiert unserem Gehirn, dass der Comedian gleich etwas über seine Frau erzählen wird. Der Mann hält einen Moment inne, und wir erwarten unbewusst, dass er gleich einen Witz über sie zum Besten gibt. Als er jedoch mit dem Wort »bitte« fortfährt, erfüllt er keine unserer Erwartungen und ändert vollkommen die Bedeutung des Satzanfangs.

---

[65] Y. C. Chan et al.: »Segregating the Comprehension and Elaboration Processing of Verbal Jokes: An fMRI Study«, in: NeuroImage 61, Nr. 4, Juli 2012, S. 899–906.

Unser Gehirn muss ihn sofort uminterpretieren. Das Ergebnis dieses schnellen Wechsels im Verständnis findet unser Gehirn lustig. Da unser Gehirn feststellt, dass es mit der ursprünglichen Annahme einen Fehler gemacht hat und die Situation nicht bedrohlich ist, sind wir amüsiert. Das Gleiche habe ich im Vorwort des Buches gemacht, als ich sagte, ich sei vor Kurzem Vater geworden. Tatsächlich ist das ein Witz, den ich oft auf der Bühne erzähle. Wenn ich sage: »Im Alter von fünfundvierzig wurde ich Vater. Ich weiß, was Sie jetzt denken«, nimmt Ihr Geist an, dass ich gleich eine bestimmte argumentative Richtung einschlagen werde, und wenn ich dann fortfahre mit: »Kinder bekommen Kinder! Der Mann ist viel zu jung für ein Baby!«, entspricht das überhaupt nicht Ihrer Erwartung.

Die meisten Witze sind komplizierter aufgebaut, als einfach nur am Ende eines Satzes ein Wort oder eine Phrase zu ergänzen, die dessen Bedeutung modifizieren, aber ich hoffe, diese Beispiele können verdeutlichen, dass Humor entsteht, wenn sich eine anfängliche Wahrnehmung von etwas verändert. Nehmen wir einmal an, ich wandere auf einem Pfad durch einen Wald der Rocky Mountains und glaube plötzlich in der Ferne einen Bären zu erkennen. Instinktiv bekomme ich wahrscheinlich augenblicklich Angst, da ich nicht sicher bin, ob ich gleich angegriffen werde oder ob der Bär mich einfach ignorieren wird. Doch dann sehe ich, wie er sich auf mich zubewegt, und als ich ihn klarer erkennen kann, fällt es mir wie Schuppen von den Augen: *O Mann, das ist nur mein Cousin Shawn!* Ich lache, da mein Gehirn seinen Fehler registriert, und fühle mich erleichtert, dass ich nun doch nicht von einem Bären zerfleischt werde. Gut möglich, dass mir Shawn in den Hintern treten will, wenn er das hier liest, aber mit ihm komme ich schon klar. Und du bist wirklich sehr haarig, Shawn. Es wurde Zeit, dass mal jemand was sagt.

Einen Sinn für Humor zu haben, bedeutet, Dinge auf mehreren Ebenen verstehen zu können, und das ist beim Abbau von

Stress ungemein hilfreich. Wie erwähnt, können die inneren Bereiche des Gehirns einen Stimulus als potenziell gefährlich fehlinterpretieren und dadurch eine Stressreaktion auslösen. Aber unser präfrontaler Cortex ist fähig, dieses System außer Kraft zu setzen, indem er anders denkt. Ich kenne einen Typen, der ein ganzes Buch über die geistigen und körperlichen Vorteile von Humor geschrieben hat, aber aus meiner Sicht ist dies genau der Zweck von Humor.[66] Er hilft, das Gehirn davon abzuhalten, unnötig unter Stress zu geraten. Die meisten Theorien zum Humor decken sich mit dieser Sicht, ob man nun glaubt, dass er Spannung reduziert oder als Abwehrmechanismus dient. Humor wird sogar von einigen anderen Spezies als Mittel zur Verminderung von Aggression in sozialen Zusammenhängen eingesetzt.[67] Humor bringt viele Vorteile mit sich, und ich glaube, Stressmanagement ist der wichtigste.

Zusätzlich zur Umleitung potenziell negativer Gehirnaktivität bietet Humor den schönen Vorteil, uns zum Lachen zu inspirieren. Wahrscheinlich kennen Sie das Sprichwort: »Lachen ist die beste Medizin.« Es wird viel benutzt, doch die Leute machen sich kaum wirklich Gedanken darüber. Da ich ein Comedian mit einem Doktor in Psychologie bin und ein Buch genau zu diesem Thema geschrieben habe, werde ich oft gefragt, ob das Sprichwort wahr sei. So gern ich das auch bestätigen würde, aber natürlich stimmt es nicht. Lachen wird Ihnen nicht dabei helfen, die Grippe zu überwinden, es wird Ihren Fußpilz nicht kurieren und heilt mit Sicherheit auch nicht Ihren gebrochenen Arm. Allerdings könnte Lachen Ihnen helfen, Krebs

---

[66] Ähm, logo. Das war ich, ich spreche von mir.

[67] Charles Darwin: »Der Ausdruck der Gemütsbewegung bei den Menschen und den Tieren«, Vero Verlag, 2019, und Robert R. Provine: »Laughter: A Scientific Investigation«, New York, NY, Penguin, 2001.

zu vermeiden oder sich davon zu erholen[68], es könnte dazu beitragen, Herz-Kreislauf-Erkrankungen zu lindern, indem es Ihren
Blutdruck senkt[69], es könnte Ihnen helfen, Diabetes in den Griff
zu bekommen[70], und es wird sicher förderlich sein, wenn es darum geht, Ihren Stress besser zu managen.

Stress ist die Reaktion unseres Gehirns auf Bedrohungen,
und er bereitet uns auf eine Folgeaktion vor. Stehen wir unter
Stress, fließt Cortisol durch unseren Körper, was alle möglichen
physiologischen Veränderungen nach sich zieht. Probleme entstehen dann, wenn der Körper all dieses Potenzial für eine Aktion erzeugt und dann keine Aktion erfolgt. Der körperliche
Akt des Lachens jedoch besteht aus einer enormen Menge an
Aktivitäten über einen ganzen Haufen von verschiedenen Bereichen hinweg. Angefangen bei der elektrischen Aktivität des Gehirns, während man den Humor verarbeitet, über die Gesichts-
muskeln, die Sie lächeln und lachen lassen, über das Zwerchfell,
das die Lungen zum Ein- und Ausatmen zwingt, bis hin zu den
Arm- und Beinmuskeln, die eingesetzt werden, wenn Sie klat-
schen oder mit dem Fuß aufstampfen – Lachen setzt eine ungeheure Vielfalt an körperlichen Aktivitäten in Gang. Lachen
ist ein tief greifender Befreier von Stress, der Cortisol reduziert

---

[68] Mary P. Bennett et al.: »The Effect of Mirthful Laughter on Stress and
Natural Killer Cell Activity«, in: Nursing Faculty Publications: Alternative
Therapies 9, Nr. 2, März 2003, S. 38-45.
[69] Herbert M. Lefcourt: »Humor as a Stress Moderator in the Prediction of
Blood Pressure Obtained during Five Stressful Tasks«, in: Journal of Research
in Personality 31, Nr. 4, Dezember 1997, S. 523–542.
[70] Richard S. Surwit und Mark S. Schneider: »Role of Stress in the Etiology
and Treatment of Diabetes Mellitus«, in: Psychosomatic Medicine 55, Nr. 4,
1993, S. 380–393. Siehe auch: Keiko Hayashi et al.: »Laughter Lowered
the Increase in Postprandial Blood Glucose«, in: Diabetes Care 26, Nr. 5,
Mai 2003, S. 1651-52.

und den zusätzlichen Bonus mit sich bringt, uns in eine gute Stimmung zu versetzen.

Lachen ist nicht nur ein Ausdruck dafür, dass man glücklich ist, es trägt auch zu diesem Gefühl bei. Rufen wir uns kurz die bereits erwähnte James-Lange-Theorie der Körperreaktionen in Erinnerung, laut der unser Gehirn anhand von physiologischen Hinweisen auf unseren emotionalen Zustand schlussfolgert. Wenn unser Körper lächelt, lacht oder klatscht, was glauben Sie, wie werden wir uns dann fühlen? Ich gebe Ihnen einen Tipp, der erste Buchstabe lautet »g«. Ja, Sie haben es erraten: gestört. Nein, glücklich natürlich, was sonst! Weshalb Sie wahrscheinlich verstehen können, wie glücklich ich war, als meine Tochter anfing, Sinn für Humor zu zeigen. Mit acht Monaten lachte sie bereits jede Menge und hatte dabei zwei unterschiedliche Arten von Lachen, eine vom Typ »ha, ha, ha«, das fast so wirkte, als sei es gekünstelt, und ein Kichern, das viel echter klang. Fast ein Jahr später scheint sich ihr Sinn für Humor gut weiterzuentwickeln. Sie erzählt sogar schon Witze – mangels Sprachfähigkeit selbstverständlich in der Form von Streichen, aber witzig sind sie trotzdem. Den ersten Witz, an den ich mich erinnere, ließ sie vom Stapel, als wir drei im Auto saßen. Von ihrem Sitz aus tippte sie Sarah auf die Schulter, und als die sich umdrehte, steckte sie Sarah eins ihrer Spielzeuge in den Mund und prustete los. Mir platzte fast der Bauch vor Lachen. Und vor Kurzem führte sie mich an der Hand zu meinen Schuhen hinüber, als wollte sie mich dazu ermuntern, mit ihr spazieren zu gehen. Als ich mich bückte, um einen Schuh anzuziehen, bemerkte ich ein Spielzeug, das sie hineingestopft hatte. In dem Moment, als ich es sah, brach sie wie verrückt in Lachen aus. Menschen, die uns zum Lachen bringen, stärken unsere Gesundheit und unser Glücksgefühl. Ich liebe meine Tochter.

Was fangen Sie nun mit diesen Informationen an? Nun, ich glaube, die naheliegendste Antwort auf diese Frage ist, sich darüber klarzuwerden, welche Auswirkungen Humor auf Stress hat, und sich dementsprechend öfter mit humorvollen Aktivitäten zu beschäftigen. Herumwitzeln ist eine großartige Methode, um mit einem Stressauslöser umzugehen oder dessen Auswirkung auf uns zu mindern. Tatsache ist, dass jede Menge Humor aus negativen Erfahrungen entsteht oder dunklen Gedanken entspringt. Sitcoms und Kinofilme nehmen häufig schwierige Situationen auf die leichte Schulter, und Stand-up-Comedians bringen alles Mögliche, was sie erlitten haben, auf die Bühne. Humor ist ein großartiger Verarbeitungsmechanismus, und zu lernen, wie man etwas mit einem Lachen abtut, kann eine hilfreiche Fähigkeit sein. Wenn es darum geht, Humor zu generieren, sind wir nicht alle gleichermaßen begabt, aber glücklicherweise ist es ebenfalls extrem hilfreich, etwas Humorvolles nur zu hören oder zu sehen.

Jetzt zur Wiederholung für die Querleser:

- Humor ist ein natürliches Mittel zur Stressbewältigung.

- Eine Situation neu zu bewerten, um einen Witz daraus zu machen, kann negatives Denken reduzieren.

- Der physische Akt des Lachens reduziert Stress und auf Stress beruhende physiologische Zustände.

Mit der Stand-up-Comedy fing ich etwa ein oder zwei Jahre vor meinen ersten Vorträgen an. Fast mein ganzes Leben lang hatte ich als Comedian auftreten wollen, schob es aber aus dem einen oder anderen Grund immer wieder auf. Als ich in Austin studierte, besuchte ich jede Menge Comedyshows. Ich fand die lokale Szene in Texas wirklich toll und sah den legendären Bill Hicks auftreten, als seine letzten Alben aufgezeichnet wurden.[71] Ich war bei Ron White am Anfang seiner Laufbahn in den Klubs in Austin. Der Velveeta Room Comedy Club in der 6th Street, heute ein Meilenstein in Comedykreisen, wurde eröffnet, als ich in Austin lebte. Ich sah mir oft genug Shows an, sodass ich mehrere lokale Comedians persönlich kennenlernte. Sie ermutigten mich andauernd, es mit Stand-up zu versuchen, aber aus irgendeinem Grund fühlte ich mich noch nicht bereit dafür. Ich verließ Austin wegen meines Aufbaustudiums in New Orleans und ging dann nach Ohio, wo meine Studien den Großteil meiner Zeit in Anspruch nahmen. Was mich danach davon abgehalten hat, auf die Bühne zu gehen, weiß ich nicht mehr genau, aber ich weiß noch den Grund, weshalb ich mich schließlich doch auf eine stellte: Stress.

Ich war irgendwann nach San Francisco gezogen und fand mich in einem Job wieder, den ich abgrundtief hasste. Das lag nicht am Unternehmen, es war einfach die falsche Umgebung zur falschen Zeit meines Lebens. Ich kam nie so recht in Kontakt mit meinen Kollegen und fand meine Arbeit alles andere als erfüllend. Die Belastungen dieses Jobs forderten ihren Preis, und ich entwickelte eine leichte Depression. Die Lebenshaltungskosten in San Francisco bereiteten mir zusätzlichen Stress, denn wäre ich nicht weiter in dem Job geblieben, den ich hasste, hätte ich mir das Leben dort nicht mehr leisten können. Genau wie viele andere in ähnlicher Lage fühlte ich mich in der Falle. Ein Freund, ebenfalls Psychologe, schlug vor, ich solle es doch mal mit Stand-up-Comedy versuchen, und da erinnerte ich

---

71 Darauf bin ich sogar richtig stolz. Ich war bei der Aufnahme von Hicks' Album »Arizona Bay« im Laff Stop in Austin dabei (inzwischen der Cap City Comedy Club). Ich saß in der ersten Reihe, und er machte sich über mein T-Shirt lustig. Nach der Show schüttelte ich ihm die Hand. Als das Album später posthum veröffentlicht wurde, fiel mir auf, dass mein Gelächter zumindest einmal deutlich hörbar war. Er war eine bedeutende Inspiration für mich – und ist es immer noch.

mich an meinen lebenslangen Traum. Ich meldete mich gleich in der folgenden Woche für meinen ersten Auftritt auf einer Offenen Bühne an. Beinahe augenblicklich spürte ich, wie sich die Depression etwas lichtete und meine Stimmung stieg, also blieb ich dabei. Einen Monat später trat ich regelmäßig auf, verlor den Job und war glücklicher als je zuvor. Halt, bevor Sie Ihren Hauptjob kündigen, losrennen und einen fünfminütigen Kurzauftritt ausarbeiten, sollten Sie wissen, dass Comedy ein schwieriges Pflaster ist. Die Chancen, damit erfolgreich zu werden, stehen schlecht. Ich bin mit meinen öffentlichen Vorträgen um einiges erfolgreicher, als ich es wohl je als Comedian sein werde. Man braucht dafür ungeheure Resilienz und mit hoher Wahrscheinlichkeit eine zweite Einkommensquelle. Als Berufsoption kann ich es nicht empfehlen. Doch für mich war es genau das, was ich in einer der stressigsten Phasen meines Lebens gebraucht habe, und ich habe es nie bereut, damit angefangen zu haben. Ich nehme mir sogar morgen Abend eine Auszeit vom Buchschreiben, um bei einer Comedyshow hier in Denver aufzutreten.

Befreit durch ein Lachen

Bevor ich in diesen Abschnitt einsteige, muss ich einfach erwähnen, dass sie sich heute Morgen nach dem Aufstehen ganz allein ausgesucht hat, was sie anziehen möchte, *und* ihre Jeans halbwegs hochgezogen hat! Ich weiß, das braucht vielleicht nicht jeder zu wissen, aber ich bin unglaublich stolz auf Sarah!

Man könnte meinen, dass ich als Comedian den Überlegungen zum Thema Humor in diesem Buch einen viel größeren Platz eingeräumt hätte. Ich könnte endlos über die Vorteile des Humors erzählen, aber für unsere Zwecke reicht es, zu wissen, dass ein Sinn für Humor und Lachen dabei helfen, Stress abzubauen. Verschiedene Studien haben gezeigt, dass Lachen sowohl die Cortisolwerte als auch den Blutdruck senkt, woraus ich schließe, dass Lachen das Stressmanagementsystem der Natur ist.

Stand-up-Comedy hat mir geholfen, eine der stressigsten Phasen meines Lebens zu überwinden, und mithilfe meines Humors habe ich alles überstanden, was ich bislang erlebt habe. Mein Sinn für Humor ermöglichte es mir, mich an die neue Highschool-Kultur in Texas anzupassen; als ich später im French Quarter lebte, half er mir, meine Reaktion auf wiederholte Einbrüche in mein Auto zu managen; und vor Kurzem unterstützte er mich dabei, mit dem Kopfzerbrechen klarzukommen, das mir die Reparatur meiner Wohnung aus knapp zweieinhalbtausend Kilometern Entfernung bereitet hatte.

Wenn die Leute erfahren, dass ich ein Comedian mit einem Doktortitel bin, wird oft angemerkt, wie selten diese Kombination sei. Sie ist zwar selten, aber dennoch kenne ich persönlich viele Menschen, die sich das Recht verdient haben, einen »Dr.« zu ihrem Künstlernamen hinzuzufügen, sogar noch mehr, wenn man die mit einem Doktor der Rechtswissenschaft einschließt. Es gibt jede Menge berühmter Beispiele: Comedian, Schauspieler und Arzt Ken Jeong ist wahrscheinlich der gewichtigste Name, der einem in den Sinn kommt, gewissermaßen das amerikanische Pendant zu Eckart von Hirschhausen. Ich bin vielen Kollegen begegnet, die höhere Abschlüsse erreicht haben und dann irgendwann zur Comedy wechselten, zumindest in Teilzeit, aber oft auch im Rahmen eines kompletten Berufswechsels. Andererseits ist es normal für mich, der einzige Doktor in einer Show zu sein. Als ich gemeinsam mit dem Comedian Dave DeLuca unsere Show in Los Angeles produzierte, buchte er die Künstler und ich fungierte oft als Gastgeber. Dr. Laura Hayden hatte ich vor ihrem Auftritt noch nicht kennengelernt, aber nachdem sie auf unserer Bühne gestanden und wir uns alle vor Lachen geschüttelt hatten, wurde ich ihr Fan. Dies ist ihre Geschichte, die ich wiederum aus ihrer Sicht erzähle, und es zeigt sich, dass wir mehr gemeinsam haben als gedacht.[72]

* * *

Comedy hat meine Karriere als Physiotherapeutin gerettet.

Seit etwa einem Jahr arbeitete ich nun als Physiotherapeutin. Kaum fertig mit der Ausbildung, hatte ich einen Traumjob in einer überragenden Rehasportklinik ergattert, eine Position,

---

[72] Im Dezember 2018 via E-Mail mit mir geteilt.

die selten mit Neulingen besetzt wird. Aber nach nur einem Jahr in einem Beruf, der mühevolle acht Jahre Studium und Hunderte Stunden an Praktika erfordert hatte, hatte ich bereits das Gefühl, dass mein Job mich umbrachte.

Soweit ich weiß, gibt es kein Medizinstudium und keine medizinische Ausbildung, die einem beibringen, wie man vernünftig mit den emotionalen, geistigen, körperlichen und sogar spirituellen Belastungen umgeht, die die Behandlung von Patienten mit sich bringt und die ungemein an der Psyche zehren können. Ein Jahr nach Abschluss der Uni war ich bereits ausgebrannt – gar nicht gut, denn es würde zehn Jahre dauern, bis ich meinen Studienkredit abgezahlt hätte.

Ich habe ewig lange gekellnert, weil ich ewig lange studiert habe. Bei der letzten Zählung hatte ich sechs Studienabschlüsse und Zertifikate von neunzehn Universitäten. Kein schlauer Mensch sollte je meinem Beispiel folgen. Allerdings bin ich gut in der Quizshow »Jeopardy«. Mit dem Kellnern fing ich früh in meiner Unikarriere an, und zwar aus zwei Gründen: erstens, um über meine lähmende Schüchternheit hinwegzukommen, und zweitens, um mehr zu verdienen als eine Verkäuferin in einem tristen Laden in einem runtergekommenen Einkaufszentrum. Im Restaurant merkten meine Stammkunden oft an, dass ich witzig sei. Offen gesagt habe ich mich selbst nie für lustig gehalten. Ich glaube, ich habe einen schnellen Verstand, und ich bin ehrlich, was zu ein paar guten Jokes auf der Restaurantbühne geführt hat.

Mein Aufbaustudium in Physiotherapie verlangte eine enorme Anzahl an Präsentationen. Man wollte, dass wir lernten, effektiv zu kommunizieren, oder zumindest war das der Quatsch, den man uns verkaufte. Im Nachhinein glaube ich, dass es aber tatsächlich eine gute Übung war. Meine Kommilitonen freuten sich immer, wenn ich mit meinen Präsentationen dran war, denn sie waren lustig. Nochmals, es war nicht so, dass ich witzig sein wollte, während ich über Meningitis im Rückenmark oder etwas ähnlich Unlustiges referierte, es ergab sich einfach. Wie dem auch sei, meine amüsanten Präsentationen führten dazu, dass ich von meiner Abschlussklasse dazu nominiert wurde, die Rede bei der Abschlussfeier zu halten. Erneut hatte ich nicht die Absicht, lustig zu sein, sondern wollte einfach nur nicht langweilen, denn diese Rede ist berüchtigt für ihre Langeweile. »Wir möchten der Fakultät danken … bla bla bla.« Irgendwann wünscht sich das gesamte Publikum nur noch, dass es endlich vorbei ist, damit man zur Feier des Tages die Torte anschneiden kann. Im Ernst, der einzige Grund, weshalb überhaupt jemand zu dieser Abschlussfeier geht, ist die Torte. Ich hatte entsetzliche Angst, aber die Rede war ein Hit. Ich musste ein paarmal innehalten, weil die Leute so sehr lachten. Danach deutete das viele Lob darauf hin, dass ich tatsächlich ein Naturtalent auf der Bühne war. Sie wussten ja nicht, dass ich mich davor zweimal übergeben hatte, der Fluch jedes extrem introvertierten Menschen.

Um es kurz zu machen: Anstatt zum Jahresanfang etwas aufzugeben (weil ich es sowieso nie schaffe, mit dem Essen, Trinken oder Fluchen aufzuhören), versuche ich mich stattdessen immer an etwas Neuem. Ich warf eine Münze, um zu entscheiden, ob ich einen Kurs in Stand-up-Comedy oder im Segeln machen sollte. Kopf gewann, also Comedy. Ich hatte vor, einfach den Kurs zu machen, den Abschlussauftritt zu absolvieren und mein Leben weiterzuleben, doch Stand-up nährte etwas in mir, von dem ich nicht einmal gewusst hatte, dass ich es brauchte. Es begann als ein Jux, aber nach jeder Show fühlte ich mich besser. Nach der Arbeit war ich stets unglaublich ausgelaugt, sowohl geistig als auch körperlich. An manchen Tagen konnte ich kaum zu meinem Auto laufen, aber irgendwie schleppte ich mich zu einer Offenen Bühne, schaute mir Comedy an und trat selbst auf. Wenn ich dann den Klub um Mitternacht verließ, fühlte ich mich besser als am selben Abend um neunzehn Uhr.

Das geschah immer und immer wieder. Comedy holte mich buchstäblich aus einem schweren Burn-out heraus.

Da ich eine große Streberin bin und Lachen sich derart tief greifend auf mein Leben ausgewirkt hatte, begann ich, über die heilenden Aspekte des Lachens zu forschen. Überraschenderweise führte mich das an die Uni zurück. Ich schrieb mich wieder ein und machte meinen Doktor. Meine Dissertation schrieb ich über die heilenden Aspekte des Lachens in Bezug auf Stress und Burn-out in Pflegeberufen.

Comedy hatte die stärksten positiven Auswirkungen auf mein Leben. Dank ihr durfte ich bislang in einunddreißig Ländern auftreten und habe wunderbare Menschen und Freunde getroffen. Und sie hat meine Karriere als Physiotherapeutin gerettet. Sie brauchen meine 782 Seiten lange Dissertation nicht zu lesen, ich fasse sie Ihnen zusammen: Comedy ist gut für Sie, wirklich gut für Sie. Gehen Sie raus und lachen Sie, Ihre Gesundheit hängt tatsächlich davon ab.[73]

* * *

Diese letzte Feststellung Laura Haydens kann ich nur bestätigen.

Natürlich weiß ich aus eigener Erfahrung, dass ein Burn-out etwas wirklich Furchtbares ist, und in Gesundheitsberufen in den Sparten Physiotherapie, Pflege und medizinische Versorgung finden sich mit die höchsten Raten. Burn-out ist eine Form von arbeitsbezogenem Stress, der sich auf die geistige und körperliche Gesundheit auswirkt, genau wie jede andere Form von Stress. Was Burn-out ein wenig herausfordernder macht, ist, dass die meisten Menschen ihren Job wirklich brauchen, also können sie

---

[73] Laura Hayden ist unter anderem Physiotherapeutin, Comedian und Autorin und hält Vorträge. Sie können mehr über sie erfahren unter: www.laurahayden.com.

diese Stressquelle nicht einfach aus ihrem Leben entfernen. Sie stecken in der Klemme. Sie können weder fliehen noch kämpfen, also tun sie sehr oft überhaupt nichts (erstarren), was die Situation zunehmend verschlimmert. Für jene unter uns, die über einen höheren Abschluss oder besonders spezielle Kenntnisse verfügen, verstärkt sich der Stress oft noch, da man meint, man habe ja nun so viel Zeit und Energie in die Karriere investiert, dass die Arbeit sich mangels anderer Optionen einfach lohnen müsse. Da ich in meinem Leben hin und wieder an Burn-out gelitten habe, spreche ich oft ganz unverblümt über den Schaden, den dieses Leiden anrichtet. Anti-Burn-out, ich weiß, wie provokant! Bei mir geht's eben stets darum, Grenzen infrage zu stellen.

Die meisten von uns müssen arbeiten, und solange dem so ist, können wir uns hoffentlich an inspirierenden, bereichernden und vielleicht persönlich erfüllenden Laufbahnen erfreuen. Allerdings sind nicht alle Jobs großartig, und manchmal werden wir eine Arbeit annehmen müssen, die alles andere als unser Traumjob ist, um über die Runden zu kommen. Wenn ein Job schon nicht großartig sein kann, dann sollte er einen aber zumindest nicht krank machen. Ich glaube, das ist eine vernünftige Erwartung – und dennoch gehen so viele von uns einer Arbeit nach, die genau das tut. Stellen Sie sich eine Situation vor, in der eine Person, die unter Burn-out leidet, eine Depression entwickelt. Die Depression wird sich sowohl auf die Produktivität der Person als auch auf deren Privatleben auswirken. Zum Glück gibt es viele hilfreiche Behandlungskonzepte für Depression. Stellen Sie sich vor, diese Person sucht einen Therapeuten auf. Vielleicht wird ihr ein Antidepressivum verschrieben, das in der Situation helfen soll. Jetzt nimmt diese Person Medikamente, um mit der Erkrankung umzugehen, die der miese Job ihr beschert hat, damit sie weiterhin in diesem miesen Job arbeiten kann. Aber jetzt kann sie ihren Job noch viel weniger kündigen, denn sie braucht die Krankenversicherung, die für die

Medikamente zahlt, die ihr helfen, den Job zu erledigen, der die Depressionen hervorruft! Selbstverständlich ist das Leben nicht derart simpel, aber Sie erkennen, wie man in einen ungesunden Teufelskreis geraten kann.

Aus einem Teufelskreis auszubrechen, ist nicht leicht, aber für Laura und mich bot der Sinn für Humor einen Ausweg und führte uns sogar zu einem wirklich interessanten Nebenjob. Comedian zu werden, ist nicht für jedermann eine tragbare Lösung, aber auch, wenn Sie nur am Feierabend mit ein wenig Spaß entspannen, kann der Humor dem Stachel eines miesen Jobs ein wenig die Spitze nehmen.

Ich lernte Conor Kellicutt in San Francisco kennen. Er war bereits ein in der Szene etablierter Comedian und trat als Hauptact auf. Da er in der Comedy-Nahrungskette über mir stand, waren wir eher selten in denselben Shows, aber gelegentlich sahen wir uns. Das Punch Line, einer der professionellen Comedy-Klubs der Stadt, zeigte wöchentlich ein Programm mit lokalen Comedians. Das bot etablierten Künstlern eine tolle Location, um einen lustigen Auftritt einzuschieben, und für Neulinge gab es jede Woche die Gelegenheit, neue Beziehungen zu knüpfen und durch Beobachtung dazuzulernen. Als ich mit Stand-up anfing, ging ich so gut wie jede Woche hin, nur um mir die Show anzusehen. Conor trat regelmäßig auf, und ich fand seinen Stil wirklich gut. Schließlich vernetzten wir uns über Social Media, und obwohl wir uns seit Jahren nicht mehr persönlich gesehen haben, freue ich mich immer, seine Posts zu lesen. Über die Jahre hinweg ist es ihm jedes Mal gelungen, mich zum Lachen zu bringen, sogar, als er eine unvorstellbare Tragödie durchleiden musste. Das ist seine Geschichte, erzählt aus seiner Sicht.[74]

* * *

---

[74] Im November 2018 via E-Mail mit mir geteilt.

Als Comedian habe ich dem Humor einen großen Platz in meinem Leben eingeräumt, und ich habe mich seiner ausgiebig bedient, um schwere Zeiten zu überstehen. Als Klassenclown lenkte ich damit von der negativen Aufmerksamkeit ab, die auf schlechte Noten folgte. In einer von Alkoholismus und Scheidung geprägten Familie benutzte ich ihn, um furchtbaren Momenten zu entfliehen. Sogar aus Schlägereien habe ich mich herausgewitzelt.

Irgendwann in meinem Leben hatte ich eine Frau und zwei Kinder und war dabei, mein Haus zu verlieren. Zu dieser Zeit konnte ich nur weitermachen, weil ich weiterhin auftrat. Anderen Leuten Witze darüber zu erzählen, wie schwer das Leben war, schien meinen und deren Stress zu lindern. Es verhinderte, dass ich unter dem unglaublichen finanziellen Druck zusammenbrach und durchdrehte.

Ich habe oft Humor benutzt, um Anspannung zu reduzieren und Stress abzubauen. Doch an einem Punkt setzte ein Freund ihn ein, um mir zu helfen, denn in diesem schlimmsten Moment meines Lebens fand ich selbst keinen Zugang mehr zum Humorvollen.

Cindy, meine Liebe, meine Frau seit vierzehn Jahren, die Mutter unserer beiden Kinder Shane, elf Jahre, und Hanna, dreizehn, starb plötzlich im Jahr 2011. Ich hätte mir niemals vorstellen können, wie sich das anfühlen würde. Unsere ganze Welt brach zusammen. Worte änderten ihre Bedeutung, Menschen sahen anders aus, das Leben hatte unsere gesamte Zukunft zerstört. Es gab nichts mehr, kein Gefühl, keine Zeit, nichts. Ich rauchte unglaublich viel Marihuana, um den Stress auszuhalten, fast dreißig Gramm in einer Woche – das ist viel, glauben Sie mir –, und es half nicht einmal.

Nach der ersten Woche in dieser Hölle traten die meisten Leute voller Verzweiflung und Traurigkeit an mich und meine Kinder heran, mit dem unvermeidlichen »Es tut mir so leid«, was, nur um das klarzustellen, einen Scheiß bedeutet. Nur Worte über dein Gefühl, und wir haben nicht die Kraft, uns wirklich darum zu kümmern. Da saß ich also, mitten in der Hölle, mir graute vor jeder Minute, die mir noch bevorstand, und was sollte ich mit meinen Kindern machen? Wie konnte ich gleichzeitig ihr Vater und ein Häufchen Elend sein?

In diesem Moment, ich war gerade in meinem Vorgarten, rief mein Freund und Comediankollege Jacob Sirof an, um nach mir zu sehen. Er hatte meiner Frau sehr nahe gestanden, ein enger Freund. Wir begrüßten uns, und dann fragte er: »Du wirst diesen ganzen Witwerkram hoffentlich ausnutzen, um ein paar Weiber flachzulegen, oder?« Zum ersten Mal seit einer Woche prustete ich lachend los. In meinem ganzen Leben war bisher keine Woche vergangen, in der ich nicht gelacht hatte. Jacob gestand mir später, er habe Angst gehabt, das zu sagen, sei sich nicht sicher gewesen, ob ich lachen würde. Ich antwortete, das sei das Großartigste gewesen, was mir seit Jahren passiert sei. Den Druck abzulassen, war genau das, was ich gebraucht hatte, um wieder vernünftig denken zu können. In diesem Moment habe ich gespürt, dass alles gut werden würde, dass ich die Kinder allein großziehen konnte.

Die folgenden Jahre waren trotzdem sehr stressig, beide Kinder brauchten therapeutische Betreuung, aber wir überstanden es. Geschichten über meine Frau wurden anfangs unter Tränen erzählt, aber mittlerweile mit Gelächter. Wie zum Beispiel das eine Mal, als ich von der Arbeit nach Hause kam und Cindy in sexy High Heels und ansonsten splitternackt staubsaugte. »Hallo, Schatz«, sagte sie. Sie war zum Schreien komisch.

Wenn man nicht darüber lachen kann, dann ist es einfach nur scheiße.[75]

* * *

228

So weit Conor Kellicutts Geschichte, und auch bei meinen Touren beschreibt man mir hin und wieder ein furchtbares Ereignis oder eine schreckliche Situation, mit der jemand umgehen musste, gefolgt von der Frage, wie man denn darin den Humor finden könne. Ich antworte darauf immer, dass ich mir unmöglich etwas dazu ausdenken könne, was die Betroffenen amüsant finden würden, ohne mehr über sie zu erfahren. Darüber hinaus würde ich mich niemals über ihre persönliche Situation lustig machen wollen. Ich weiß, dass man in diesem Moment lieber eine andere Antwort hören würde, aber mit diesem Wunsch bringt man mich in eine unangenehme Position. Als Comedian bin ich davon überzeugt, dass jedes Thema als Quelle für Humor dienen kann, aber mir ist vollkommen bewusst, dass nicht jeder Mensch bereit ist, über jedes Thema zu lachen. Manchmal braucht es Zeit.

Ich kann mir den Schmerz nicht vorstellen, den Conor nach dem Tod seiner Frau empfunden haben muss, und ich habe keine Ahnung, wie ich mich verhalten würde, müsste ich eine ähnliche Tragödie durchleben. Eines weiß ich aber mit Sicherheit: Genau wie Conor würde ich es irgendwann brauchen, wieder einmal richtig schön zu lachen.

Finger weg von den giftigen Beeren

Es ist schwer, immerzu positiv zu denken. Seien es nun Bären oder Einhörner, uns allen widerfahren schlimme Dinge, und negative Gedanken sind manchmal unvermeidbar. Es ist absolut normal, dass ab und zu negative Gedanken im Kopf aufpoppen. Tatsächlich ist unser Gehirn in gewisser Weise darauf gepolt, Negativität zu suchen und daran festzuhalten. Psychologen bezeichnen dieses Phänomen als »Negativitätsbias«.[76] Grundsätzlich heißt dies, dass unser Gehirn beim gleichzeitigen Auftreten eines positiven und eines negativen Stimulus tendenziell den negativen bemerken und davon beeinflusst werden wird. Das ist scheiße, aber so ist unser Gehirn nun einmal verdrahtet.

Bedenkt man, wie sich das Gehirn entwickelt und wie es über die Welt, in der es sich befindet, Informationen sammelt, ist das aber ganz logisch. Um das zu verdeutlichen, stelle ich mir gern die Herausforderungen vor, denen sich die ersten menschlichen Wesen gegenübersahen – vor Hunderttausenden von Jahren in den Savannen des nördlichen Afrikas. Stellen Sie sich vor, Sie sind einer der ersten Menschen und erkunden ein Gebiet auf der Suche nach Nahrung. Dabei stoßen Sie auf einen

---

[76] Roy F. Baumeister et al.: »Bad is Stronger than Good«, in: Review of General Psychology 5, Nr. 4, Jg. 2001, S. 323–370.

Busch, an dem ein paar Beeren wachsen. Die sehen seltsam verlockend aus. Also pflücken Sie sich eine Handvoll, untersuchen sie gründlich und beschließen, sich ein paar davon in den Mund zu stecken. Und sie sind … köstlich! Süß und saftig – und sie schmecken nicht nur gut, denn plötzlich fühlen Sie sich auch energetisiert, da die Nährstoffe in Ihren Kreislauf eintreten. Sie haben soeben eine schmackhafte Nahrungsquelle entdeckt, und für Ihr Gehirn ist es wichtig, sich diese Beerenart zu merken für den Fall, dass Sie in Zukunft wieder einmal hungrig sind.

Stellen Sie sich nun vor, dass Sie eine andere Art Busch mit anderen Beeren finden. Sie stecken sich erneut ein paar in den Mund, allerdings schmecken diese fürchterlich. Genau genommen wird Ihnen davon übel, und Sie fühlen sich unwohl. Vielleicht wird einer Ihrer Kumpel, der ein paar mehr als Sie gegessen hat, krank und stirbt. Es stellt sich heraus, dass diese Beeren hochgiftig sind. Okay, obwohl es extrem wichtig ist, sich zu merken, welche Beeren schmackhaft und nahrhaft sind, ist es absolut unerlässlich, dass Sie sich diejenigen merken, die Sie potenziell umbringen können. Das ist eine einfache Frage des Überlebens. Auf diese Weise erkläre ich oft den Negativitätsbias, anhand von giftigen Beeren.

Ihr Gehirn braucht eventuell ein paar Begegnungen mit den köstlichen Beeren, bevor es diese dauerhaft im Gedächtnis abspeichert, aber es wird weit weniger Erfahrungen brauchen, um die Lektion mit den giftigen zu lernen. Ähnlich kann man den Akt des Kochens betrachten. Es bedarf jeder Menge Übung, um gut kochen zu lernen, aber man braucht sich nur einmal zu verbrennen, um zu kapieren, dass man die heiße Herdplatte nicht berühren sollte. Sie ist quasi eine giftige Beere. Es zeugt von guter Anpassungsfähigkeit, dass wir lernen, potenzielle Gefahren schnellstmöglich zu erkennen. Also bevorzugen wir von Natur aus negative Stimuli gegenüber positiven und schenken ihnen mehr Aufmerksamkeit. Es ist vernünftig, dass wir den auf uns zurasenden Bären tendenziell eher bemerken und im Gedächtnis behalten als die wunderschönen Sehenswürdigkeiten des Waldes.

Selbstverständlich finden sich in der modernen Welt eher wenige von uns in der Situation wieder, zum Überleben unbekannte Beeren auftreiben zu müssen. Verdammt, wenn ich jetzt sofort ein paar Beeren essen möchte, kann ich zum Supermarkt um die Ecke fahren und mir ein oder zwei Schalen voll kaufen. Jede einzelne Art von ihnen wurde zum Glück von Menschen, die lange vor mir lebten, angebaut und vorselektiert, um sicherzustellen, dass sie süß und schmackhaft sind oder zumindest nicht giftig.

Doch unsere selektive Präferenz für negative Informationen beeinflusst unsere Gedanken auch noch auf vielerlei andere Art und Weise.

Romantische Beziehungen sind hierfür ein großartiges Beispiel. Die meisten von uns durchleben auf der Suche nach diesem einen besonderen Menschen ein paar Trennungen, bevor wir ihn entweder finden oder beschließen, uns mit jemandem abzufinden, der zumindest einigermaßen passabel ist. Beziehungen sind wunderbar und können wirklich gesund sein, andererseits sind sie auch stressig, und ein Streit kann schon mal vorkommen. Jeder Mensch, egal wie fantastisch er ist, hat das Potenzial, Mist zu bauen oder gar absichtlich etwas zu tun, was die Gefühle des anderen verletzt. Ich weiß, dass ich in Beziehungen mehr als einmal Mist gebaut habe. Falls Sie jemals aus Versehen etwas getan haben, was Ihren Partner verletzt hat, dann wissen Sie wahrscheinlich, dass dieser Ausrutscher von nun an anscheinend das Einzige ist, woran er sich erinnert. Er scheint die Tausende Momente zu vergessen, in denen Sie sich absolut untadelig verhalten haben, und konzentriert sich stattdessen auf dieses eine Mal, als Sie Mist gebaut haben. Das sind die giftigen Beeren.

Sarah und ich lernten uns vor Jahren kennen, als sie eins meiner Seminare besuchte. Vor Kurzem sortierten wir ein paar Kisten aus und fanden ihre Notizen von jenem Tag. Interessanterweise hatte sie »giftige Beeren« an den Rand geschrieben und unterstrichen. Bis zum heutigen Tag sind wir nicht ganz sicher, warum, aber ich gebe mir große Mühe, es mir mit ihr nicht zu sehr zu verderben.

Eine weitere Form des allgegenwärtigen negativen Denkens ist, dass wir manchmal die Eintrittswahrscheinlichkeit des schlimmstmöglichen Falls überschätzen. Als ich noch Student im Aufbaustudium war, gab ich Kurse an der Uni. Eines Tages bat ich meine Studenten, an einen verrufenen Stadtteil zu denken. Dann bat ich sie, sich vorzustellen, sie würden einmal mitten in der Nacht dort hingehen. Sie sollten schätzen, wie wahrscheinlich es wäre, dass sie dort Opfer einer Straftat würden. Außerdem sollten sie einschätzen, wie optimistisch sie sich im Allgemeinen fühlten. Kaum überraschend tippten die Studenten mit wenig Optimismus auf eine höhere Wahrscheinlichkeit, Opfer einer Straftat zu werden, als jene, die optimistischer waren. Wirklich interessant fand ich, dass die weniger optimistischen Studenten ihr Risiko, nachts in diesem Stadtteil zum Opfer zu werden, im Schnitt auf fünfzig Prozent schätzten. Ich hatte zwar keine Ahnung, wie die Kriminalitätsrate speziell für dieses Viertel aussah, aber ich konnte nicht glauben, dass sie auch nur annähernd an fünfzig Prozent herankam. Das würde bedeuten, dass die Hälfte aller Bewohner des Viertels Nacht für Nacht auf die eine oder andere Art überfallen wurden! Wir reden hier von einem Ausmaß an Kriminalität wie im Film »The Purge – Die Säuberung«.

Weshalb aber schätzten sie die Kriminalitätsrate dermaßen hoch ein? Tja, nochmals, der Zweck von Stress und unseres besonderen Augenmerks für giftige Beeren liegt darin, uns vor Schaden zu bewahren. Wenn uns das Überschätzen des Risikos, Opfer einer Straftat – oder eines Bärenangriffs – zu werden, von besagtem Stadtviertel oder dem Wald fernhält, dann mag das bedauerlich sein, aber zumindest können wir weiterhin am Leben bleiben.

Manchmal überschätzt man einfach die Unannehmlichkeiten, die man mit einer Handlung verbindet.

Bevor Sarah und ich begannen, gemeinsam auf Tour zu gehen, lebte ich in Los Angeles, in West Hollywood, um genau zu sein. Falls Sie die Gegend nicht kennen, West Hollywood ist eine eigenständige Stadt, die komplett von der Stadt Los Angeles umgeben ist. In dieser Hinsicht gleicht es Beverly Hills, nur mit weniger Schönheitschirurgen. Es mag Sie überraschen zu erfahren, dass West Hollywood gleich westlich an Hollywood grenzt. Wenn Sie je den Sunset Strip entlanggefahren sind, waren Sie in West Hollywood, und ich wette, Ihnen ist nicht einmal aufgefallen, dass Sie sich in einer anderen Stadt befanden. Ich lebte sehr gern dort. Es ist ein unglaublich pulsierender und interessanter Ort mit einer extrem liberalen Gemeinschaft. West Hollywood liegt außerdem sehr zentral, was es für Los-Angeles-Verhältnisse recht angenehm macht, in der Stadt herumzukommen.

Ich zog aus demselben Grund nach Los Angeles wie jede Menge andere Leute auch: Ich wollte mich an einer Karriere in Film und Fernsehen versuchen. In den drei Jahren, die ich dort verbrachte, bekam ich nicht sehr viel Zeit auf dem Bildschirm (ich schaffte es, mein Gesicht für zwei Sekunden in einem direkt auf DVD vermarkteten Stück Müll von Film zu verewigen), aber ich lernte ein paar coole Leute kennen und begriff, wie Networking funktioniert. Gelegentlich wurde ich zu Events der Unterhaltungsindustrie eingeladen, wie Partys, Premieren oder offene Castings. Meistens fanden sie in Hollywood oder nicht allzu weit weg von meinem Zuhause statt – ein weiterer Vorteil meines Wohnortes –, doch hin und wieder wurde ich auch zu einem Event in Downtown Los Angeles eingeladen.

Downtown befindet sich etwa sechzehn Kilometer von West Hollywood entfernt, was bedeutet, zur Hauptverkehrszeit dauert es etwa vier Wochen, bis man da ist. Immer, wenn sich mir die Chance bot, bei einer Veranstaltung in Downtown dabei zu sein, schaltete sich die negative Seite meines Gehirns ein und fing an, mich aktiv davon abzubringen. Ich dachte dann solche Sachen wie:

O Mann, den ganzen Weg bis nach Downtown? Dann muss ich früh losfahren, um mit dem Verkehr klarzukommen. Wenn ich dort bin, wird es ein Kampfakt, einen Parkplatz zu finden, und ich werde wahrscheinlich für den Parkservice zahlen müssen. Davon abgesehen, kenne ich überhaupt irgendjemanden dort? Werde ich dort wirklich einen Filmproduzenten treffen, der händeringend einen übergewichtigen Comedian mittleren Alters sucht? Von unserer Sorte gibt es ja auch nur ganz wenige. Ich werde eine Stunde lang im Verkehr stecken und noch mal dreißig Minuten für die Parkplatzsuche brauchen, bevor ich dann doch aufgebe und den Parkservice bezahle. Dann verbringe ich weitere zwei Stunden mit Geplauder und mische mich unter einen Haufen Leute, die ich wahrscheinlich nie wiedersehen werde, nur um dann eine weitere Stunde in dichtem Verkehr zurück Richtung Hollywood festzustecken. Und wenn ich dort hingehen will, muss ich mir wahrscheinlich eine ordentliche Hose anziehen …

Manchmal hielt mich meine Überschätzung der Unannehmlichkeiten davon ab, genau das zu tun, wofür ich nach Los Angeles gezogen war. (Und übrigens ist Downtown Los Angeles immer einer meiner Lieblingsorte in der ganzen Stadt gewesen. Es gibt ein paar großartige historische Sehenswürdigkeiten, unglaubliche Märkte entlang des Broadway, ein wirklich cooles neues Künstlerviertel, Chinatown, Little Tokyo … ich meine ja nur. Ich weiß, dass die meisten Besucher in Los Angeles daran interessiert sind, Hollywood zu sehen und etwas Zeit am Strand zu verbringen. Aber bitte lassen Sie sich nicht von meiner blöden Anekdote davon abbringen, den Kern der Stadt zu erkunden. Vielleicht finden Sie ein paar schmackhafte Beeren – aber todsicher ein paar köstliche Tacos.)

Wir sollten nicht zu streng mit uns sein, wenn es uns schwerfällt, positiv zu bleiben (streng mit uns selbst zu sein, ist genau das Gegenteil dessen, was wir tun sollten). Unser Gehirn ist generell auf Negativität fokussiert, und sogar die positivsten Menschen unter uns haben ihre schwierigen Momente. Doch durchgängig negatives Denken wird letztendlich unsere Fähigkeit beeinträchtigen, gut mit Stress umzugehen, also sollten wir unser Bestes geben und versuchen, es zu reduzieren, bevor es problematisch wird.

Ein wichtiger Bestandteil des optimistischen Denkens ist das Unterdrücken von negativen Gedanken. Wie bereits erwähnt, haben optimistische Menschen ständig pessimistische Gedanken, wir halten uns einfach nur nicht mit ihnen auf. Etwas, was dabei helfen kann, habe ich bereits angesprochen: die Aufmerksamkeit auf etwas anderes zu lenken. Egal, worauf – buchstäblich alles geht. Das funktioniert beim Sorgenmachen, und es funktioniert generell bei allen negativen Gedanken.

Darüber hinaus empfehle ich eine Übung namens: »Entkatastrophisierung«.[77] Bei dieser Methode können wir unsere Einschätzung, wie wahrscheinlich der schlimmstmögliche Fall eintreten wird, nutzen, um unsere aktuelle Situation zu bewältigen. Das habe ich bereits praktiziert, bevor ich erfuhr, dass ein Psychologe einen Namen dafür hatte. Wenn ich unter Stress stand, fragte ich oft mich oder andere: »Was ist das Schlimmste, was passieren kann?«, und: »Wie hoch ist die Wahrscheinlichkeit, dass es eintritt?« Das ist ein großartiges Mittel, um Dinge ins rechte Licht zu rücken und negatives Denken zu reduzieren.

---

[77] Albert Ellis: »Reason and Emotion in Psychotherapy«, Oxford, Lyle Stuart 1962.

Schauen wir uns ein Beispiel dafür an: Stellen Sie sich aufs Neue vor, Sie sitzen in dichtem Verkehr fest, der Frust nimmt zu, und Sie sind voller Cortisol. Negative Gedanken steigen in Ihnen auf, da Sie zunehmend unter Stress stehen. Was ist das Schlimmste in Bezug auf dichten Verkehr? Normalerweise ist dichter Verkehr ein derart unbedeutender Stressor für mich, dass es mir schwerfällt, mir überhaupt etwas enorm Schlimmes in diesem Zusammenhang auszudenken. Ich schätze, letzten Endes wäre es das Schlimmste, wenn ich für immer im Stau feststecken würde. Wenn ich in meinem Auto sitzend und umgeben von einem Haufen hupender Idioten verhungerte. Das ist wohl das Schlimmste, was in dichtem Verkehr passieren könnte, und die Wahrscheinlichkeit dafür, dass es eintritt, ist extrem gering. Außerdem würde ich lange, bevor es dazu käme, mein Auto stehen lassen, um mir ein Sandwich zu holen, oder mir eine Pizza zum Highway bestellen. Diese gedankliche Übung habe ich tatsächlich schon einmal in einem Stau absolviert, und sich das Resultat vorzustellen, hilft wirklich, die Anspannung zu reduzieren, die einen erfasst hat, nur weil man vielleicht ein paar Minuten zu spät zur Arbeit kommt.

Was aber, wenn das Schlimmstmögliche bereits eingetreten ist? Nun, zuallererst ist das natürlich scheiße, und es tut mir ehrlich leid, dass Sie das durchmachen mussten, egal, was es war. Aber andererseits – um einen weiteren Refrain aus meinem inneren Dialog anzuwenden: *Davon geht die Welt nicht unter.* Manchmal tritt das Schlimmste tatsächlich ein, aber zu wissen, dass das Schlimmste nun hinter einem liegt, heißt ja zugleich, dass die Situation nur gleich bleiben oder sich verbessern kann. Es kann nicht schlimmer werden als im schlimmsten Fall, das macht ja dessen Definition aus. Indem wir uns den schlimmsten Fall vorstellen, begeben wir uns in eine Position, von der aus wir zum positiven Denken zurückkehren können.

Insgesamt ist es also wichtig, zu verstehen, dass wir von Natur aus dazu tendieren, uns auf negative Ereignisse und

Konsequenzen zu fokussieren, und es ist wichtig, dass wir Maß-
nahmen ergreifen, um gegenzusteuern, wenn das Ganze problematisch wird. Die Richtung unseres Denkens zu ändern
und Dinge ins rechte Licht zu rücken, kann dabei helfen, un-
erwünschte negative Gedanken zu unterdrücken.

Zusammenfassung:

- Wir tendieren dazu, uns auf Negativität zu fokussieren. Das können wir reduzieren, indem wir
  unsere Gedanken gezielt davon ablenken oder die
  Dinge ins rechte Licht rücken.

KAPITEL 9

Überfordert und erschöpft

Als ich mich daranmachte, dieses Buch zu schreiben, begann ich, nicht nur über die Empfehlungen und Anekdoten nachzudenken, die ich meinen Lesern mit auf den Weg geben wollte, sondern auch über all die Fragen, die mir immer wieder gestellt werden. Auch meine Freunde bekamen die Chance, Fragen einzureichen, und ich habe sie allesamt eingearbeitet. Eine Frage, die meiner Meinung nach einen eigenen Abschnitt verdient, kam von meiner Freundin Jessica. Sie lautete: »Welchen Rat würdest du jemandem geben, der sich überfordert und erschöpft fühlt? Wie kann man die Abwärtsspirale von Stress umkehren, sodass sie sich wieder aufwärts Richtung Gelassenheit bewegt?«

Eine hervorragende Frage und sehr relevant. Bevor ich mich ihr näher widme, möchte ich festhalten, dass meine Antwort von der Annahme ausgeht, dass sich jemand als Ergebnis einer kurzen oder nur vorübergehenden Stresssituation überfordert und erschöpft fühlt, und nicht, weil er über einen längeren Zeitraum Stress ausgesetzt war, der ihn langsam zermürbt und sich bereits auf die Gesundheit auswirkt. In solch einer Situation ist möglicherweise ärztlicher Rat nötig, und das geht weit über die Art von Ratschlägen hinaus, die ich hier geben kann. Außerdem setze ich voraus, dass besagte Person nicht unter einem Nervenzusammenbruch, Nebenniereninsuffizienz oder einer anderen Erkrankung leidet, die am besten medizinisch behandelt wird. Stattdessen interpretiere ich die Frage im Sinne von: Was können wir tun, um den Kreislauf der emotionalen Erschöpfung zu durchbrechen, der durch eine normale Stressreaktion entsteht, und zwar in dem Moment, in dem der Stress auftritt? Menschen, die mit ernsteren Problemen zu tun haben, können von dieser Liste ebenfalls profitieren, sollten jedoch tatsächlich auch mit einem Arzt sprechen.

In diesem Buch habe ich jede Menge Empfehlungen gegeben, aber die meisten dienen der Entwicklung unserer Fähigkeit, langfristig gut mit Stress umzugehen. Die beste Zeit, an unseren Techniken zum Stressmanagement zu arbeiten, ist dann, wenn wir nicht unter Stress stehen. Sie würden nicht erst warten, bis der Bär auf Sie zurennt, bevor Sie dieses Buch in die Hand nehmen, oder? Leider sucht man manchmal erst nach Antworten, wenn man sie unmittelbar braucht, und nicht dann, wenn man gerade am besten in der Lage wäre, diese Antworten umzusetzen. Wie dem auch sei, wenn wir uns unter Druck fühlen und umgehend Entlastung brauchen, gibt es ein paar Dinge, die wir tun können, um unserem Körper zu helfen, sich zu entspannen.

Das Erste, und ich weiß, dass Sie das schon mal gehört haben, also halten Sie mich bitte nicht auf, ist, zu atmen. Holen Sie ein paarmal tief und konzentriert Luft. Ja, Sie sind durch das ganze Buch bis hierher gekommen, um etwas zu lesen, was Sie bereits wussten. *Aber Brian, tief atmen ist so eine simple Sache*, denken Sie jetzt, *und ich fühle mich viel zu überfordert, als dass das irgendetwas bewirken könnte!* Aber das ist genau der Punkt, denn die Atmung zu kontrollieren, hilft tatsächlich, die Auswirkungen von Stress zu reduzieren. Atmen unterscheidet sich von den meisten anderen körperlichen Funktionen. Normalerweise findet es unbewusst statt, das heißt, Sie atmen, ob Sie wollen oder nicht, und oft, ohne darüber nachzudenken. Allerdings kann es auch willentlich gesteuert werden. Von all den physiologischen Veränderungen, die während einer Stressreaktion stattfinden, können nur sehr wenige bewusst kontrolliert werden. Sie können Ihre Atmung beeinflussen, aber probieren Sie doch mal, den Blutfluss oder die Vasokonstriktion beziehungsweise Gefäßverengung zu kontrollieren (und während Sie das tun, versuchen Sie, das Wort Vasokonstriktion ohne Hilfe richtig zu buchstabieren, weil ich nämlich genau das soeben geschafft habe). Wie ich bereits in einem früheren Kapitel erklärt habe, aktivieren wir unser sympathisches Nervensystem, wenn wir in Stress geraten, um unseren Körper auf eine Aktion vorzubereiten – das schließt eine schnellere Atmung ein. Verlangsamen wir unsere Atmung zielgerichtet, gibt das unserem parasympathischen System das Signal, den Körper zu beruhigen. Das System schaltet sich ein, und die anderen stressbedingten physiologischen Veränderungen werden reduziert. Tiefes Atmen ist allseits anerkannt als eine ausgezeichnete Methode zur Beruhigung und als wichtiger Bestandteil von Meditationspraktiken. Sie haben bereits davon gehört, weil es tatsächlich funktioniert.

Die zweite Sache, die ich empfehlen würde, ist Bewegung. Körperliche Aktivität, *jede* Art körperlicher Aktivität, wird Ihrem Körper helfen, sich rasch zu beruhigen. Das sollte Ihnen absolut logisch erscheinen, wenn Sie während meiner bisherigen Ausführungen aufgepasst haben. Stress ist die Reaktion des Gehirns auf eine als gefährlich interpretierte Situation, und er bereitet den Körper auf eine Aktion vor, also geben Sie ihm etwas zu tun. Genau genommen ist Stress ja für körperliche Aktivität konzipiert. All das Kämpfen und Fliehen, auf das sich der Körper vorbereitet? Jup, das ist Bewegung. Bewegung ist der absolut beste Weg, um schnell und effektiv Stress zu reduzieren. Ich hatte einmal einen Mitbewohner, der Probleme mit Stressmanagement und Wut hatte. Er hatte eine wahrhaft bemerkenswerte Strategie entwickelt: Immer, wenn er sich etwas aufgewühlt fühlte, ließ er sich augenblicklich zu Boden fallen und legte einen Satz Liegestütze hin. Wenn er wieder aufstand, war er gelassen und bereit, sich mit dem zu befassen, was ihn in Aufregung versetzt hatte. Sie müssen keine Liegestütze machen, aber wenn Sie irgendeine Art von intensiver Bewegung einschieben können, ist das eine großartige Methode, um das ausgeschüttete Cortisol zu verbrennen. Überlegen Sie sich einmal, was passiert, wenn Sie Ihre Stressreaktion anlaufen lassen und keine Möglichkeit zur körperlichen Betätigung haben. Stellen Sie sich zum Beispiel vor, Sie sitzen hinterm Lenkrad eines Autos. Sie geraten in Stress, der Hormonspiegel in Ihrem Körper steigt schlagartig an, und Sie können nichts weiter tun, als dazusitzen und in Ihrem eigenen Cortisol zu schmoren. Igitt. Bewegung ist der beste Weg, um Stress sofort abzubauen. Es ist sehr schade, dass sich nur so wenige von uns regelmäßig bewegen.

Mein dritter Ratschlag lautet, einfach zu lächeln, auch wenn Sie sich dazu zwingen müssen. Ausgehend von dem, was ich zuvor über die James-Lange-Theorie der Körperreaktionen geschrieben habe, können Sie sich wahrscheinlich schon denken, dass uns Lächeln und Lachen glücklich machen. Nicht vergessen: Das Gehirn interpretiert physiologische Hinweise aus dem Körper, um seinen emotionalen Zustand zu bestimmen. Es gibt einige Studien, die zeigen, dass wir unsere Stimmung tatsächlich verbessern können, wenn wir unser Gehirn austricksen und es glauben lassen, wir würden lächeln. Eine Technik, mit der das gut funktioniert, ist, einen Stift oder ein ähnlich geformtes Objekt mit den Zähnen quer im Mund zu halten.[78] Das ergibt einen

---

[78] Fritz Strack, Leonard L. Martin und Sabine Stepper: »Inhibiting and Facilitating Conditions of the Human Smile: A Nonobtrusive Test of the Facial Feedback Hypothesis«, in: Journal of Personality and Social Psychology 54, Nr. 5, Mai 1988, S. 768–777.

Gesichtsausdruck, der einem Lächeln ähnelt, und hebt bei den meisten Menschen sofort die Stimmung. Das ist nicht nur ein Beleg für die James-Lange-Theorie, sondern auch meine liebste Behandlungsmethode für negative Emotionen. Sie können es selbst ausprobieren. Wenn Sie sich einmal niedergeschlagen fühlen und nichts von dem, was Sie unternommen haben, Sie aufmuntern kann, dann stecken Sie sich einen Stift in den Mund! Versuchen Sie es, schaden kann es nicht. Beißen Sie nur nicht allzu fest zu.

Selbstverständlich gibt es individuelle Unterschiede, aber im Allgemeinen werden wir umso glücklicher, je mehr wir lächeln. Kennen Sie das Sprichwort: »Durch Schein zum Sein«? In diesem Zusammenhang ist das hundertprozentig wahr. Sogar Botox-Injektionen, die das Stirnrunzeln verhindern, können glücklicher machen.[79]

Ich empfehle, diese drei Methoden allesamt regelmäßig anzuwenden, aber die Maßnahme, die beim Publikum wirklich gut anzukommen scheint, ist der Trick mit dem Stift. Nach einem Seminar in Palm Springs, Kalifornien, erhielt ich sogar eine tolle E-Mail von einer Teilnehmerin, die diesen Trick benutzte, um mit dem Stress aufgrund des dichten Straßenverkehrs im südlichen Kalifornien klarzukommen. Sie schrieb:

»Am nächsten Tag fuhr ich nach Los Angeles hinein. Mir war bange, weil mein Mann zu Hause blieb (normalerweise fahren wir gemeinsam), und obwohl der Anlass der Fahrt ein positiver war, gab es viele Stressfaktoren. Ihrem Rat folgend, konzentrierte ich mich darauf, nicht ins Sorgenmachen zu verfallen, und richtete meine Aufmerksamkeit auf den Gedanken, dass ich beim Fahren Zeit haben würde, die Musik meines Lieblingssängers zu hören.

---

79 Michael B. Lewis und Patrick J. Bowler: »Botulinum Toxin Cosmetic Therapy Correlates with a More Positive Mood«, in: Journal of Cosmetic Dermatology 8, Nr. 1, Februar 2009, S. 24–26.

Ich fuhr los, es war nur wenig Verkehr, und Johnny Mathis sang vor sich hin. Doch als ich Beaumont erreichte, war ich mit den Nerven am Ende. Mein Herz raste, die Luft blieb mir weg, ich fühlte mich zittrig ... und bekam eine Panikattacke. Cortisol durchströmte meinen Körper! Ich dachte an das, was Sie gesagt hatten, und da ich keinen Stift zur Hand hatte, biss ich die Schneidezähne zusammen und zwang mich zu lächeln. Und diese kleine Anstrengung stoppte sofort die Angst. Das Cortisol hörte auf zu pulsieren. Über die nächsten dreißig Kilometer wiederholte ich das immer wieder. Wenn ich auch nur den kleinsten Anflug von Angst verspürte, setzte ich ein breites Lächeln auf, und für den Rest der Fahrt war alles vollkommen okay.«

Bei unserem nächsten Halt in Palm Springs besuchten Sarah, Alyssa und ich Suzanne, die die E-Mail geschrieben hatte, und fanden eine neue Freundin.

Und hier für die Querleser:

In akuten Stresssituationen können wir dreierlei tun, um uns zu beruhigen:

- tief durchatmen

- körperlich aktiv werden

- ein Lächeln erzwingen

Geld macht nicht glücklich, aber Unglück fordert seinen Tribut

Irgendwann in der Highschool ging mir ein Licht auf. Mir schien, dass sich viel zu viele Menschen an ihre Zeit in der Highschool oder an der Uni als die besten Jahre ihres Lebens erinnerten und sich damit abgefunden hatten, dass das Leben als Erwachsener weit weniger befriedigend war. Vielleicht sah ich auch einfach nur zu viele Beispiele von Menschen mit unerfüllten Träumen, aber aus irgendeinem Grund wurde mir damals klar, dass ich das für mich nicht wollte. Der Höhepunkt meines Lebens sollte später nicht in der Highschool oder an der Uni beziehungsweise generell nicht an irgendeinem Punkt in meiner Vergangenheit liegen. Ich wollte mein Leben in vollen Zügen genießen, egal wie alt ich war. Und wenn man mich nach der schönsten Zeit meines Lebens fragte, wollte ich ohne zu zögern auf die Gegenwart verweisen können. Ich wollte mich nicht nach der Vergangenheit sehnen oder auf einen möglichen Punkt in der Zukunft hoffen. Mit dieser Idee lag ich gar nicht mal so falsch. Viele Meditationspraktiken, wie zum Beispiel die Achtsamkeit, lehren uns, stets bewusst im Augenblick zu bleiben, und haben sich beim Abbau von Stress als sehr hilfreich erwiesen.

Leider hatte sich meine vernünftige Einsicht à la Zen zu dem Zeitpunkt, als ich zu studieren anfing, ein wenig verzogen.

Vielleicht lag es daran, dass mein Eintritt ins Erwerbsleben näherrückte, aber mir wurde ein merkwürdiges Paradox bewusst. Anscheinend hingen Zeit und Geld umgekehrt proportional voneinander ab. Als junger Student hatte ich Zeit in Hülle und Fülle, aber kaum Ressourcen. Dagegen würde ich als Erwachsener malochen, mich vermutlich glücklich schätzen, auch nur zwei Wochen Urlaub im Jahr zu bekommen, aber wahrscheinlich wesentlich mehr Ressourcen zur Verfügung haben. Meine Lösung war, möglichst viel zu erleben, solange ich die Zeit dafür hatte, und später dafür zu bezahlen, wenn ich über das Einkommen verfügte. Ich wünschte, ich hätte die Weisheit besessen, nicht meine Zukunft zu opfern, um den Augenblick zu genießen, denn auf der Jagd nach immer neuen Erlebnissen lebte ich weit über meine Verhältnisse. Während sich andere Studenten von Nudeln und billigem Bier ernährten, gab ich für jemanden, der sein Geld mit dem Grillen von Burgerfleisch verdiente, viel zu viel davon aus.

Kreditkartenanbieter lieben Kunden wie mich. Im Studentenwerk wurden die im Voraus genehmigten Kreditkarten quasi beliebig ausgeteilt, und ich war begierig, sie alle einzusammeln. Es dauerte nicht lange, bis meine Geldbörse vollgestopft war mit maximal ausgereizten Kreditkarten. Ich zahlte die Raten der einen mit der anderen ab, um mich über Wasser zu halten. Irgendwann wurde mein Studienkredit bewilligt, der nicht nur meine Studiengebühren abdeckte, sondern darüber hinaus noch ausreichte, um die mit hohen Zinsen belasteten Kreditkartenschulden abzuzahlen. Die Zinsen für den Studienkredit würden erst anfallen, nachdem ich das Studium abgeschlossen hatte, also dachte ich, das sei eine großartige Methode, um mir etwas Zeit zu verschaffen. Allerdings war das finanziell gesehen die schlechteste Entscheidung meines Lebens.

Ich hatte mir gewaltige Schulden aufgebürdet, um während des Studiums ein paar zusätzliche Erfahrungen zu machen.

Wahrscheinlich kennen Sie den Ausspruch: »Geld macht nicht glücklich«, da er sehr häufig verwendet wird. Wenn ich ihn höre, wird er gewöhnlich als moralischer Wink verwendet, um von Materialismus und Geiz abzuschrecken; gleichzeitig soll er daran erinnern, sich auf Beziehungen zu Menschen zu konzentrieren und auf anderes, das einen in Wahrheit glücklich macht. Tatsächlich scheint die Forschung zu bestätigen, dass die meisten Menschen mit Geld kein Glück kaufen können. Schrittweise Veränderungen im Einkommen bewirken keine schrittweisen Veränderungen in puncto Zufriedenheit und Glück.[80] Doch wie in einem bekannten Cartoon von Pat Byrnes im Magazin »New Yorker« ein reicher Golfer zum anderen sagt: »Forscher behaupten, ich sei nicht glücklicher, weil ich reicher bin, aber hast du eine Ahnung, wie viel Forscher verdienen?«

Ich habe meine vorherige Aussage mit der Formulierung »die meisten Menschen« relativiert. Die Forschung zeigt, dass eine spezielle Gruppe von Menschen tatsächlich glücklicher wird, wenn sie mehr Geld bekommt: diejenige, die unter der Armutsgrenze lebt. Ist man pleite, dann trifft es zu: je mehr Kohle, desto glücklicher. Vereinfacht gesagt, macht Geld arme Leute glücklicher, weil es den Stress des Armseins mildert. Muss man sich andauernd um die grundsätzlichen Bedürfnisse im Leben Sorgen machen, wie Essen, Unterkunft und Sicherheit, ist es schwer, immer glücklich zu sein. Das sind ein paar sehr reale Bären, die angreifen wollen. Aktuelle Untersuchungen legen nahe, dass die Messlatte zum Glücklichsein höher liegen könnte, als nur über die Armutsgrenze zu gelangen, aber ich vermute, dass das an der Verschuldungsquote liegt. Hat man hohe Schulden, ist sogar ein hohes Einkommen nicht genug, um einen vom Stress der alltäglichen Bedürfnisse zu befreien.

---

[80] Es gibt viele Beispiele, aber eine Umfrage, auf die ich mich oft beziehe, ist die SRBI-Umfrage des »Time Magazine« (2004).

Deshalb findet man in Städten wie San Francisco Menschen, die im Grunde recht gut verdienen und trotzdem den Kopf gerade so über Wasser halten können (weiß ich aus Erfahrung). Doch sobald wir den Stress, der durch Armut oder Schulden entsteht, beseitigen können, bringt weiteres zusätzliches Einkommen keinen Zugewinn an Glück.

Für viele von uns widerspricht das der Intuition, weil wir aus persönlicher Erfahrung wissen, dass ein wenig mehr Geld ein Gefühl der Freude mit sich bringt. Ich kann mich erinnern, dass mir zu Beginn meiner beruflichen Laufbahn jede noch so kleine Erhöhung meines Stundenlohns, der bei 3,35 Dollar anfing (ja, so alt bin ich schon), ein Lächeln ins Gesicht zauberte, und als ich meine erste bezahlte Stelle nach dem Aufbaustudium antrat, tanzte ich in den Straßen. Diese Erfahrungen reichen aus, um unserem Gehirn den Gedankengang anzutrainieren, dass dauerhaftes Glück mit einem Preisschild daherkommt und dass, wenn wir es eines Tages richtig groß in Las Vegas (oder im Lotto) treffen, alles ganz wundervoll sein wird. Allerdings ist das Glücksgefühl, das wir empfinden, wenn wir einen netten Batzen Bargeld bekommen, nur ein flüchtiges, vorübergehendes Glück. Irgendwann gewöhnen wir uns daran und brauchen beim nächsten Mal mehr, um erneut für den Moment glücklich zu sein. Psychologen bezeichnen das als die »hedonistische Tretmühle« oder »hedonistische Anpassung«.[81]

Ich möchte die hedonistische Anpassung erklären, indem ich auf die Autos zurückblicke, die ich in meinem Leben besessen habe. Ich weiß noch, wie ich ein wirklich armer Highschool-Schüler war und versuchte, dafür zu sorgen, dass diese Zeit nicht der Höhepunkt meines Lebens bleiben würde.

---

[81] Daniel Kahneman, Edward Diener und Norbert Schwarz (Hrsg.): »Well-Being: Foundations of Hedonic Psychology«, New York, NY, Russell Sage Foundation 1999.

Damals musste ich zu Fuß und bergauf zur Schule gehen, jeweils etwa acht Kilometer hin und zurück, manchmal durch den knietiefen dicken Schnee von Zentraltexas. Und ich hatte keine Füße, das kam noch hinzu. Wir konnten uns erst Füße leisten, als ich im dritten Jahr der Highschool war, daher hatte ich beim Jalapeño-Wettessen auf Stümpfen stehend teilnehmen müssen.

Wie viele andere Kids auch – vor allem im ländlichen Texas – konnte ich es kaum erwarten, meinen Führerschein zu machen. Ich dachte, das würde mich ungeheuer glücklich machen, und das tat es schließlich auch. Ich hatte hart dafür gearbeitet, war überragend bei den Fahrstunden, der Beste in der schriftlichen Prüfung, und ich ließ mir für das Foto extra die Haare schneiden. Endlich meinen Führerschein zu besitzen, machte mich derart glücklich, dass ich ihn mindestens eine Woche lang andauernd anstarrte und sogar zum Schlafen unters Kissen legte. Meine Mutter ließ mich hin und wieder ihr Auto fahren, und anfangs war ich begeistert angesichts dieser Möglichkeit, aber irgendwann gewöhnte ich mich daran. Auch mein Führerschein war keine Freudenquelle mehr, und ich fing an, mit dem Gedanken zu spielen, mir ein eigenes Auto zu kaufen. Ich wusste, dass mich mein eigener fahrbarer Untersatz endgültig glücklich machen würde, und sparte fleißig, bis ich mir mein erstes Auto kaufen konnte. Dieses Auto war – verzeihen Sie meine Ausdrucksweise – ein richtiges Stück Scheiße. Aber ich liebte es. Ich wusch es, fuhr es, sooft ich konnte, und parkte es direkt vor dem Fenster meines Zimmers, damit ich es im Blick behalten konnte. Irgendwann aber gewöhnte ich mich auch daran. Einfach nur ein Auto zu besitzen, erfüllte mich nicht länger mit Glück. Ich brauchte ein schöneres Auto, ein größeres Auto, ein Auto, mit dem ich beeindrucken konnte, mit moderner Technik … vielleicht ein Mustang-Cabrio … immerhin sind Dächer was für Warmduscher. Eigentlich habe ich mich nie sehr für

Autos interessiert, aber Sie können sehen, wie einen diese Form von Verhalten in eine Art Tretmühle und, wenn man nicht aufpasst, auch in tiefe Verschuldung führen kann.

Vor Kurzem fragte mich ein Freund, ob er zu einem Konzert gehen solle. Seit ich ihn kenne, befindet sich dieser Freund in finanziellen Schwierigkeiten und war sogar schon vorübergehend obdachlos und gezwungen, in seinem Auto zu leben. Ich empfahl ihm, das Geld lieber zu sparen, und er erwiderte: »Es kostet ja nur zehn Dollar, wieso soll ich die sparen? Pleite bin ich dann trotzdem noch.« Diese Mentalität kann ich vollkommen nachvollziehen, da ich selbst einmal so gedacht habe. Aber mit dieser Einstellung bleibt man garantiert weiterhin pleite. Stellen Sie sich eine Person vor, die abnehmen möchte und sagt: »Das ist doch nur ein zusätzliches Stück Kuchen. Wieso soll ich mir das sparen? Dick bin ich dann trotzdem noch.« Oder: »Was sollen fünf Sit-ups schon bewirken? Da kann ich genauso gut gemütlich auf der Couch sitzen bleiben.« Unglücklicherweise können diese Gedanken durchaus überzeugend klingen, aber wenn wir unsere Lage tatsächlich ändern möchten, müssen wir den Teufelskreis aus Verhaltensweisen durchbrechen, der uns dort festhält. Tatsache ist: Diese kleinen Schritte summieren sich am Ende auf.

Es stimmt, dass man mit Geld kein dauerhaftes Glück kaufen kann, aber mit etwas Geld auf dem Konto und möglichst geringen Schulden zu leben, ist eine großartige Methode der Stressreduktion. Kommt einem all dieser nervtötende Stress rund um die Finanzen nicht in die Quere, ist man frei, den Dingen nachzugehen, die tatsächlich glücklich machen. Sie wissen schon, zum Beispiel die Dinge, die wir in den vorhergehenden Kapiteln besprochen haben.

Eine der größten Quellen für Stress in unserem Leben ist Geld und die Frage, wie wir andere Menschen davon überzeugen, uns welches im Austausch für Arbeit zu geben. Ich habe bereits erwähnt, wie wichtig es ist, im Leben ein Gefühl von Kontrolle zu haben. Normalerweise ist die Arbeit eine Situation, in der Sie sehr wenig Kontrolle haben, es sei denn, Sie sind Ihr eigener Chef. Etwas Geld auf dem Konto zu haben, ist eine großartige Methode, um dieses Gefühl der Kontrolle zu stärken. Denken Sie einmal darüber nach. Ein Gefühl von Kontrolle zu haben, bedeutet, Sie spüren, dass Sie entweder fähig sind, ein Problem zu lösen oder dass Sie sich jederzeit davon entfernen können. Geld auf dem Konto macht Ihren Chef wohl eher nicht plötzlich zu einem erträglicheren Menschen und hilft Ihnen auch nicht unmittelbar bei der Lösung eines Problems im Job, aber egal, wie schlimm die Situation wird, Sie wissen, dass Sie die Mittel haben, jederzeit zu gehen. Das vermittelt ein Gefühl von Kontrolle und ist eine wirksame Methode, um die Auswirkungen zu reduzieren, die ein mieser Job auf die Gesundheit haben kann. Menschen, die von einer Gehaltszahlung zur nächsten leben, haben dieses Gefühl von Kontrolle eher nicht.

Da ich von kreativen Typen umgeben bin, höre ich oftmals Aussagen wie: »Geld ist mir egal.« Ich verstehe, was gemeint ist, nämlich dass das vordergründige Interesse etwas anderem gilt als dem Ziel, Reichtümer anzuhäufen, aber pleite zu sein ist ein Stressauslöser, und Stress ist für jede Menge gesundheitlicher Probleme verantwortlich. Ich wünschte, Geld wäre ihnen etwas weniger egal.

Letzten Endes habe ich es bewerkstelligt, all meine Schulden aus Studienzeiten abzuzahlen und ein wenig Geld zur Seite zu legen. Das erforderte viele Opfer sowie über die Jahre hinweg viel Disziplin – und jede Menge kleiner Schritte summierten sich auf. (Wenn ich jetzt nur noch diese zusätzlichen Kuchenstücke in Angriff nehmen könnte …) Inzwischen lebe ich mein Leben etwas mehr entsprechend der Erleuchtung, die ich in der Highschool hatte, und seit ich schuldenfrei bin, kann ich ehrlich sagen, dass jedes Jahr das beste meines Lebens war, denn jedes war besser als das davor. Sogar meine Bereitschaft, eine Familie zu gründen, hing letztendlich mit der Veränderung meiner finanziellen Situation zusammen.

Und nun für die Querleser:

- Geld und damit verwandte Themen gehören zu den größten Quellen von Stress. Sparen und mit möglichst geringen Schulden zu leben, kann eine gewaltige Hilfe sein, um sich von Stress zu befreien.

Ich habe es geschafft, mich aus dem Sumpf einer schwierigen finanziellen Situation herauszuziehen, aber ich bin beileibe kein Experte darin. Was bei mir funktionierte, klappte aufgrund meiner individuellen Lebenssituation und würde bei vielen anderen wahrscheinlich nicht zum Erfolg führen. Ich bin nur ein Beispiel, kein Experte. Wer, glauben Sie, würde Sie besser beim Abnehmen beraten, eine Person, die ihr Leben lang das Abnehmen erforscht hat, oder eine Person, die es selbst geschafft hat, fünfzig Kilo abzunehmen? Selbstverständlich ein Experte, dessen Ratschläge auf unsere speziellen Lebensumstände zugeschnitten sind. Das hält die Beispiele allerdings nicht davon ab, Bücher zu schreiben. Einem Beispiel mehr Vertrauen zu schenken als einem Experten, ist ein weit verbreiteter Denkfehler, und wenn Sie zuverlässigen Rat zu finanziellen Themen brauchen, verweise ich Sie sicherlich auf einen Experten.

Aber ich kann ein paar kleine Tipps anbieten, die mir persönlich geholfen haben. Als Erstes musste ich mir eingestehen, dass ich einfach ohne ein paar bestimmte Dinge leben musste, wenn ich mein Ziel erreichen wollte. Ohne jede Menge bestimmte Dinge, ehrlich gesagt. Ich unterließ teure Gewohnheiten, wie auswärts zu essen oder zur Entspannung shoppen zu gehen. Außerdem verzichtete ich auf gewissen Luxus, wie

Bezahl-TV und Internet. Ohne Bezahl-TV schaute ich weniger fern, und ohne Internet zu Hause verbrachte ich mehr Zeit mit anderen Aktivitäten. Wenn ich online etwas recherchieren musste, nutzte ich irgendwo kostenloses Wi-Fi oder wartete, bis ich am nächsten Tag zur Arbeit ging. Damals war es allerdings leichter, ohne Handy zu leben. Danach suchte ich nach weiteren möglichen Wegen, um weniger Geld auszugeben, und studierte jede Woche akribisch meine Kontoauszüge.

Als Zweites musste ich meine Schulden abbezahlen. Jeden Monat ging ein viel zu großer Anteil meines Einkommens dafür drauf, die Mindestzahlungen für ein paar Kreditkarten und einen Studienkredit zu begleichen. Ich entschied, sie in der Reihenfolge der Betragshöhe abzuzahlen. Nachdem ich also die Mindestzahlungen geleistet hatte, zahlte ich so viel zusätzliches Geld auf die Karte mit dem geringsten ausstehenden Betrag ein, wie ich erübrigen konnte. Mit Online-Banking ging das ruck zuck, und ich konnte mir auf diese Weise das Geld für Briefmarken und Umschläge (mit einem Scheck darin) sparen. Ab und zu überwies ich demselben Institut drei oder fünf Zahlungen im Monat und stotterte so peu à peu den jeweiligen Betrag ab. Mit jedem Kredit, den ich zurückzahlte, konnte ich mir eine Zahlung pro Monat sparen und hatte mehr Geld zur Verfügung, um den nächsten abzutragen.

Drittens musste ich mein Einkommen möglichst stark erhöhen. Mit meiner Vollzeitstelle konnte ich keinen Nebenjob oder irgendeine andere Arbeit annehmen, was eine Einschränkung darstellte. Allerdings fand ich heraus, dass ich Einkommen generieren konnte, indem ich nicht benötigtes Eigentum zu Geld machte. Ich verkaufte Geräte, Möbel, Sammlerstücke und was ich sonst noch erübrigen konnte, auf eBay sowie Bücher auf Amazon. Dabei stellte ich fest, dass eins meiner Bücher richtig selten war und einen netten Profit einbrachte. Daraufhin suchte ich nach demselben Buch auf eBay, kaufte mehrere

Exemplare für weniger Geld, als ich für meins erhalten hatte, und verkaufte sie erneut mit einem netten Profit bei Amazon. Außerdem nahm ich für zusätzliche Einnahmen und weniger Ausgaben einen Mitbewohner auf. Hätten Airbnb, Uber oder Lyft damals bereits existiert, hätte ich mich definitiv auch auf diese Möglichkeiten gestürzt.

Mithilfe einer Kombination aus reduziertem Konsum, disziplinierter Abzahlung meiner Schulden und Erhöhung meiner Einnahmen, wo immer es ging, habe ich meine Situation ändern können. Wenn ich darüber nachdenke, ist das vielleicht doch gar nicht so spezifisch für mich, aber Sie sollten dennoch einen Experten befragen.

Die größte Ironie des modernen Lebens

Wussten Sie, dass es möglich ist, unter den Auswirkungen von Stress zu leiden, ohne sich des Stresses überhaupt bewusst zu sein? Manchmal können wir gar nicht sagen, woher die Anspannung kommt – keine angreifenden Bären, kein still stehender Verkehr, nicht einmal ein paar eingebildete Einhörner weit und breit –, und dennoch erleben wir irgendwie eine volle Aktivierung unserer Stressreaktion.

Eine Familie zu haben, macht gesund – was statistisch belegt ist. Verheiratete Männer leben im Durchschnitt länger als alleinstehende, und Menschen mit Kindern leben länger als jene ohne. Partnern liegt unser Wohlergehen am Herzen; sie spornen uns an, gesündere Entscheidungen zu treffen. Kinder halten uns in einer Lebensphase, in der wir eine Tendenz zum Sitzen zeigen, körperlich in Bewegung. Obwohl ich das wusste, bin ich beidem den Großteil meines Lebens irgendwie aus dem Weg gegangen und habe es geschafft, als kinderloser Singlemann bis in die Mittvierziger zu überleben.

Nicht, dass ich je ein Vorzeigebeispiel für gute Gesundheit war – ich würde ein super »Vorher«-Foto abgeben –, aber ich habe es geschafft, mich durchzuschlagen, ohne wesentliche Beschwerden zu entwickeln. Ich bin schon mein ganzes Leben lang übergewichtig, habe jedoch noch keine der negativen gesundheitlichen Auswirkungen verspürt, die das Herumtragen von zusätzlichem Körpergewicht bekanntlich hervorruft. Abgesehen natürlich vom Fluch im Leben einer jeden dicken Person: Treppen. Letztlich lässt sich alles auf schlechte Lebensgewohnheiten in Bezug auf Ernährung und Bewegung herunterbrechen. Entscheidungen, die ich zwar unbewusst getroffen habe, derer ich mir allerdings bewusst war (wie sich auf die Couch zu setzen, anstatt ins Fitnessstudio zu gehen, oder gedankenverloren an der Theke Schokocookies zu bestellen). Wie dem auch sei, ich weiß, dass Stressmanagement zur Gesundheit beiträgt, und ich weiß, dass es möglich ist, schlechte Entscheidungen in Sachen Gesundheit im Alltag mit gutem Stressmanagement aufzuwiegen. Die gesundheitlichen Risiken in Zusammenhang mit Fettleibigkeit schließen Bluthochdruck und Diabetes ein, während zu den mit lang anhaltendem Stress in Verbindung gebrachten gesundheitlichen Risiken – Sie haben es erraten – Bluthochdruck und Diabetes gehören. Stellen Sie sich vor, Sie sind übergewichtig und tragen außerdem noch die Last der Welt in Form von Stress mit sich herum. Mag sein, dass ich mich schlecht ernährt und kaum bewegt habe, aber zumindest war ich nicht gestresst.

Dann kam Sarah, die ich auf keinen Fall herabwürdigen möchte, und dann ein Baby, das gern Unsinn machte – oder wie auch immer der alte Kinderreim geht.

Sarah ist Beschäftigungstherapeutin und als solche Teil der Gesundheitsbranche. Manchmal arbeite ich mit Menschen aus der Gesundheitsbranche, aber eigentlich bin ich einfach nur ein Typ mit einem Abschluss in Psychologie, der Witze erzählt. Es gibt ja dieses Klischee, dass Frauen die Männer, mit denen sie zusammen sind, verändern wollen, und ich war ein großes Beschäftigungstherapieprojekt. Ein anderes Klischee besagt, dass Männer nur sehr widerstrebend medizinische Versorgung in Anspruch nehmen, und ja, bei mir traf das zu. Ich hatte mich nicht einmal krankenversichert, bis Präsident Obama mich dazu zwang. Ich schätze, trotz unserer unkonventionellen Lebensweise sind Sarah und ich letztendlich doch irgendwie ein klischeehaftes Paar.

»Du musst zum Arzt gehen!«, sagte sie immer wieder. Aber ich wollte zu keinem Arzt, ich wusste, dass ich abnehmen musste, und dachte stur, ein Profi, den ich dafür bezahlte, würde mir genau das Gleiche sagen. Der Wendepunkt kam, als wir erfuhren, dass sich unsere Tochter zu uns gesellen würde. Aber sogar da musste Sarah mich noch dazu überreden, mich einfach mal durchchecken zu lassen. Während einer Pause auf einer Tour verbrachten wir Zeit bei meinen Eltern, und ich machte einen Termin in einer Praxis aus. Ich dachte, das würde eine komplett routinemäßige Angelegenheit werden.

Mein Blutdruck war hoch. Beängstigend hoch. Als hätte ich jeden Augenblick sterben können, so hoch.

Zum ersten Mal in meinem Leben befürchtete ich, dass mich meine schlechte Lebensweise nun endgültig eingeholt hatte, und das ausgerechnet, kurz bevor meine Tochter zur Welt kommen sollte. Ich hatte Angst und geriet in Stress. Ich wusste, ich würde bei der Geburt meines ersten Kindes älter sein als die meisten Männer, aber ich fand die Vorstellung schrecklich, dass meine Zeit mit Alyssa wegen eines Herzinfarkts oder Schlaganfalls noch weiter verkürzt werden könnte. Davon abgesehen ist mein Gehirn alles, was ich habe! Mein ganzes Leben lang habe ich versucht, es zu befüllen: angefangen bei Shakespeare und dem Talmud bis hin zu den Formeln von Einstein und den Songs der Beatles – und ich bediene mich hierbei sogar eines Zitats aus dem Film »Flash Gordon« von 1980.[82] In meinem

---

[82] Als wahres Kind der Achtziger bediene ich mich Dr. Hans Zarkovs Erklärung dafür, weshalb Mings Erinnerungslöschgerät bei ihm nicht funktioniert hatte. »Ich habe, als ich da drunter lag, angefangen, zu rezitieren: Shakespeare, den Talmud, die Formeln von Einstein, alles was mir einfiel, sogar einen Song von den Beatles.«

Gehirn findet man wahrscheinlich weit mehr Zitate aus Filmen als aus der Literatur, und dabei habe ich den Talmud nicht einmal gelesen, aber immerhin. Niemand lebt ewig, aber solange ich das irgendwie beeinflussen konnte, wollte ich keinesfalls Zeit mit meiner Tochter verpassen.

Bei der Untersuchung erwähnte ich ein paar weitere Dinge, über die ich zuvor nicht weiter nachgedacht hatte, die jedoch wahrscheinlich mit meinem aktuellen Gesundheitszustand zu tun hatten. In den zurückliegenden Jahren hatte ich öfters Schmerzen im Körper verspürt, vor allem in meinen Muskeln und Gelenken. Ich war zunehmend lethargisch und anfällig für unkontrollierbare, beinahe narkoleptische Schlafanfälle geworden. All das hatte ich als eine Auswirkung meines Gewichts abgetan, das in etwa dem gleichen Zeitraum trotz einer relativ gesunden Ernährung und körperlicher Bewegung stetig zugenommen hatte. Der Arzt fragte, an Sarah gewandt: »Schnarcht er?« Wie ein Grizzlybär im Winterschlaf.

Der Arzt diagnostizierte sogleich Schlafapnoe und brachte seine Bedenken zum Ausdruck.

Zu diesem Zeitpunkt hatte ich bereits länger vermutet, dass ich unter Schlafapnoe litt, mindestens seit ein paar Jahren. Ich hatte einen meiner Freunde für einige Wochen auf eine Comedytour mitgenommen, und ich weiß noch, wie er bei jeder Fahrt zwischen den Auftrittsorten wie ein Toter auf dem Beifahrersitz neben mir schlief. Dabei hatte er vorher mehrere Flaschen eines Energydrinks getrunken, der eigentlich fünf Stunden wachhalten sollte. Ich fuhr vor mich hin, während er schnarchte, was ihn zu einem der uninteressantesten Reisegenossen aller Zeiten machte. Ab und zu setzte seine Atmung aus, woraufhin er kurz aufwachte, etwas Unverständliches murmelte und wieder einschlief, um den Kreislauf fortzusetzen (ähnlich wie bei seinen Auftritten). Körperlich gesehen hatten wir in etwa die gleiche Statur, und ich wusste, dass ich ebenfalls laut schnarchte. Aber erst als ich seinen unruhigen Schlaf beobachtete, ging mir ein Licht auf, dass ich eventuell das gleiche Problem haben könnte. Ich dachte jedoch keinesfalls, dass ich deswegen eine Behandlung bräuchte. Ich nahm mir vor, etwas abzunehmen, da mein Gewicht sowieso tendenziell mal rauf und mal runter ging, und dachte, damit wäre das Problem erledigt.[83] Davon abgesehen war ich der Meinung, dass es nichts Ernstes war, bloß extremes Schnarchen. Und die Mädels können sich schließlich jederzeit Ohrstöpsel kaufen.

Was soll ich sagen? Ich bin eben kein Doktor der Medizin.

Nach dieser ärztlichen Untersuchung beschloss ich, ein wenig zu recherchieren. Ich erfuhr, dass Schlafapnoe mehr als nur extremes Schnarchen ist. Nachts wird dabei in regelmäßigen Abständen in meinem Hals der Luftstrom in die Lungen blockiert. Es ist vollkommen verständlich, dass das Gehirn einen plötzlich versperrten Zugang zu Sauerstoff als eine enorme Gefahr wahrnimmt. Wie jeder andere Stressor auch, nur wahrscheinlich deutlich stärker, führt diese Blockade dazu, dass der Körper in Panik ausbricht. Als Reaktion auf die fehlende Luftzufuhr produziert er eine massive Dosis Cortisol, um mich aufzuwecken. Das geschah etwa drei- oder viermal in der Nacht, wodurch es quasi unmöglich wurde, richtig durchzuschlafen. Deshalb war ich tagsüber lethargisch und andauernd müde.

Sobald ich von dem Zusammenhang mit der Cortisolausschüttung erfuhr, wurde mir plötzlich alles klar. Ich erhielt viel mehr als nur einen regelmäßigen nächtlichen Schuss Cortisol, denn Schlafentzug an sich wird vom Körper als eine Form von Stress wahrgenommen (ja, unser Körper braucht schon ein bisschen Schlaf). Aus diesem Grund reagiert der Körper

---

[83] Das ist übrigens nicht wahr, es gibt jede Menge fitter Menschen, die ebenfalls unter Schlafapnoe leiden.

physiologisch genauso wie bei jeder anderen Form von Stress.[84] Cortisol, das Stresshormon, ist ein Hauptfaktor bei Herzerkrankungen, Fettleibigkeit, Diabetes, Impotenz und so gut wie jeder psychischen Erkrankung, die einem einfällt. Ohne es zu merken, hatte ich seit wer weiß wie vielen Jahren meinen Cortisolspiegel über Nacht in die Höhe getrieben und litt wahrscheinlich jeden Tag unter Schlafmangel. Wie bereits erwähnt, ist es nicht vorgesehen, dass unsere Stressreaktion über längere Zeit aktiviert wird, und das trug zu meinem erhöhten Blutdruck, meinen Schmerzen und wahrscheinlich einer Handvoll weiterer Symptome bei, die ich nicht aufgezählt habe. Die Schlafapnoe machte es mir auch extrem schwer, tagsüber meine anderen Ziele zu erreichen (wie etwa wach zu bleiben), und war mit ziemlicher Sicherheit mit ein Grund dafür, warum es mir so schwerfiel abzunehmen.

Ich erfuhr, dass Schlafapnoe und die damit verbundenen Krankheiten tödlich enden – für jede Menge Menschen. Zum Glück kann diese Krankheit jedoch behandelt werden, und zwar mit einem Gerät, das kontinuierlich einen positiven Druck in den Atemwegen aufrechterhält (CPAP), sodass sich die Luftröhre während des Schlafens nicht verschließen kann. Es gibt auch noch andere Behandlungsmöglichkeiten, aber für mich war die CPAP-Therapie über die Nase ausreichend. Meine Nasenflügel fühlten sich zwar zunächst wie entjungfert, aber die erste Nacht mit dem Gerät bescherte mir den besten Schlaf meines Lebens. Mein Körper war so sehr daran gewöhnt gewesen, die ganze Zeit müde zu sein, dass der Zustand des Schlafmangels völlig normal für mich geworden war. Nach der zweiten Nacht mit meinem CPAP wachte ich auf und fühlte mich so gut wie schon

---

84 G. Takada et al.: »Sleep Apnea and its Association with the Stress System, Inflammation, Insulin Resistance and Visceral Obesity«, in: Sleep Medicine Clinics Jg. 2, Nr. 2, Juni 2007, S. 251–261.

lange nicht mehr. Ich war unglaublich wach und voller Energie. Nicht, dass ich bereit gewesen wäre zu joggen oder Ähnliches, aber ich hatte keine Schmerzen mehr, wenn wir in der Nachbarschaft spazieren gingen, und ich schlief nicht länger vorm Computer ein oder brauchte andauernd Nickerchen. Ich fühlte mich auf eine Weise besser, wie ich es nie für möglich gehalten hätte.

Das Problem mit der Schlafapnoe ist, dass man viel weniger Zeit im erholsamen Tiefschlaf verbringt, weil man andauernd unterbrochen wird und von vorn anfangen muss, sobald das Gehirn wieder einschläft. Gemessen an der Gehirnaktivität wird Schlaf in fünf Phasen unterteilt, nämlich die Phasen eins bis vier sowie die REM-Phase, wobei REM für die schnellen Augenbewegungen steht, die in diesem Stadium auftreten. Bei einem ununterbrochenen Schlafzyklus nicken wir in Phase eins ein, werden in den Phasen zwei und drei weniger bewusst und entspannter und gehen mit Phase vier in den Tiefschlaf über. Bei Schlafapnoe wird das Gehirn aufgeweckt, bevor es zu Phase vier und darüber hinweg gelangt. Das ist äußerst bedenklich, denn Tiefschlaf und REM sind die erholsamen Phasen, in denen der Körper beispielsweise wächst (wenn er noch wachsen muss), Muskeln repariert und stärkt sowie Erinnerungen an Dinge festigt, die wir am Tag gelernt oder erlebt haben. Tritt der Tiefschlaf nicht ein, bedeutet das, dass wir weder wachsen, noch von Sport profitieren, und dass wir wahrscheinlich Schwierigkeiten beim Lernen und Erinnern haben. Träumen findet normalerweise im REM-Schlaf statt, weshalb Traumlosigkeit eine Nebenwirkung von Schlafapnoe ist. Neben Symptomen wie Müdigkeit und einem Schlafbedürfnis zu unangebrachten Zeiten sprang mein Gehirn beim Einschlafen oftmals direkt in die REM-Phase. Ich döste ein und träumte während meiner Mittagspause oder wenn ich am Computer saß und versuchte, Arbeit zu erledigen, oder sogar in der wahrscheinlich schlimmsten Situation, die man sich vorstellen kann: hinterm Steuer an einer roten Ampel.

Am ersten Tag meiner CPAP-Behandlung verbrachte mein Gehirn laut den Aufzeichnungen des Geräts mehr Zeit im REM-Schlaf, als normalerweise zu erwarten wäre, als hätte es versucht, verlorene Zeit aufzuholen. Nach der ersten Woche am Gerät schlief ich nicht nur besser, sondern begann auch, wieder regelmäßig zu träumen.

Ein weiteres Problem bei der Schlafapnoe ist, dass sie zur Entwicklung schlechter Schlafgewohnheiten beiträgt und deswegen in eine ziemlich schlimme Abwärtsspirale führt. Solange ich mich erinnern kann, hatte ich stets Probleme, nachts einzuschlafen und morgens aufzuwachen. Das ist zwar ganz praktisch für einen Comedian, macht es einem Schüler aber sehr schwer, die Highschool vernünftig abzuschließen. Und morgens andauernd zu verschlafen, bringt eine ganz eigene Art von Stress mit sich. Ich machte mir sogar Sorgen deswegen. Mit der Zeit verschlimmerten sich meine Schlafgewohnheiten bis zu einem Punkt, an dem ich nur noch einschlafen konnte, wenn mein Körper so kaputt war, dass er sich selbst einfach ausknipste. Ansonsten lag ich im Bett, meine Gedanken rasten, und ich versuchte vergeblich, eine Mütze Schlaf zu bekommen. Als ich jünger war, schaute ich in den Nächten meist fern, und als Erwachsener surfte ich im Netz, bis mein Körper nicht mehr konnte und ich zusammensackte.

Morgens fiel es mir ähnlich schwer, wieder aufzuwachen, oft benutzte ich drei oder vier gestellte Wecker, die ich wiederholt auf Schlummern oder Stopp stellte, oder ich verschlief komplett. Hin und wieder, wenn ich einen wichtigen Termin hatte und am nächsten Tag keinesfalls zu spät aufstehen durfte, schlief ich absichtlich mit eingeschaltetem Licht. Das mag erst einmal unlogisch klingen, denn das Licht erschwert ja das Einschlafen, aber es erleichterte mir das Aufwachen. Normalerweise wurde ich morgens wach und fühlte mich schlapp und nicht erfrischt; und ich brauchte viel zu lange, um in den Tag zu starten, egal, wie viel Schlaf ich nachts bekommen hatte. Zudem fühlten sich alle, die je ein Bett oder ein Zimmer mit mir teilten, total genervt von meinem Schlaf-Wach-Rhythmus. Und mindestens einmal auch meine Nachbarn. Als ich eines Tages von meinem ersten Job nach dem Aufbaustudium nach Hause kam, klebte an meiner Wohnungstür eine Notiz mit einer Beschwerde über mein allmorgendliches Weckerritual.

Drei Wochen nach Beginn der CPAP-Behandlung konnte ich bereits eine wesentliche Veränderung in meinen Schlafgewohnheiten erkennen. Ich ging jeden Abend zu einer vernünftigen Zeit ins Bett (vernünftig für mich, gewöhnlich gegen elf) und wachte frühmorgens ganz ohne Wecker auf. Ich konnte kaum glauben, wie früh ich nun aufstand und wie vollkommen erfrischt ich mich jeden Tag fühlte. Bis zum heutigen Tag wache ich ohne Wecker auf, was ich mir als junger Mensch überhaupt nicht hatte vorstellen können.

Nach Erhalt meiner Diagnose schrieb ich auf meinen Social-Media-Profilen über Schlafapnoe und hoffte, das Bewusstsein dafür zu schärfen. Die Leute fragten mich, ob die Maske unangenehm sei, und erzählten mir, dass es ihnen schwerfiel, sie kontinuierlich zu tragen. Ich brauchte tatsächlich ein wenig, um mich daran zu gewöhnen, doch das leicht unangenehme Gefühl der Naseninvasion ist nichts im Vergleich zu dem Leid, Nacht für Nacht nicht richtig zu schlafen – oder im Vergleich zu den zahlreichen potenziellen Gesundheitsproblemen, die mit Schlafapnoe assoziiert werden, sowie den Risiken und anderen Nebenwirkungen. Vielleicht würden mehr Männer ihr CPAP-Gerät benutzen, wenn die Maske wie die von Darth Vader oder Iron Man geformt wäre. Oder vielleicht würden sie sie lieber tragen, wenn sie wüssten, dass totale Draufgänger wie die Airborne-Fallschirmjäger sie ebenfalls tragen. Ganz richtig, mein Kumpel Cuban aus dem Interview setzt eine auf, kurz bevor er aus einem *verdammten*

Flugzeug springt. Und danach isst er eine Schale Nägel mit Glasscherben zum Frühstück.[85]

Nachdem ich mein CPAP nun seit fast sechs Monaten benutze, kann ich ein paar Langzeitauswirkungen und weitere positive Veränderungen in meinem Leben feststellen, beispielsweise einen Gewichtsverlust. Ich würde nie behaupten, dass Schlafapnoe der einzige Grund für mein lebenslanges Ringen mit Übergewicht war. Faulheit in der Kindheit war wahrscheinlich ebenfalls ein bedeutender Faktor. Schlafapnoe war nicht die Ursache, weshalb ich dick wurde, hat allerdings höchstwahrscheinlich über einen lebenslang erhöhten Cortisolspiegel und ein vermindertes Energieniveau dazu beigetragen. Umgekehrt verschlimmerten sich meine Apnoesymptome mit zunehmendem Gewicht, bis der Punkt erreicht war, an dem ich trotz einer relativ gesunden Ernährung weiterhin zunahm. Es war im wahrsten Sinne des Wortes eine Abwärtsspirale. Zum Glück habe ich nun nach sechs Monaten Behandlung fast zwanzig Kilo abgenommen, was fantastisch ist – und das nicht nur, weil ich ein paar Kleidergrößen weniger trage und meine Modelkarriere wieder an Fahrt aufgenommen hat (ja, richtig), sondern weil der Gewichtsverlust auch die Symptome meiner Schlafapnoe reduziert hat. Wie mein Finanzberater, der auch an Schlafapnoe leidet, sagte, könnte es sein, dass man das Gerät nicht mehr braucht, wenn man genügend überflüssige Pfunde verloren hat. Glauben Sie mir, Aufwärtsspiralen fühlen sich sehr viel besser an als Abwärtsspiralen.

Nach fast einem Jahr Behandlung kehrten Sarah und ich nach Montreal zurück, um nach unserer Wohnung zu sehen und einen weiteren Sommer in Quebec zu genießen. Die Stadt Montreal verdankt ihren Namen einer falschen Aussprache des Mont Royal, der direkt aus der Mitte der dortigen Insel aufragt. Genau

---

[85] Also bitte, das macht er natürlich nicht – soweit ich weiß.

wie Twin Peaks in San Francisco besteht der Berg vorwiegend aus Parklandschaft und bietet einige der spektakulärsten Ausblicke über die Stadt. Das Kronjuwel ist ein wunderschönes Chalet, das man nach einem kurzen, nicht besonders steilen Anstieg von etwas über einem Kilometer vom nächsten Parkplatz aus zu Fuß erreichen kann. Es ist eine leichte Wanderung, und jedes Jahr kommen Tausende von Besuchern, um die absolut atemberaubenden Ausblicke auf das Stadtzentrum zu genießen. Das erste Mal hatte ich mich vor der CPAP-Behandlung an diesem Aufstieg versucht und befand mich damals wahrscheinlich in der schlimmsten körperlichen Verfassung meines Lebens. Der kurze Spaziergang machte mich fix und fertig. Es hört sich verrückt an, aber auch nur ein paar Straßenecken weit zu laufen, verursachte bei mir unglaubliche Rückenschmerzen, und ich musste mehrere Male stehen bleiben und mich ausruhen. Beim Gehen taten mir die Knie weh, ich bekam derart schlimmes Seitenstechen, dass ich mehrmals stehen bleiben und ausruhen musste, und ich rang nach Luft, während Hunderte von Menschen in allen Formen und Größen an mir vorbeihuschten, als stünde ich still. Beim letzten Besuch beschlossen wir, erneut zum Chalet hinaufzugehen, und ich verspürte nichts von alldem. Bald wird Alyssa umherrennen, und ich werde bereit für sie sein (hm, vielleicht nicht ganz so bereit, wie ich es gern wäre).

Ein guter Umgang mit Stress und ein Gefühl des Glücks sind mir immer ein Anliegen gewesen, und ich habe stets ein glückliches, stressfreies Leben geführt. Gelegentlich suchen mich Erinnerungen an Ereignisse heim, bei denen mir die Energie fehlte, bestimmte Dinge zu tun. Ich verpasste Chancen, schlief bei Konzerten, Filmen und anderen Auftritten ein (ganz im Ernst, einmal verpasste ich die Hälfte einer Cirque-du-Soleil-Show, und die Karten dafür waren nicht eben billig), und ich enttäuschte andere. Ich kann mir vorstellen, dass die Art und Weise, wie ich das heute wahrnehme, dem Gefühl ähnlich ist, das ein genesender Süchtiger hier und da für sein früheres Verhalten empfindet. Aber anstatt über die Vergangenheit zu grübeln, schätze ich die Gegenwart und freue mich auf weitere Verbesserungen.

Klare Gedanken und mehr Energie. Wer hätte gedacht, dass es sich derart negativ auswirken kann, wenn das Herz mehrmals pro Nacht die Atmung neu zünden muss? Inzwischen ist meine Atmung auch tagsüber besser. Ich muss nur selten husten oder mich räuspern. Und ich schnarche nachts nicht mehr. Ich halte bessere Vorträge, ich bin konzentrierter und scheine auch ein besserer Autor geworden zu sein, aber dieses Urteil lasse ich lieber Sie fällen. Wie dem auch sei, viel wichtiger ist, dass ich Sarah ein besserer Partner und Alyssa ein besserer Vater bin.

Ich wusste schon immer, dass mich eigene Kinder gesünder machen würden, ich hätte nur nie gedacht, dass es meinem Leben auf so tief greifende Weise helfen würde, wenn ich Vater werde. Meine Vorstellung war, dass Alyssa mich dazu animieren würde, ihr nachzujagen, und dass ich meine körperliche Aktivität durch Spiele und Sport erhöhen würde. Doch noch bevor sie zur Welt kam, wirkte sich meine Tochter schon positiv auf mein Leben aus. Ich war bereits überaus widerstandsfähig, positiv und optimistisch, doch meine Tochter hat mich gesünder gemacht. Ich hoffe, dass sie, wenn sie älter ist, zurückblicken und das Gleiche über ihren Dad sagen kann.

KAPITEL 10

Sich den Herausforderungen stellen

Von dem Zeitpunkt an, als ich mit der Planung dieses Buchs begann, bis zu dem Moment, als ich mich in Denver hinsetzte und tatsächlich zu schreiben anfing, schickten mir viele der Menschen, die mir auf Social Media folgten, Artikel über ein Baby namens Harper Yeats. Harper war nicht einmal sechs Monate alt und hatte bereits alle fünfzig Bundesstaaten der USA bereist.[86] Das ist eine bemerkenswerte Leistung, die wahrscheinlich die meisten Erwachsenen nicht vollbringen werden. Es ist verständlich, dass die Kleine ein wenig Aufmerksamkeit von Nachrichtensendern erhielt, während sie mit ihren Eltern auf Reisen war. Der Grund, weshalb so viele diese Geschichte mit mir teilen wollten, war der, dass meine Tochter Alyssa ein paar Monate zuvor im Alter von einem Jahr das Gleiche geschafft hatte. Weder Sarah noch mir war aufgefallen, dass unser Baby

---

[86] In Faith Karimis Bericht erfahren Sie mehr: »Harper Yeats Will Have Traveled to All 50 States This Week. She's Only 5 Months Old«, in: CNN, 15. Oktober 2018, https://www.cnn.com/travel/article/harper-yeats-50-states-record-trnd/index.html.

eine Art Rekord aufgestellt hatte. Doch eine Recherche zum Thema ergab, dass die jüngste Person, die in allen fünfzig Staaten gewesen war, dies im Alter von drei Jahren bewerkstelligt hatte. Kurz nachdem ich das herausgefunden hatte, kam Harper daher und stellte einen neuen Rekord im Babyreisen auf. So viel zu unserem Ruhm, aber zumindest *wir* wissen, dass Alyssa den Titel für ein paar kurze Monate innehatte.

Genau wie Harpers Eltern hatten Sarah und ich nicht geplant, unsere Tochter auf solch eine Reise mitzunehmen, es hatte sich einfach ergeben. Mit meinen Vorträgen und anderen Veranstaltungen und Sarahs Beschäftigungstherapieverträgen führte uns unser Terminplan in fünfundvierzig Staaten. Als uns das klar wurde, beschlossen wir, die fünf verbliebenen Staaten hinzuzufügen, damit unsere Tochter damit angeben konnte. Zum Glück waren drei von ihnen, Wisconsin, North Dakota und South Dakota, von Minneapolis (Minnesota) aus leicht mit dem Auto zu erreichen. In Minneapolis hatte ich noch ein paar Auftritte zu absolvieren, und wir fanden ein Superangebot für Flüge von dort aus nach Alaska und Hawaii, womit die letzten beiden Staaten abgehakt waren. Mit ein wenig Planung in letzter Minute hatte Alyssa alle fünfzig Staaten besucht und konnte sogar ihren ersten Geburtstag am wunderschönen Strand von Waikiki feiern. Zwischendurch war sie außerdem in fünf Provinzen Kanadas gewesen. Selbstverständlich wird sie sich an so gut wie nichts von diesem Abenteuer erinnern, aber das könnte sich als Vorteil für uns herausstellen, denn es wäre ungeheuer schwierig und teuer, jedes Jahr mit einem noch besseren Geburtstagsgeschenk aufzuwarten.

Bevor ich mich diesem Abschnitt aber allzu intensiv widme, sollten Sie wissen, dass ich Ihnen am Ende nicht empfehlen werde, zum Stressabbau ein Baby auf einen turbulenten Roadtrip mitzunehmen. Das wäre lächerlich und für die meisten wahrscheinlich auch ziemlich schwierig, obwohl das Babymachen zur Vorbereitung jede Menge Spaß machen würde. Ich glaube, nicht einmal Sarah und ich würden diese Reise wiederholen wollen, es sei denn, die Umstände würden es erfordern. Falls wir noch ein Kind bekommen sollten, ähm … tut mir leid, Kleines. Du hättest zuerst auf die Welt kommen sollen.

Der Grund, weshalb ich Ihnen diese Geschichte erzähle, ist der, dass ich allen Eltern unter Ihnen eine andere Art von Rat geben möchte. Als wir erstmals bekanntgaben, dass Sarah schwanger war, fragten uns unglaublich viele unserer Freunde, ob wir uns denn nun irgendwo häuslich niederlassen würden. Das taten wir nicht, und wir hatten es auch für die Zukunft nicht vor, aber wir fanden es interessant, wie viele Menschen davon ausgingen, dass wir es tun würden. Reisen ist nicht nur direkt mit unserem Lebensunterhalt verbunden, wir genießen diesen Lebensstil auch sehr. Dann kamen weitere merkwürdige Fragen oder Bemerkungen von anderen Eltern, wie zum Beispiel von einem Paar, das wegen des Babys seit einem Jahr nicht mehr in einem Restaurant gegessen hatte. Oder von einer Freundin, die behauptete, seit Langem nicht mehr länger als bis zwanzig Uhr ausgegangen zu sein. Schnell wurde uns bewusst, wie viele Menschen zu glauben schienen, dass mit der Geburt eines Babys ein gigantischer Pausenknopf in ihrem Erwachsenenleben gedrückt wird. Das ist nicht so und muss mit Sicherheit auch nicht so sein.

Herauszufinden, wie man Kinder in seine gewohnten Aktivitäten integrieren kann, erfordert gute Problemlösungsstrategien, aber ich habe gehört, dass das gut fürs Gehirn ist. Es gibt Unmengen von Büchern und anderen Ressourcen, die vor Tipps zum Elternsein geradezu überquellen, und sowohl ein Abschluss in Psychologie als auch eine Ausbildung zur Beschäftigungstherapeutin bieten einige Einblicke, aber in Wirklichkeit kann man all die Herausforderungen weder voraussehen, noch sich darauf vorbereiten. Zum Beispiel flog unsere Tochter drei Wochen nach ihrer Geburt zum ersten Mal in einem Flugzeug (ironischerweise nach Minneapolis – hätten wir damals nur die Voraussicht gehabt, die benachbarten Staaten gleich mit zu besuchen). Sarah und ich recherchierten im Vorfeld ein wenig, wir planten jede Menge zusätzliche Zeit ein, und dennoch lief es schief. Vor allem, weil wir nicht bedacht hatten, wie unhandlich der Kinderwagen und der zusätzliche Kindersitz fürs Mietauto sein würden, nachdem wir das Auto wieder abgegeben hatten. Für unseren nächsten Flug, diesmal nach Washington, hatten wir einen neuen Plan: Wir luden alles am Gehweg vor dem Terminal aus, wo Sarah und Alyssa warteten, während ich den Leihwagen zurückgab. Beim dritten Flug sah unser System so aus: Alles auf dem Gehweg Abgeladene bis auf den Kinderwagen einchecken, dann mit dem Kinderwagen den Flughafen zum Abfluggate durchqueren und diesen beim Einstieg ins Flugzeug abgeben. Innerhalb von zwei Monaten und drei Flügen entwickelten wir uns von Reiseeltern-Novizen zu -Experten. Unterdessen besuchte Alyssa ihre ersten sechzehn Bundesstaaten.

Zu fliegen bot uns die Gelegenheit, Problemlösungsstrategien anzuwenden, aber unsere erste Überlandfahrt war definitiv eine lehrreiche Erfahrung. Gewöhnlich liegen die Städte, durch die wir touren, nur wenige Stunden voneinander entfernt. Doch als ich zuerst an der Rutgers University in New Jersey und exakt eine Woche später in Newport, Oregon, einen Vortrag halten sollte, hatten wir eine ungewöhnliche Situation, denn wenn ich mich recht erinnere, liegt Oregon alles andere als in der Nähe von New Jersey. Um diese Reise noch komplizierter zu machen, hatte ich zwischen den beiden Vorträgen auch noch für eine Buchsignierstunde in Pittsburgh, Pennsylvania, zugesagt. Damit hatten wir fünf Tage Zeit, um fast viertausendzweihundert Kilometer zurückzulegen. Als ich diese Termine vereinbart hatte, war ich noch ein schwer arbeitender, schwer feiernder Vater von niemandem gewesen und hatte das wirklich als machbar eingeschätzt. Wie wir schnell lernen mussten, stehen zwei Monate alte Babys nicht wirklich auf lange Autofahrten. Wie auch immer, wir passten uns an. Sarah erfand eine Aktivität namens »Lkw-Raststätten-Mampfizeit«, und am dritten Tag bemerkte ich, dass wir irgendwie viel zu oft zum Windelwechseln anhielten. Da ich im Herzen Wissenschaftler bin, begann ich, die »Kilometer pro Windel« im Blick zu behalten, und fand heraus, dass wir durchschnittlich dreiundvierzig Kilometer pro Pampers zurücklegten. Wir verbrauchten viel mehr Windeln als sonst, und bei der Häufigkeit, mit der wir zum Wechseln anhielten, würden wir es nicht rechtzeitig nach Oregon schaffen. Dann ging uns auf, dass Alyssas Gehirn möglicherweise gelernt hatte, dass wir immer, wenn sie etwas abgesetzt hatte, anhielten und Mami sie aus ihrem Kindersitz holte. Sie wurde gewickelt, hatte aber auch Gesellschaft, was ihr wahrscheinlich wichtiger war. Ihr Verhalten erhielt gleichzeitig negative Verstärkung (Entfernen der vollen Windel) und positive Verstärkung (Zeit mit Mami), und mit zwei Gelegenheiten für Verstärkung auf einmal erhöhte sich die Häufigkeit, mit der sie uns zum Anhalten brachte. Um diese Hypothese zu testen, räumten wir im Auto um, sodass Sarah hinten mit dem Baby fahren konnte, und siehe da, unsere Kilometer pro Windel kehrten zum vorherigen Niveau zurück. Als wir schließlich sogar früher als geplant in Newport ankamen, überlegte ich, ob meine Windelstatistik etwas war, was man veröffentlichen konnte. Wie sich herausstellte, konnte ich es.

Okay, unsere Erfahrungen mögen nicht sehr typisch sein, aber ich hoffe, Sie verstehen, was ich Ihnen damit sagen möchte: Auch wenn Sie durch eigene Kinder gezwungenermaßen ein paar Anpassungen vornehmen müssen, sollte Sie das nicht davon abhalten, ein erfülltes Leben zu führen. Für uns schließt dieses erfüllte Leben Reisen und öffentliche Auftritte ein, für jemand anderen könnte das heißen, weiter gesellschaftlich aktiv zu bleiben oder Hobbys zu verfolgen. Denken Sie einen Moment über die Alternative nach. Stellen Sie sich vor, welche Wirkung es hätte, wenn man sich als frischgebackene Eltern entscheidet, gewohnte Aktivitäten herunterzuschrauben, sich sozial zurückzuziehen und monatelang mit einem schreienden Neugeborenen zu verbringen, anstatt sich der Herausforderung zu stellen, den Familienzuwachs ins normale Leben zu integrieren. Hundertprozentig sicher bin ich mir zwar nicht, aber ich bezweifle, dass sich unter solchen Umständen überhaupt jemand in einem glücklichen Zustand befinden kann. Kein Wunder, dass so viele meiner früheren Seminarteilnehmer angenommen hatten, ich sei allein deshalb nicht gestresst, weil ich keine Familie hatte.

Wie wichtig es ist, gute Problemlösungsfähigkeiten zu entwickeln, habe ich erwähnt. Tja, ein Großteil des Lebens dreht sich um Herausforderungen und um die Frage, ob wir sie erfolgreich meistern. Wenn wir in der modernen Welt körperlich und psychisch gesund bleiben wollen, müssen wir uns manchmal selbst herausfordern, damit wir gewappnet sind, wenn das Leben einmal härter zuschlägt. Mit der Elternschaft präsentieren sich gewisse Herausforderungen und Probleme, und genau wie bei allen anderen Problemen trägt deren erfolgreiche Lösung zu unserer Resilienz bei. Sie nicht zu lösen, Sie wissen schon … tut das nicht.

Seit über drei Jahren führen Sarah und ich ein Nomadenleben. Wir lieben es und haben vor, es so lange weiterzuführen, wie es uns ins Konzept passt. Allerdings ist das kein Lebensstil, den ich anderen empfehlen würde. Nicht, dass ich jemanden davon abbringen wollen würde, der es in Betracht zieht, aber für die meisten wäre es wahrscheinlich nicht sehr vernünftig. Davon abgesehen ist es ja auch nicht so, dass wir die ganze Zeit in Strandhotels entspannen und Margaritas schlürfen (genau genommen machen wir das nie). Was ich allerdings empfehlen kann, ist das Reisen an sich. Sich außerhalb der häuslichen Komfortzone zu bewegen, bringt jede Menge Gelegenheiten zum Lösen von Problemen mit sich (obwohl Sie hoffentlich nicht in so eine Situation geraten wie mein Bruder in Mexiko), sogar, wenn es nur ein Kurzurlaub ist.

Ich habe Artikel gelesen und im Internet jede Menge geteilter Videos gesehen, in denen man davon ausgeht, dass ein großer Teil der US-Amerikaner, vielleicht sogar die Hälfte, den vom Arbeitgeber jährlich eingeräumten Urlaub verfallen lässt. Nehmen Sie verdammt noch mal Ihren Urlaub! Fahren Sie an einen wundervollen Ort und tun Sie etwas Neues und anderes. Was ich am Urlaub für richtig gesund halte, sind nicht die Sehenswürdigkeiten oder die Partys, sondern es ist der geistige Zustand, in den er einen versetzt. Im Urlaub ist man bereit, Dinge auszuprobieren, die man noch nie zuvor getan hat, und man ist viel offener für neue Erfahrungen. Sie waren noch nie Tauchen oder bei einem brasilianischen Barbecue? Dann los, man muss schließlich mit den Wölfen heulen. In Brasilien gibt's doch Wölfe, oder? Darüber hinaus liegt auf all unseren Aktivitäten ein Hauch von Dringlichkeit, weil die Urlaubszeit beschränkt ist. Man hat nur einen gewissen Zeitrahmen zur Verfügung, bevor man in sein normales, langweiliges Leben zurückkehrt, also raus mit Ihnen, und machen Sie ein Selfie vor dem Grand Canyon. Jetzt oder nie, Judy!

Nach Hawaii reiste ich erstmals für einen zweiwöchigen Urlaub. In dieser Zeit erlebte ich etwa dreizehn hawaiianische Sonnenuntergänge. Gewöhnlich mache ich mir nicht die Mühe, mir einen Sonnenuntergang anzusehen. Die Sonne geht tagtäglich unter, egal, wo ich gerade bin. Aber in Hawaii verspürte ich aus irgendeinem Grund den Drang, mir so oft wie möglich anzusehen, wie die Sonne im Ozean versank. Warum? Weil ich bis zur Abreise nur eine beschränkte Zahl an Gelegenheiten dazu hatte. Der geistige Zustand im Urlaub hilft, eine Dringlichkeit herzustellen, damit wir von Gelegenheiten profitieren, die Freude bringen.

Unseren Geist mit neuen Erfahrungen herauszufordern, hält uns gesund. Das Verreisen und der geistige Zustand, der daraus resultiert, können gegen Burn-out helfen. Also nehmen Sie Ihren Urlaub. Sie brauchen nicht an einen exotischen Ort zu fahren (Sie wissen schon, so was wie Denver), genau genommen brauchen Sie nicht einmal Ihren Wohnort zu verlassen. Verlassen Sie einfach nur Ihre Komfortzone. Als ich noch in der Geschäftswelt arbeitete, war mir mein bezahlter Urlaub mehr wert als alles andere, und ich sorgte dafür, dass ich ihn aufbrauchte. Aber ich sah auch jeden Tag, den ich nicht im Büro verbrachte, als Urlaubstag an, als unbezahlte Freizeit. Ich versuche, Menschen dazu zu ermuntern, sich geistig wie im Urlaub zu fühlen, auch wenn sie nur ihre eigene Stadt erkunden. Besuchen Sie den Markt im Stadtzentrum oder sehen Sie sich einen Park an. Jede Stadt hat etwas zu bieten, und allzu oft betrachten wir diese Möglichkeiten als selbstverständlich. Es gibt jedoch keine Dringlichkeit, wenn wir denken, dass wir das jederzeit tun können, also kommen wir nie dazu. Ich kenne weit gereiste Menschen, die in Europa und sonst wo überall waren, aber obwohl sie in San Francisco leben, waren sie noch nie auf Alcatraz. In Chicago gibt es Menschen, die schon ihr ganzes Leben lang dort wohnen und noch nie im Art Institute waren. In Minneapolis kenne ich Leute, die im Winter noch nie die Eisschlösser von St. Paul gesehen haben. Und in Oklahoma leben Menschen, die haben noch nie ein Buch gelesen.[87]

---

[87] Ich sag ja nur, dass es einen Grund dafür gibt, dass der Song nicht »Sweet Home Oklahoma« heißt …

Ein Karussell schnitzen

Da unser momentaner Lebensmittelpunkt Denver ist, wohnen Sarah und ich sehr nahe an einem unserer liebsten Orte der Welt: dem »Carousel of Happiness« (Glückskarussell) in Nederland, Colorado. Sarah stolperte vor ein paar Jahren bei einer Fahrt durch die Rocky Mountains zufällig darüber und nahm mich bei einem unserer ersten Dates dorthin mit. Inzwischen sind wir auch mit Alyssa schon ein paarmal dort gewesen, immer dann, wenn uns unsere Route in diese Gegend führte, und heute schätzen wir uns glücklich, es in der Nähe zu haben.

Etwa neunhundert Höhenmeter über der Stadt Mile High, hoch in den Bergen, liegt der idyllische Ort Nederland – ein wunderschönes Ausflugsziel. Er ist nur eine kurze Autofahrt von Boulder entfernt, und die Anfahrt an sich ist den Ausflug bereits wert, denn egal, aus welcher Richtung man kommt, die Ausblicke sind atemberaubend. Nederland ist eine kleine Stadt und das Karussell eine der zentralen Attraktionen, die ganz leicht zu finden ist. Einige Touristen mögen eine Karussellfahrt dankend ablehnen, vor allem Erwachsene, die ohne Kinder reisen, aber Juwelen wie dieses zu entdecken, ist der Grund, weshalb Sarah und ich so gern reisen. Dies ist kein gewöhnliches Karussell, es hat eine ganz eigene Geschichte.

Während des Vietnamkriegs, als unsere Soldaten unvorstellbarem Stress ausgesetzt waren, fand ein junger US-Marine namens Scott Harrison regelmäßig Trost in einer winzigen Spieluhr, die ihm seine Schwester geschickt hatte. Er hielt sie sich ans Ohr, und die Musik ermöglichte es ihm, sich an die Welt außerhalb seiner furchtbaren Lage mitten im Krieg zu erinnern. Laut der Zeitung »Denver Post« half sie ihm, zu überleben.[88] Er sagte: »Man sehnt sich nach einem einfacheren, stilleren Ort im eigenen Kopf, und ich träumte von Karussells.« Als er nach Hause zurückkehrte, begann er, diesem Traum Leben einzuhauchen, und erwarb 1986 das Grundgerüst eines alten Karussells aus Utah. Die folgenden sechsundzwanzig Jahre verbrachte er damit, es zu restaurieren, indem er alle Tiere eigenhändig schnitzte. Da das Projekt seine ganz individuelle Strategie war, um mit ungeheuerlichem Stress klarzukommen, nannte er es passenderweise »Carousel of Happiness«, und jeden, der es besucht, inspiriert es zum Glücklichsein.

Bis jetzt hat Alyssa auf drei seiner handgeschnitzten Tiere gesessen, und ich kann das Glück und die Freude bezeugen, die das Karussell ihr bringt. Und ihren Eltern.

Wie es der Zufall wollte, konnte ich mit Scott über seine Arbeit und das Glücksgefühl, das sie ihm vermittelt, sprechen.

BK: Wie würden Sie das Glückskarussell mit Ihren eigenen Worten beschreiben?

Scott: Ich würde es einfach beschreiben als … eine Art magischen Ort, zu dem die Leute kommen, und wie bei jedem Karussell geht es dabei nur um das Vergnügen. Es führt nirgendwo hin, man fährt einfach nur im Kreis. Aber wir verlangen nicht

---

[88] Julie Hoffman Marshall: »Vet Has a Passion for Merrymaking«, in: Denver Post, letztes Update: 7. Mai 2016, https://www.denverpost.com/2008/08/28/vet-has-a-passion-for-merrymaking/.

viel dafür, eine Fahrt kostet einen Dollar, und wir machen das einfach aus Spaß. Es hat sich nur als viel besser herausgestellt, als ich es mir vorgestellt hatte. Am Anfang war es ein Projekt für mich selbst. Ich hatte eine Weile darüber nachgedacht, und mir schien, dass ich das schaffen könnte. Und dann entwickelte es quasi ein Eigenleben. Wir feiern Hochzeiten hier und halten Andachten ab, es kommen viele große Gruppen her. Es fahren mehr Erwachsene als Kinder mit. Für viele Menschen ist es ein wenig wie ein heilender Ort, sie kommen her, sitzen einfach nur da, vergessen ihre Sorgen und genießen es, den anderen auf dem Karussell zuzusehen, falls sie selbst nicht fahren.

BK: Ich kann es mir gut als einen heilenden Ort vorstellen. Es fühlt sich sehr therapeutisch an. Wie haben Sie damit angefangen?

Scott: Ich habe einfach angefangen zu schnitzen … das war 1985 oder 1986. Nachdem ich '68 aus Vietnam rauskam, habe ich ein paar Tiere geschnitzt. Ich hatte mir eine Ausstellung von einhundert Jahre alten Karusselltieren angesehen, und da war dieser eine Hase mit diesem unglaublich weisen Gesichtsausdruck. Das wollte ich nachahmen, um zu sehen, ob ich einem Holztier so eine Art Seele verleihen konnte. Das erste Tier, das ich schnitzte, war also ein Hase, und obwohl ich nicht genau das zustande brachte, was ich gesehen hatte, spürte ich, dass mir das Schnitzen Spaß machte und ich weiter daran arbeiten wollte.

BK: Würden Sie also sagen, dass das Schnitzen an sich therapeutisch war?

[Scott erklärte, dass er in der Zeit nach dem Krieg bis zu seiner Ankunft in Nederland mit Amnesty International zusammengearbeitet und ein Netzwerk für Urgent Actions (Eilaktionen) aufgebaut hatte, um gegen Folter vorzugehen. Obwohl die Arbeit sehr bereichernd war, brachte sie auch viel Stress mit sich.]

Scott: Als wir herzogen, hatten wir ein einjähriges und ein vierjähriges Kind. Damals besaßen wir keinen Fernseher, also ging ich einfach raus in die Werkstatt und schnitzte, nachdem wir die Kinder ins Bett gebracht hatten. Offen gesagt, folgte mein Leben hier in Nederland ein paar Jahrzehnte lang diesem Muster. Ich arbeitete im Büro, und dann ging ich hinaus und schnitzte ein Tier nach dem anderen – das half mir, mit dem Stress klarzukommen. Ehrlich gesagt, dachte ich, ich hätte die Kampfsache mit dem Vietnamkrieg hinter mir gelassen, und benutzte nun die andere Seite meines Gehirns. Ich würde es nicht künstlerisch nennen, ich würde sagen, es ist der unbedeutende Teil meines Lebens, in dem zum damaligen Zeitpunkt niemand darauf wartete, dass ein Karussell gebaut wurde. Ich tat es einfach für meinen eigenen Seelenfrieden. Es gab keine Abgabetermine wie bei meiner Arbeit. Und die Tiere sind drollig und ein wenig albern. Ich denke, man könnte sagen, dass ich auf diese Weise mit dem Stress rund um das Thema Folter zurechtkam.

BK: Und daraus entstand dieser heilsame Ort. Können Sie mir von einigen Ereignissen erzählen, die Sie beim Karussell erlebt haben?

Scott: Das alles kam total unerwartet, denn ich war vollkommen mit mir selbst beschäftigt, als ich versuchte, das Karussell zu bauen. Ich fertigte einfach nur ein Teil nach dem anderen an, und ich muss sagen, ich war nicht klug genug, um die Auswirkungen vorherzusehen, die es auf andere haben würde. Aber wenn man länger als eine Stunde dort ist, sieht man Menschen weinen, entweder vor Freude oder aus purer Emotion. Uns kommen viele ältere Menschen mit Bussen aus Altersheimen und ähnlichen Einrichtungen besuchen. Und sie werden emotional, weil sie an ihre Vergangenheit denken und an die Karussells ihrer Kindheit. Andere kommen und werden irgendwie aufgrund der Einfachheit des Ganzen emotional, wegen dieses Gefühls des Losgelöstseins, wenn man auf ein Tier steigt und einfach im Kreis fährt. Ich weiß es nicht genau oder hab es noch nicht ganz verstanden, aber hin und wieder habe ich das beobachtet. Ich sage Ihnen, einmal, vor ein paar Jahren, hat ein lokaler Fernsehsender einen Bericht darüber gedreht. Während dieser Zeit war ich kaum da. Ich ging bloß einmal hin und wurde kurz vom Reporter interviewt. Er blieb fast den ganzen Tag mit seiner Kameracrew. Und in dieser Zeit fiel ihm eine Frau mit einem Sauerstoffgerät auf. Sie war mittleren Alters, saß auf einer der Bänke und sah den Leuten beim Fahren zu. Sie selbst fuhr nicht. Er bemerkte sie, ging zu ihr und unterhielt sich mit ihr. Wie sich herausstellte, litt sie an Brustkrebs im Endstadium. Sie kam öfter mit dem Bus aus Boulder, einfach um auf andere Gedanken zu kommen, wissen Sie? Von ihrer eigenen Lage wegkommen. Das ist schon mehrere Jahre her, und es hat mir deutlich gemacht, dass es irgendwie, aus den verschiedensten Gründen, den Leuten helfen kann ... ich weiß nicht, wie man das sagen kann, ohne dass es abgedroschen klingt ... es kann helfen, eine Art inneren Wohlfühlort zu finden, wissen Sie?

BK: Na ja, es ist ja auch das Glückskarussell. Aber davon mal abgesehen, haben Sie sonst noch etwas geplant?

Scott: Also, vor etwa vier Jahren habe ich ein anderes Projekt gestartet. Dafür nutze ich mehr oder weniger ähnliche Komponenten wie die, die das Glückskarussell ausmachen. Es geht darum, einen heilsamen Ort zu schaffen. Für Menschen, die ein Trauma in ihrem Leben erlitten haben. Ich habe damals mit Menschen mit posttraumatischen Belastungsstörungen gearbeitet, und seitdem bin ich der Überzeugung, dass wir alle einen ruhigen Ort brauchen und ruhige Momente in unserem Leben, wissen Sie? Also ist das quasi für jedermann, aber entworfen habe ich es für Menschen, die in ihrem Leben ein Trauma erlitten haben. Ich wollte einen stillen Ort schaffen, aber dennoch Holztiere mit ihren mitfühlenden Gesichtern und freundlichen Posen nutzen. Und dann wollte ich das alles an einen Platz versetzen, der sicher und angenehm ist, der es den Menschen aber zugleich erlaubt, für sich zu sein. Sie können allein Zeit dort verbringen, wofür es auch gedacht ist, oder aber einen Freund mitbringen; oder sie können mit einem Therapeuten dort hingehen. Und dann können sie eine oder zwei Stunden bleiben.

Es ist eine halbkreisförmige Bank mit einem Durchmesser von knapp viereinhalb Metern, und daran befinden sich sechs große Tiere, die entweder sitzen, liegen, oder sich an die Bank schmiegen. Es gibt eine Giraffe, einen grauen Wolf, ein Nashorn, einen Esel, einen Delfin in einem Wasserbecken und einen Bären. Und alle nehmen eine bestimmte Haltung ein. Der Boden wirkt wie ein großer See, und es ist genug Platz, um einen Stuhl dazuzustellen oder einen Rollstuhl. Ich nenne es den Rat der Freundlichkeit, weil sie wie in einem Stadtrat auf einer gerundeten Bank sitzen. Du rückst quasi deinen Stuhl heran, und alle Tiere schauen in deine Richtung, außer einem. Die Giraffe blickt nach oben, wo hundert Singvögel aus Holz auf einem Ring hocken. Das soll ein Ort sein, zu dem Leute regelmäßig gehen können, und ich stelle mir vor, dass sie dort sitzen und eine Art stillen Rat oder innere Ruhe bekommen, ohne ganz allein zu sein. Ein bisschen wie ein Kind mit einem Teddybären, wissen Sie? Der Teddybär antwortet zwar nicht, spendet einem Kind aber trotzdem irgendwie Trost. Und das wäre in etwa genauso.

BK: Das hört sich wunderbar an und friedvoll.[89]

---

[89] Wer mehr über Scotts Projekte erfahren möchte, findet Informationen unter: www.carouselofhappiness.org und www.councilofkindness.org.

NACHWORT

Auf der Suche nach dem Glück

Als Sarah und ich vor Jahren zusammenkamen, lebte ich noch in Los Angeles, und sie hatte einen Projektvertrag in Boulder, Colorado. Einige Monate lang besuchten wir einander und wechselten wöchentlich zwischen Kalifornien und dem Rocky-Mountains-Staat ab, bis ihr Vertrag ausgelaufen war und meine neue Vortragstour Fahrt aufnahm. Wir versuchten, jede Woche etwas Besonderes miteinander zu unternehmen, und bei einem Besuch in Colorado nahm Sarah mich zu einer schönen Wanderung zu einem Wasserfall gleich außerhalb von Boulder mit. Mein gesundheitlicher Zustand war zu diesem Zeitpunkt noch nicht ganz so drastisch wie bei meiner ersten Wanderung am Mont Royal, doch bereits da fiel mir das Gehen schwer. Ich hatte kaum Energie und war schnell außer Atem. Damals schoben wir es auf den Höhenunterschied, da es manchmal etwas dauert, bis man sich an das Leben in tausendsechshundert Metern Höhe angepasst hat. Im Nachhinein bin ich mir sicher, dass es mit meiner zu dem Zeitpunkt noch nicht diagnostizierten Schlafapnoe zusammenhing. Ich schreibe dieses Buch in Denver, und da wir wieder in Colorado sind, verspüre ich den großen Wunsch, zu ebenjenem Wanderweg zurückzukehren und zu sehen, wie ich mich in der zweiten Runde schlage. Sarah und Alyssa sind angezogen, einschließlich Schneestiefeln und allem Drum und Dran, und warten darauf, dass ich mich beeile und dieses Buch beende.

Nach der Wanderung haben wir vor, mit Alyssa wieder hinauf in die Berge nach Nederland zu fahren und ein paar Runden auf dem Glückskarussell zu drehen. Hoffentlich kann sie auf ihrem Lieblingstier sitzen. Morgen kommt ihr Onkel Jon, um Weihnachten mit uns zu feiern, und wir möchten alle zusammen zu einem Einkaufscenter in der Nähe fahren und den Weihnachtsmann besuchen. Alyssa wird sich sicher freuen, ihn wiederzusehen. Nach den Feiertagen werden wir unsere Siebensachen packen, und Sarah wird zweifellos wieder ihre »Auto-Tetris«-Fähigkeiten unter Beweis stellen, bevor wir Denver verlassen und uns auf den Weg in unser nächstes Abenteuer machen.

Gern möchte ich so aufhören, wie ich angefangen habe: indem ich über das Glücklichsein spreche. Wie bereits erwähnt, waren Glück und Stressmanagement schon immer sehr wichtig für mich, und ich hoffe ehrlich, dass Ihnen etwas von dem, was ich hier geschrieben und erzählt habe, einen Eindruck vermittelt hat, wie man gut mit Stress umgehen kann, und Ihnen bewusst gemacht hat, wie wichtig es ist, locker und gelassen zu bleiben. Hoffentlich haben Sie zwischendurch auch mal herzlich gelacht.

Bewegung macht Menschen glücklich, ebenso, wie Zeit in der Natur zu verbringen. Okay, ich kenne da ein kleines Mädchen, das dringend im Schnee herumstapfen möchte, und ich kann sie unmöglich noch länger warten lassen. Ich hoffe nur, dass uns keine Bären über den Weg laufen oder wir auf dem Weg im Stau stecken bleiben.

Vielen Dank, dass Sie sich die Zeit genommen haben, und bitte bleiben Sie gelassen.

DANKSAGUNG

Viele Menschen haben mir auf dieser Reise geholfen, aber dieses Buch zu schreiben, wäre ohne die Unterstützung meiner Lebenspartnerin Sarah Bollinger schlichtweg unmöglich gewesen. Sie ist nicht nur eine wundervolle Partnerin und außergewöhnliche Mutter, sondern darüber hinaus eine Inspiration und die Verkörperung von beinahe allem, worüber ich in diesem Buch spreche. Vielen Dank, Sarah, für alles, was du tust.

Gern möchte ich auch unserer Tochter Alyssa danken, die demnächst zwei Jahre alt wird, nicht nur, weil sie unserem Leben so viel Freude schenkt, sondern auch, weil sie mich dazu motiviert hat, dieses Buch für sie zu Ende zu schreiben.

Ich möchte meinem Bruder Jon King für die Erlaubnis danken, seine Geschichte in dieses Buch einzubinden, und meinen Eltern Clyde und Debbie für ihren Beitrag zu unserem Leben und zu der Geschichte, die wir leben.

Ich danke Cuban Balestena und Scott Harrison für die Interviews, die sie mir gaben, und auch den Comedians Laura Hayden und Conor Kellicutt, dass sie mir gestatteten, ihre Geschichten zu erzählen.

Ich möchte meinen Freunden, den Psychologen Gabriel De La Rosa und Jason Schroeder, sowie dem Finanzberater Jason Goodall dafür danken, dass sie die Abschnitte durchgesehen haben, die sich auf ihre jeweiligen Fachgebiete beziehen.

Schließlich möchte ich allen in meinem Leben danken, die sich für meine Arbeit interessieren und mich darin bestärkt haben, sie weiterzuverfolgen, egal, ob das Freunde sind, die wir regelmäßig sehen, oder Menschen, die ich über den Austausch auf Social Media kennengelernt habe. Ganz besonders möchte ich folgenden Menschen für ihre wertvolle Unterstützung meiner Arbeit danken: Debbie Anderson, Liz Baker, Robin Calhoun, Daniel Dixon, Tamara Howard, John Hurst, Bill Keeshen, Kristin Kemp, Rob Lowe, Dana Masuda, Robert Mott Jr., Jim Musick, Elissa Newman, Jane Norberg, Frank Shingle, Anita und Bella Springer, Jeanne Tickle und Misha Trubs.

Zeitfracht Medien GmbH
Ferdinand-Jühlke-Straße 7
99095 Erfurt, Deutschland
produktsicherheit@kolibri360.de

Druck:
CPI Druckdienstleistungen GmbH
im Auftrag der
Zeitfracht Medien GmbH
Ein Unternehmen der Zeitfracht - Gruppe
Ferdinand-Jühlke-Str. 7
99095 Erfurt